Jörg Fündling

Marc Aurel

GESTALTEN DER ANTIKE

Herausgegeben von

MANFRED CLAUSS

Jörg Fündling

Marc Aurel

PARENTIBVS OPTIMIS

Die Deutsche Nationalbibliothek verzeichnet diese Publikation
in der Deutschen Nationalbibliografie;
detaillierte bibliografische Daten sind im Internet über
http://dnb.d-nb.de abrufbar.

Die Herausgabe des Werkes wurde durch
die Vereinsmitglieder der WBG ermöglicht.
Satz: Setzerei Gutowski, Weiterstadt
Gedruckt auf säurefreiem und alterungsbeständigem Papier
Printed in Germany

www.primusverlag.de

ISBN 978-3-89678-609-8

Inhalt

Vorwort zur Reihe

„Gestalten der Antike“ – die Biographien dieser Reihe stellen herausragende Frauen und Männer des politischen und kulturellen Lebens jener Epoche vor. Ausschlaggebend für die Auswahl war, dass die Quellenlage es erlaubt, ein individuelles Porträt der jeweiligen Personen zu entwerfen, und sie konzentriert sich daher stärker auf politische Persönlichkeiten. Sie ist gewiss auch subjektiv, und neben den berühmten „großen Gestalten“ stehen interessante Personen der Geschichte, deren Namen uns heute vielleicht weniger vertraut sind, deren Biographien aber alle ihren je spezifischen Reiz haben.

Die Biographien zeichnen spannend, klar und informativ ein allgemeinverständliches Bild der jeweiligen „Titelfigur“. Kontroversen der Forschung werden dem Leser nicht vorenthalten. So geben auch Quellenzitate – Gesetzestexte, Inschriften, Äußerungen antiker Geschichtsschreiber, Briefe – dem Leser Einblick in die „Werkstatt“ des Historikers; sie vermitteln zugleich ein facettenreiches Bild der Epoche. Die Darstellungen der Autorinnen und Autoren zeigen die Persönlichkeiten in der Gesellschaft und Kultur ihrer Zeit, die das Leben, die Absichten und Taten der Protagonisten ebenso prägt wie diese selbst die Entwicklungen beeinflussen. Die Lebensbeschreibungen dieser „Gestalten der Antike“ machen Geschichte greifbar.

In chronologischer Reihenfolge werden dies sein:

Hatschepsut (1479–1457), von den vielen bedeutenden Königinnen Ägyptens nicht nur die bekannteste, sondern auch die wichtigste, da sie über zwei Jahrzehnte die Politik Ägyptens bestimmt hat;

Ramses II. (1279–1213), der Pharao der Rekorde, was seine lange Lebenszeit wie die nahezu unzähligen Bauvorhaben betrifft;

der spartanische König ***Agesilaos (398–361)***, sein Engagement in Kleinasien, seine Auseinandersetzungen mit Athen und Theben veränderten nachhaltig das Erscheinungsbild Spartas und ganz Griechenlands;

Alexander (356–323), der große Makedonenkönig, dessen Rolle in der Geschichte bis heute eine ungebrochene Faszination ausübt;

Hannibal (247–183), einer der begabtesten Militärs der Antike und Angstgegner der Römer; seine Kriege gegen Rom haben Italien mehr geprägt als manch andere Entwicklung der römischen Republik;

Sulla (138–78), von Caesar als politischer Analphabet beschimpft, weil er die Diktatur freiwillig niederlegte, versuchte in einem eigenständigen Konzept, den römischen Staat zu stabilisieren;

Cicero (106–43), Philosoph, Redner und Politiker, von dem wir durch die große Zahl der überlieferten Schriften und Briefe mehr wissen als von jeder anderen antiken Persönlichkeit; sein Gegenpart,

Caesar (100–44), ein Machtmensch mit politischem Gespür und einer ungeheuren Energie;

Kleopatra (69–30), Geliebte Caesars und Lebensgefährtin Marc Antons, die bekannteste Frauengestalt der Antike, die vor allem in den Darstellungen ihrer Gegner unsterblich wurde;

Herodes (73 v.–4 v. Chr.), der durch rigorose Anpassung an die hellenistische Umwelt die jüdische Monarchie beinahe in den Dimensionen der Davidszeit wiederherstellte, dem seine Härte jedoch letzten Endes den Ruf des „Kindesmörders" eintrug;

Augustus (43 v.–14 n. Chr.), der mit unbeugsamer Härte, aber auch großem Geschick das vollendete, was Caesar angestrebt hatte; da er den Bürgerkriegen ein Ende setzte, wurde er für die Zeitgenossen zum Friedenskaiser;

Nero (54–68), der in der Erinnerung der Nachwelt als Brandstifter und Muttermörder disqualifiziert war, auch wenn ihn die zeitgenössischen Dichter als Gott auf Erden feierten;

Marc Aurel (161–180), der so gerne als Philosoph auf dem Thron bezeichnet wird und doch immer wieder ins Feld ziehen musste, als die ersten Wellen der Völkerwanderung das Römische Reich bedrohten;

Septimius Severus (193–211), der erste „Nordafrikaner" auf dem Thron, aufgeschlossen für orientalische Kulte; er förderte die donauländischen Truppen und unterwarf das Reich zahlreichen Veränderungen;

mit ***Diocletian (284–305)*** lässt man die Spätantike beginnen, die sich vor allem durch konsequente Ausübung der absoluten Monarchie auszeichnet;

Konstantin der Große (306–337), der im Zeichen des Christengottes in die Schlacht zog und siegte, hat den Lauf der Geschichte nachhaltig verändert; dem Christentum war nun der Weg zur Staatsreligion vorgezeichnet;

Athanasius (295–373), unter den großen politischen Bischöfen der Spätantike einer der radikalsten und erfolgreichsten in dem Bemühen, den neuen Glauben im und gegen den Staat durchzusetzen;

Julian (361–363), dessen kurze Regierungszeit vieles von seinen Plänen unvollendet ließ und deshalb die Phantasie der Nachwelt anregte;

Theodosius der Große (379–395), von dem man sagt, er habe mit einer rigorosen Gesetzgebung das Christentum zur Staatsreligion erhoben; er bewegte sich mit Geschick durch eine Welt religiöser Streitigkeiten;

Galla Placidia (390–450), seine Tochter, eine jener spätantiken Herrscherinnen, die nicht länger hinter den Kulissen, sondern auf der politischen Bühne agierten;

Theoderich der Große (474–526), der bedeutendste jener „barbarischen" Heerführer, die das Weströmische Reich beendeten,

und schließlich Kaiser ***Justinian (527–565)***, der zusammen mit Theodora die Größe des alten Imperium Romanum wiederherstellen wollte; die Beschreibung seiner Herrschaft kann insofern einen guten (chronologischen) Abschluss bilden.

Manfred Clauss

Vorwort des Autors

Die Gelegenheit, eine antike Persönlichkeit aus deren eigenen Schriftzeugnissen beschreiben zu können, ist für die römische Kaiserzeit so selten wie verführerisch. Längere wörtliche Zeugnisse der Kaiser selber, offizielle Anlässe ausgenommen, existieren mit Ausnahme der Hauptperson dieses Buches nur noch von Julian (361–363), der sich nach Charakter wie Umständen enorm von dem hier vorgestellten Mann unterschied, sosehr er ihn verehrte.

Marc Aurels eigene Worte – dazu eine mäßig reichliche, problembeladene historische Überlieferung – haben uns teils in Gestalt von privaten Briefen vor allem seiner Jugendjahre erreicht, teils in Gestalt der berühmten *Selbstbetrachtungen*, einer als Privatsache geschriebenen Sammlung von Aphorismen. Viel ‚authentischer' kann antike Überlieferung nicht sein. Ein Mensch, der uns anzieht und von seinen Historikern und Lobrednern noch anziehender gemacht worden ist, spricht aus diesen Texten – Herrscher und Philosoph, Handelnder, Denker und Menschenfreund. Wenige Figuren wecken ein solches Bedürfnis, sich mit ihnen zu identifizieren, sich dem stummen Dialog mit Weisheit, Verstand, Selbstbeherrschung und Güte eines vergangenen Zeitalters zu überlassen. Eine Scheinvertrautheit, das Denkschema „ich und Marc Aurel …" als bewusster wie unbewusster Ausgangspunkt droht das Erkennbare jederzeit zu überwuchern und zu entstellen.

Die zugespitzte Lebenszeit dieses Kaisers tut das Ihre gegen unsere Vorsicht. Ein familiär wie politisch wechselvolles Leben, das schmerzliche Ende einer Glanzzeit in Krisen und Katastrophen, eine Umbruchsepoche ruft zur Anteilnahme auf; *ein* Mann scheint hier tatsächlich einmal Geschichte zu schreiben und für Taten und Versäumnisse seiner Zeit die einzig mögliche Erklärung zu bilden. Zugleich glauben wir in sein Innerstes zu blicken, das zur Bewunderung drängt: Fels in der Brandung ungewollter Kriege, harmonische Persönlichkeit, vergöttert und dennoch bedauernswert, so steht er wie unmittelbar uns. Eine dankbare Aufgabe für Biographen, die in manche fähige Hand gekommen ist; eben deshalb auch eine gefährliche, die auf wohlgemeinte Abwege führen kann.[1]

Zeit und Charakter Marc Aurels haben sich verschworen, ihn und das Geschehen, in dem er stand, mit Gefühlen zu überhäufen und als eine so notwendige Einheit erscheinen zu lassen wie den Ablauf eines Dramas der Weltliteratur. Ihnen die Freiheit wiederzugeben fällt schwer; ein legitimer

Weg dazu ist der Rückzug auf schlicht vorgetragene Tatsachen, doch auch sie bleiben dem Magnetismus des Gesamtbildes ausgesetzt und schließen sich unbeaufsichtigt rasch wieder zu jenem Phänomen an Transparenz und Ganzheit zusammen. Es lohnt sich darum, noch etwas weiterzugehen und das Phänomen, ohne es als Lüge zu verdammen, auf ein bewusstes Lebenskunstwerk und dessen Aufnahme zu reduzieren. Eine Person aus einem Guss *wollte* Marc Aurel sein; kristallklar und für die Wahrheit, aus der er zu leben verlangte, durchlässig *wollte* er sein. Daher müssen wir den seinem Willen nach Unbedingten, innerlich Freien zurückversetzen – zwischen Bedingtheit, Abhängigkeit, Zwang, Denkhindernisse, Konventionen und automatische Abläufe, von Zufall und Unvorhergesehenem zu schweigen. Eine andere Pflicht ist die Suche nach Disharmonien oder möglichen negativen Folgen seiner Harmonie.

Für einen Kaiser, der es problematisch fand, sich von den Ansprüchen seiner Rolle formen zu lassen, bedeutet die Suche nach dem Vieldeutigen einen Wiedergewinn an Individualität – eine Ermutigung zu dieser Lesart, weil es Indizien gibt, dass es dem Individuum Marc Aurel mitunter schlecht ergangen ist, während es sich zum Typus ausprägte und damit den Nerv antiken Denkens traf. Auch wir Heutigen gewinnen, wenn wir nicht mehr behaupten, ‚alles' über ihn wissen zu können, was es im Wesentlichen zu wissen gäbe, sondern bei undurchsichtigen Stellen haltmachen, die wir in der Transparenz finden mögen.

Wie die scheinbar lückenlose, gleichwohl sorgsam dosierte Selbstdarstellung, so ist das Alleinsein des Individuums hinter der Grenze, die dem Darstellbaren und dem Wunsch nach Identifikation gezogen ist, ein Leitgedanke der Gegenwart, die sich zwischen Lust und Leiden an der Vereinzelung nie ganz entscheiden kann. Die Geschichte spiegelt unsere Befindlichkeit, ohne sie vorwegzunehmen, aufzuklären oder zu lösen; schon das genügt, sie unentbehrlich zu machen.

Für die Annäherung an Marc Aurel habe ich mich dank meinem Bonner Lehrer Klaus Rosen seit vielen Jahren an der richtigen Stelle befunden. Die fortdauernde Gastfreundschaft von Freunden und Kollegen am Rhein hat mir das Schreiben ebenso erleichtert wie viele Begegnungen und Eindrücke der Vergangenheit. Neben Prof. Dr. Helmut Castritius (Darmstadt) danke ich froh wie immer der *curiositas* von Jens Bartels (Zürich) und Anke Bohne (Bonn), nicht zu vergessen die Entbehrungen meiner Familie, die für dieses Buch auf Gesellschaft, zahlreiche Mahlzeiten und strukturierte Antworten verzichten musste.

Aachen, im Januar 2007 J. F.

Kindheit und Jugend

1. Ein Junge aus guter Familie

> Nullum animal morosius, nullum maiore arte tractandum quam homo, nulli magis parcendum.
> Kein Wesen ist diffiziler, keins muss mit mehr Geschick behandelt werden als der Mensch, keines braucht mehr Schonung.
>
> Sen. clem. 1,17,1

Rom erlebte einen besonderen Freudentag. Die Weltstadt, die im Bann der Feiern zu einer großen Tempelweihe stand, nahm obendrein Kenntnis von der Geburt eines Erben in einem ihrer besten Häuser. Wer Klient der Familie war und Geschenke oder Aufmerksamkeiten zu erhoffen hatte, beeilte sich mit seinen Glückwünschen, wer zu ihren Standesgenossen im Senat zählte, erst recht. Niemand, nicht einmal die höchsten Kreise des Reiches, konnte fest darauf rechnen, einen Sohn geschenkt zu bekommen, und auf den Straßen, in den Thermen, beim Klatsch unter Freunden, Verwandten und Kollegen mischten sich Mitfreude und Neid. An diesem Tag, dem 27. April, stand für viele fest, dass selbst der Kaiser das Haus der Annii um sein Glück beneiden musste. Es war der vierte Frühling der Herrschaft Hadrians, nach der späteren christlichen Rechnung im Jahr 121. Man schrieb in Rom das Jahr der Konsuln Gnaeus Arrius Augur und Marcus Annius Verus. Dieser war es sogar schon zum zweiten Mal.[1]

Glücklich war zuallererst die Mutter, Domitia Lucilla, sooft sie nicht vor Erschöpfung schlief. Die ärgsten Schmerzen waren vorüber, das Kind lebte und sie auch; so würde es hoffentlich bleiben. Besser noch, es war ein Junge – Domitia, nach heutigen Maßstäben selbst ein halbes Mädchen, würde natürlich noch mehr Nachwuchs liefern müssen, aber die Reihe lebensgefährlicher Geburten konnte nun nicht mehr endlos sein. Vor ihr lagen die Anerkennung als Mutter eines Sohnes und Zeit genug, mit ihm groß zu werden, mochte er auch mehr der Familie und der Öffentlichkeit als ihr gehören; sie kam aus einem Haus, in dem sie diese Regeln früh erlernt hatte. Nun durfte sie sich ausruhen und auf begeisterte Besucherinnen freuen.[2]

Froh und stolz stand der Vater, der junge Marcus Annius Verus, vor dem Ansturm der Gratulanten. Das war seine Stunde. Noch wartete er auf die

Wahl zum Quaestor im passenden Alter, die ihm die Tür zum Senat öffnen würde. Er durfte nicht hinter seine Vorfahren zurückfallen; auch sein Bruder Libo war ihm schon weit voraus, seine Schwestern hatten gar gestandene Consuln geheiratet – die eine Ummidius Quadratus, 118 Consul, die andere, Faustina, den Amtsträger des Vorjahres 117 Aurelius Fulvus, aus guter, aber anders als die Annii auch aus alter Familie – und gebaren ihnen Kinder. Ihm, Verus, hatte der Vater seinen Namen gegeben, eine Erbin mit reicher Mitgift und einen vorgezeichneten Lebensweg. Nun hatte er eine große Hoffnung erfüllt, sich und den Seinen. Das Kind war lebendig, ohne Missbildung und gesund; neun Tage, dann würde er ihm einen Namen geben, den eigenen, und später eine Erziehung, ein Vorbild. Dieses Kind würde dabei sein, wenn er Quaestor wurde und Praetor und eines Tages Consul. Verus war an diesem Tag gewachsen und freute sich darauf, seinen Sohn lieben zu lernen, wie es römischen Vätern vorgeschrieben und zugleich ein Bedürfnis war.[3]

Ein wunderbarer Frühling war es für den Großvater, den zweifachen Consul Marcus Annius Verus. Was sich ein römischer Senator erträumen konnte, er hatte es erreicht. Nicht umsonst hatten seine Vorfahren Spanien verlassen, um sich ins Zentrum des Reiches zu wagen; hier war er, der Sohn des ersten Senators unter den Annii, und vereinte alle Ehren außer dem Kaiserpurpur. Ihn hatten die Wirren der großen Politik nach dem Bürgerkrieg weit emporgehoben, statt ihn zugrundezurichten. Vespasian und Titus hatten den gelichteten Senat aufgefüllt, und ein mühsam erwirktes, vergessenes Wunder an Loyalität und Geschick trug dem jungen Annius den Patriziat ein, das Anrecht auf Roms ehrwürdigste Priestertümer und einen ungeheuren Prestigezuwachs – das alles, obwohl er möglicherweise mit der Frau des Kriegsverlierers von 69, Vitellius, verwandt war. Mit Domitian war er zurechtgekommen. Domitian wurde ermordet, die flavische Dynastie endete, Nerva kam auf den Thron und hätte ohne Hilfe bald den Kopf verloren – Verus kam auch mit Nerva zurecht. Die Hilfe gewährte der Statthalter Ulpius Traianus, zum Erben bestimmt, während Verus Consul war; bald war Traian Kaiser und führte das Imperium in große Kriege. Verus, der Freund des Kaisers, behielt in Rom die anderen Mächte der neuen Herrschaft im Auge, Statthalter und Funktionäre, und plante seine eigenen, durchaus zivilen Feldzüge.[4]

Die Zeiten waren für die großen Senatsfamilien sicherer geworden, ideale Bedingungen, um eine verzweigte Familie mit reichem Besitz und mächtigen Beziehungen zu gründen, die allen Katastrophen außer den größten trotzte. Verus hatte zwei Söhne und, besser noch, drei Töchter zu verheiraten; die Mitgift für drei glanzvolle Allianzen mit wichtigen Ehemännern besaß er auch. Schmeichler – oder ihr eigener Ehrgeiz – hatten den Annii wohl bereits eine Herkunft von Roms heiligmäßigem zweitem König Numa Pompilius angedichtet, dem Friedens- und Religionsstifter. Libo hieß Verus' Ältester, eine Verbeugung vor seinem Schwiegervater, die verkündete, dass die Braut die beste Abstammung mitbrachte, welche zu haben war. Die Tochter des alten Libo Rupilius Frugi, Rupilia Faustina, machte Verus' Kinder zu Nachkommen der Calpurnii, der Scribonii, der berühmtesten Figuren der vergangenen Republik. Andere waren wegen solcher Namen hingerichtet worden – tatsächlich wurden sie es immer noch; Calpurnius Crassus, ein entfernter Verwandter, der seinen Stammbaum zu sehr liebte, saß auf einer einsamen Insel und überlebte Traian nicht lange.[5]

Dieser offiziell „beste" Kaiser hatte Erfolg, aber keinen Erben und tat wenig, um dem absehbaren Nachfolger – Hadrian, seinem Vetter und zugleich dem Mann seiner Großnichte – einen festen Stand zu verschaffen, ehe er 117 plötzlich starb. Der neue Herrscher war gezwungen, sich auf eine fragwürdige Adoption zu berufen, die er, wenn überhaupt, in letzter Minute erreichte. Es gab Verschwörungstheorien und vier hässliche präventive Justizmorde an prominenten Ex-Consuln, was viele Senatoren noch jetzt, drei Jahre später, kochen ließ. Hadrian würde sehr lange und diplomatisch regieren müssen, um diesen Einstand vergessen zu machen. Von Annius Verus hatte man kein böses Wort über die „Verschwörung der vier Consulare" gehört, und er hatte nicht lange auf Hadrians Dank warten müssen. Nun war er wieder Consul und obendrein *praefectus urbi*, Stadtpräfekt von Rom, der einzige Amtsträger aus dem Senatorenstand, der in der Hauptstadt über Truppen verfügte. Zudem machte ihn dies nach ungeschriebenem Gesetz zum verkörperten Standesgeist und Hüter der Traditionen aller gut 600 Senatoren, und dies in einem Moment, da der Präfekt so wichtig sein würde wie selten: Der Kaiser rüstete zu einer Reise durch seine Provinzen, die auf Jahre berechnet war.

Lang war der Weg aus Spanien bis hierhin gewesen, und bei aller Vorsicht war das Ende der Möglichkeiten noch nicht erreicht. Denn auch dieser Kaiser war bislang kinderlos, nach zwei Jahrzehnten Ehe mit Traians Erbin Sabina; jedes weitere Jahr ließ die Aussichten auf Nachwuchs schwinden, zum Schaden des Reiches, dem Intrigen und selbst ein Bürgerkrieg drohen konnten, aber zum Vorteil irgendeines Prätendenten, der schon geboren war. Die Annii konnten Kaisermacher werden, wenn nicht mehr. Die neue Geburt fiel mitten in die Feierlichkeiten zum Baubeginn des riesigen Tempels der Venus und Roma und vor Hadrians einstweiligen Abschied von der Hauptstadt – kein übles Omen.

Unruhe, Erwartung und Ehrgeiz umgaben die Geburtsstätte des Kindes – eine Gartenvilla des Großvaters auf dem grünen Caelius, einem Lieblingshügel der Prominenz – wie dessen nahes Stadthaus am späteren Lateranpalast und die Wohnsitze der jüngeren Annii. Die Ankunft des „jungen Herrn" brachte auch das Sozialgefüge der Haussklaven und Freigelassenen in Bewegung. Dass ihr Haus damit sein Gewicht mehrte, wussten und schätzten auch die Sklaven, auf die sich eine Spur solchen Zuwachses übertrug. Ihr Herr war guter Laune, also empfahl sich der Moment für kleine Bitten. Und wie würde der Sohn des Hauses einmal mit ihnen umgehen?[6]

Die Aufregung steckte die weitverzweigte Klientel des Consuls, seiner Söhne und der verschwägerten Familien an. Reiche und arme Bürger aus dem Volk waren sich mit Schützlingen der Annii aus Senatoren- und Ritterstand einig über das Glück ihrer Patrone. Es war womöglich ihr eigenes Glück: Wenn künftig ein Gesuch zu unterstützen war, ein junger Mann auf eine Stelle als Centurio hoffte oder ein Verwaltungsbeamter sich zu verbessern wünschte, würde es helfen, dass die Annii nicht nur die Mächtigen von heute waren, sondern auch ein Morgen hatten. Viele Briefe dieser schreibfreudigen Kultur trugen die Nachricht hinaus in die Landstädte und Häfen Italiens und weiter bis in den Süden der Iberischen Halbinsel, zur Provinz Baetica, wo die Honoratioren nicht nur im Städtchen Ucubi, dem Ausgangsort der Erfolgsgeschichte, aufmerkten.

Jenes Auge, auf das es am meisten ankam, blickte mit besonderer Schärfe auf das Ereignis. Ein Kaiser erfuhr solche Geburten fast vor den Eltern selber; männliche Erben im Hause eines Stadtpräfekten waren hohe Politik, dieser selbst schon von Amts wegen ein Freund des Princeps, der einen herzlichen Glückwunsch erwarten durfte. Für Hadrian, der sich seines Augenmerks für viel unwichtigere Details rühmte, ging es um einiges. Wie politisch war die Geburt eines engen Verwandten des Throns, da der Kaiser keinen Erben hatte? Domitia Lucilla, die junge Mutter, war eine glänzende Partie, mütterlicherseits die Erbin zweier reicher Patrizier; ihr Vater Calvisius Tullus Ruso war ein guter Freund des Kaisers. Domitia und der Mittvierziger Hadrian standen in einer Verwandtschaft, die unsere Quellen nur vage kennzeichnen, was wohl mit jenem eben erst geborenen Kind zu tun hat. Eine Senatsfamilie aus Spanien, die Dasumii, verband sie, aber manches spricht für eine besonders spektakuläre Vermutung – Domitia als Hadrians jüngere Halbschwester. Annius Verus, das

Familienoberhaupt, konnte sich in den Tagen Traians kaum eine bessere Schwiegertochter erträumen; was seinen Sohn erwarten mochte, wenn es bei der Kinderlosigkeit Hadrians blieb, hätte schlichteren Gemütern den Kopf verdreht. Der Kaiser und sein Präfekt – beide keine Naivlinge, Hadrian überdies im Ruf der Undurchschaubarkeit – wussten, wie gut der jeweils andere die Gefahren solcher Träume kannte; ihr Verhältnis litt allerdings nicht darunter.[7]

Auch Hadrians Schwager Servianus hatte Nachwuchs vorzuzeigen – das nahm den Druck von Hadrian, sich mit einem bestimmten Nachfolger anzufreunden. Er hatte nicht so schnell die Absicht, zu sterben oder zu adoptieren, und die Existenz mehrerer Kandidaten gab Intriganten etwas zum Grübeln, damit sie beschäftigt waren. Falls der kleine Annius überlebte, würde man über ihn nachdenken müssen; wenn Hadrian in ein paar Jahren zurückkehrte und Armeen, Straßen, Stadtverwaltungen in Ordnung gebracht hatte, war der Junge schon eine kleine Persönlichkeit und lohnte eine eigene Inspektion. Man durfte gespannt auf den Ausgang sein.

Wer sich seine Kindheit selbst aussuchen könnte, sollte nicht das antike Rom wählen. Gerade die modernsten medizinischen Ansichten, die in den Adelsfamilien befolgt wurden, waren für Kinder qualvoll. Zuständig war als Erstes die Amme, die Domitia das einengende Wickeln, Baden und das schlafraubende Stillen abnahm – damit erhöhte sich zugleich die Chance auf baldige Geschwister für den Jungen. Von seiner Amme lernte ein Senatorensohn üblicherweise die ersten griechischen Wörter, während der Rest des Haushalts Latein mit ihm redete; so wuchs er mindestens anderthalbsprachig auf – ein bis heute nicht ausgestorbenes Modell des Spracherwerbs. Den Eltern begegnete das Kind Marcus lediglich stundenweise. Wie früh und intensiv die Erwartungen der Familie auf ihn einwirkten, ist schwer zu schätzen, aber der Konformitätsdruck war enorm. Das bedeutet noch keine freudlose Kindheit; es gab Spiele, Besuche junger und alter Verwandter, die Begegnung mit religiösen Riten – Festen in der Stadt, Opfern für die Hausgötter – und den komplizierten Welten des eigenen Haushalts wie der Stadt vor dessen Tür.[8]

Dennoch: fast vom Moment der Geburt an kamen quasi-öffentliche Funktionen und Pflichten auf Marcus zu. Im Rückblick empfand er sie nach allem, was seine *Selbstbetrachtungen* verraten, keineswegs als drückend. Wir wissen wenig über die Erziehungsmechanismen, die den Zweck hatten, das Selbstgefühl eines Aristokraten der Kaiserzeit gleichzeitig anzuregen und zu bremsen; die Furcht der Älteren vor Hochmut, Stolz und unbeherrschten Handlungen erzwang mit Sicherheit engere Vorschriften als in den meisten Gesellschaften der Geschichte. Ein Sohn des Kaisers hätte kaum weniger Spielraum haben können als jemand aus einer der besten Familien, dem von klein auf vor Augen stand, dass bis zum Herrscher hinauf die ganze Welt auf ihn und besonders seine Fehler achtete, die Folgen von nicht näher erläuterter Schrecklichkeit haben konnten.

Diese lebenslange Beobachtung durch Verwandte und Standesgenossen hat Reflexe hinterlassen. Lobende Vermerke, Marcus sei „von klein auf ernst", ein kluges Kind gewesen, sind kein reiner Topos mit Blick auf sein späteres Leben. Sie verraten vielmehr einiges über die ungeschriebenen Akten, die jeder über jeden führte. Es war wichtig und beruhigend, Vorzeichen späteren Ernstes, von Würde und Beherrschtheit (die römische Idealtugend der *gravitas*), in einem solchen Kind zu finden. Vielversprechende Anlagen waren in der Tat ein Beitrag, den auch die Kleinsten zur Würde ihres Hauses leisten konnten, und die Annii waren so vornehm, dass sie sich nicht einmal wie so viele Senatsfamilien ihrer Zeit mit endlos langen Namen zu behängen beliebten. Marcus gefiel den Betrachtern, das zählte schon jetzt für seine Zukunft.[9]

Wenn er „ernst" bezeichnet wurde, bedeutete das kaum, dass man ihn nie lachen oder nur lustlos spielen sah. Ernst, keine Verbissenheit, war eine der am meisten erwünschten Eigenschaften, die eine römische Standeserziehung produzieren konnte; er garantierte eine tadellose Haltung. Aufmerksamkeit und Lerneifer waren weitere Ideale des Erziehers. Marcus entwickelte sie früh – entweder freiwillig oder ohne langen Druck. Damit entging er vermutlich vielem von der an Grausamkeit grenzenden Härte der römischen Pädagogik. Streiche und vorlaute Reden waren in Adelshäusern das Privileg eigens verzogener Sklavenkinder; der künftige Herr des Hauses wurde für geringe Vergehen mit Schlägen traktiert. Eines Tages würde das Kind seinen Status dramatisch ändern und unantastbar werden, seinen eigenen Vater ausgenommen, der ihm sein Leben lang Vorschriften würde machen können. Die Spannung zwischen der jetzigen Unterworfenheit und der Aussicht, in Zukunft selbst befehlen und strafen zu sollen, war enorm, die erlaubten Freiräume spärlich. Im Fall des jungen Marcus verdarb ihm dessen anonymer Erzieher sogar die Parteinahme für eine der zwei konkurrierenden Hauptfarben bei den Rennen im Circus, Blau gegen Grün, oder die Waffentypen bei den Gladiatorenkämpfen, womit ihm eine Außenseiterstellung gegenüber der großen Mehrheit seiner Zeitgenossen, Senatorensöhne inklusive, gewiss war. Marcus selbst äußerte später Langeweile über „den immer gleichen Anblick" der Vorstellungen; die Darbietungen im Theater und die „Speerkämpfe" verglich er mit der Fütterung oder dem Herdentrieb von Tieren und bemerkte,

Abb. 1: Marcus Annius Verus.
Jugendporträt, wohl kurz vor 138 (Rom, Kapitolinische Museen).

jeder Mensch sei „das wert, worum er sich Mühe gibt“ – mit einer Spur Überheblichkeit. Eindeutig zuwider waren ihm Fälle wie jener „der halb gefressenen *bestiarii*“, wohl zum Tode Verurteilte, keine ausgebildeten Berufs-Tierkämpfer, „die voll mit Wunden und Eiter bitten, dennoch für den nächsten Tag aufgehoben zu werden, in *diesem* Zustand für die gleichen Klauen und Zähne“.[10]

Marcus’ spätere Eigenschaft, sich selber am meisten anzutreiben und immer noch mehr von sich zu fordern, gelangte dagegen zu einer frühen, enormen Entwicklung. Moderne Psychologen würden von einer Internalisierung sprechen: Der Erzieher saß im Kopf des Jungen. Vor allem litt er mit Sicherheit stärker als Altersgenossen, wenn er eine Erwartung nicht erfüllte, die eigene eingeschlossen. Wenn es zu Strafen kam, empfand er sie wahrscheinlich intensiver als öfter heimgesuchte Kinder seiner Zeit; er bestrafte sich allein genug, mit Schuldgefühlen und dem Vorwurf, versagt zu haben, denn „es drängte ihn stark zur Tugend". Selbstbeschränkung und Genügsamkeit zählen zu den wenigen Gaben, die er auf seine Mutter und seinen Erzieher zurückführte: Beide schärften ihm ein, einfach zu leben und „wenig zu benötigen". Dankbarkeit gegenüber allen, die ihm nahestanden, sollte seine bleibende Eigenschaft werden. Sich selbst bescheinigte er später, er habe an keinem der frühen Erzieher „vor lauter Überstürzung einen Fehler begangen, obwohl ich doch die Anlage dazu hatte"; unterdrückten Zorn und Rachebedürfnisse kannte der Junge also durchaus, „weshalb ich, wenn es sich ergeben hätte, wohl auch so etwas getan hätte". Nur die Gelegenheit blieb aus.[11]

Über die religiösen Empfindungen der Zeit ist viel spekuliert worden. Marcus diente den ererbten römischen Göttern mit Ehrfurcht und Eifer; jedenfalls verriet er besonderes Talent für die genaue Ausführung der Riten und meisterte die archaischen Sakralformeln der Priesterschaft der Salii, deren Zeremonien er ein Leben lang eng verbunden blieb. So philosophisch Marc Aurel uns erscheint, so traditionsbezogen betete und opferte er als Kaiser wie als Oberhaupt seines Hauses, kein Diener einer ‚Vernunftreligion'. Seine eigene Beschreibung „gottesfürchtig ohne Aberglauben" meint ein Leben ohne ständiges Zittern oder kleine magische Rückversicherungen für jeden Schritt, aber keineswegs ein Abrücken von den überlieferten Riten, gleich wie urtümlich sie waren. Wie auch immer Marcus sich als Kind wie als Erwachsener die Götter dachte, fühlte er sich von ihnen ein Leben lang begleitet und antwortete mit Dankbarkeit und größtmöglicher Ergebung in sein Schicksal – was ihm nicht immer leicht fiel.[12]

Hinzu kommen frühe Zeichen einer an Selbstzerfleischung grenzenden Sicht auf die eigenen Taten. Marcus beobachtete sich noch viel genauer, als es ganz Rom konnte, und er mochte nicht immer, was er sah. Für die Mitwelt zeigte er sich als bescheidenes, ungemein ehrliches Kind, an dem schlicht nichts verborgen schien; ‚Unarten' scheint er nicht gehabt oder beim ersten Tadel abgelegt zu haben. Zumindest lebte er sie ein Leben lang nicht aus. Dies fiel auf, insbesondere einem Beobachter, der mit Marcus die scharfen Blicke und den Eifer, aber keineswegs den Ehrgeiz zur Transparenz teilte. Hadrian fühlte sich vom kleinen Verus angezogen – eine einseitige Sympathie. „Verissimus" nannte der Kaiser seinen ehrlichen jungen Verwandten mit etwas Spott und viel Staunen, den „Wahrhaftigsten", die verkörperte Wahrheit. Die Selbstbeherrschung, die Hadrian öfters verließ, schien an dem Jungen nicht aus bloßer Vorsicht zu stammen.[13]

Es ist möglich, dass in ihr ein diskreter Hochmut mitschwang, nach allen Kräften innerlich der Beste zu sein und nach außen hin zu zeigen, dass er nicht allein klug war, sondern auch nichts zu verbergen hatte – eben etwas ganz Besonderes war. Zugleich verunsicherte ihn das aber. Der äußerlich ‚angepasste' Junge, wie wir fast bedauernd sagen würden, scheint, wo immer er eigene Schwächen sah, nie die Ruhe und Gelassenheit entwickelt zu haben, für die man ihn später gegenüber anderen rühmte. Zum Jagen – einem wichtigen Sport für Kaiser wie Aristokratie, für den sich Hadrian begeisterte – musste man Marcus nach wenigen Anläufen förmlich tragen. Wir finden ihn stattdessen früh auf der Jagd nach Fehlern an sich, und stieß er auf einen, war das nicht das Ende. „Oder zwingt dich irgendeine angeborene Behinderung, dich damit abzufinden?", rügte sich der Erwachsene am Ende eines langen Sündenregisters. „Bei den Göttern, nein, sondern all das hättest du längst ändern können, im Bewusstsein – wenn man das gelten lässt – deiner Trägheit und Begriffsstutzigkeit. Und auch gegen die hätte man trainieren können, statt sie ins Herz zu schließen und seinen Spaß an deiner Untätigkeit zu haben."[14]

Marcus wollte, bewusst oder nicht, durchaus vollkommen sein; Schwäche scheint er gefürchtet und gehasst zu haben. Und alle Zeit hat er an sich eine Schwachstelle gefunden, meist seinen Körper; „aus einem ganz hinfälligen machte er einen ganz abgehärteten"; er kämpfte als Zwölfjähriger gegen das Schlafen im Bett, später den Schlaf überhaupt, die ‚Abhängigkeit' vom Gesundsein. Spätere Quellen tadeln, er habe durch die Studien seine eigentlich robuste Natur untergraben. Nicht zufällig vertrug sich die senatorische Standesethik gut mit der stoischen Philosophie, die auch und gerade gegen das Leiden an Momenten äußerer oder innerer Schwäche zu schützen versprach. Doch bei Marcus, der schon als Junge nicht bloß aus einer Laune den groben Philosophenmantel trug, nahm die Symbiose von Standesideal und Stoa eine viel tiefere Form an, und so sehr er das Warten auf die Zeit des Befehlens und der Ehrungen ertragen konnte, so nahe kam das Regiment, das er nach innen über sich und seine Bedürfnisse errichtete, der Grausamkeit. „Deine ganze Aufmerksamkeit sei dem Verstand zugewandt." Wo solche Lehren, mit denen er vertraut wurde, zeitweiligen Verzicht empfahlen, um sich auf etwa nötige Entbehrungen vorzubereiten, suchte er mehr. Der Raubbau an seiner Substanz hatte begonnen, auch wenn man den heranwachsenden Marcus noch ringen, boxen und Ball spielen, in voller Rüstung trainieren und Wildschweine mit dem Speer jagen sah. Als Erwachsener „konnte er seiner Konstitution wegen nicht viele Kraftakte“ – oder „mannhafte Taten“, je nach Übersetzung – „vollbringen“.[15]

Die dauernde Askese erstreckte sich insbesondere auf das aus der Sicht eines Philosophen besonders heikle Gebiet der Sexualität. Marcus hatte es alles andere als eilig, hier Erfahrungen zu sammeln. Gleich nach der Gnade, überwiegend unter guten Menschen gelebt zu haben, dankte er den Göttern für die Beseitigung gleich mehrerer Versuchungen: „… dass ich nicht zu lange bei der Konkubine meines Großvaters erzogen wurde; und dass ich während meiner Jugend rein erhalten und nicht vor der Jugend schon zum Mann gemacht wurde, sondern mir sogar noch länger Zeit dafür nahm“. Mindestens zwei Personen seiner Umgebung machten Marcus Avancen oder stachen ihm doch ins Auge, und er pries sich später selig, „mich weder mit Benedicta noch mit Theodotos eingelassen zu haben, sondern auch nachher von Liebesleidenschaften genesen zu sein“. Anscheinend war er durchaus versucht gewesen; seine späteren Moralvorstellungen, vielleicht auch ein Wechsel im Geschmack ließen ihn „den Verzicht auf die Liebe zu jungen Männern“ loben. Zur Keuschheit geboren war er jedenfalls nicht.[16]

Auch über das Vergnügen an seiner sozialen Stellung war er anfangs nicht erhaben; so hielt er sich als Erwachsener vor: „Du hast es ja probiert, bist zwischen so vielen Möglichkeiten herumgeirrt und hast nirgends das richtige Leben gefunden: nicht in den logischen Beweisverfahren, nicht im Besitz, nicht im Ruhm, nicht im Genuss, nirgends.“ Und so sehr seine späteren Lehrer ihn für seine Intelligenz und seinen Fleiß priesen, so wenig glaubte er selbst zumindest an das erstere: „An deinem Scharfsinn gibt es wenig zu bewundern. Wenn schon, … dann zeige das, was zu erreichen ganz bei dir liegt.“ Wenigstens diesen Selbstanklagen zufolge fiel ihm die Aufgabe greifbarer Lebensziele lange schwer.[17]

Das alles greift weit voraus. Weite Reisen machte der Junge anscheinend nicht; immer wieder ging es im Sommer in die großen Landsitze der Familie, und Höflichkeitsbesuche der Verwandten untereinander, in der Stadt wie auf dem Land, waren an der Tagesordnung, von Visiten bei den verschwägerten Familien nicht zu reden. Er sah und bewunderte besonders seinen Großvater; Jahrzehnte später führte der Präfekt die Liste der prägenden Vorbilder an. Und auch die Freude, seinen Vater als Praetor zu Gericht sitzen zu sehen, wartete auf ihn.

Doch dann war der Vater eines Tages tot, wohl das Opfer einer der häufigen Krankheiten, vor denen auch die besten, teuersten Ärzte des Reiches nicht schützten. Marcus verlor ihn zu früh, um mehr als vage Eindrücke und das wächserne Ahnenbild oder einen Statuenkopf im Gedächtnis zu behalten; was er später von ihm wusste, erfuhr er durch andere. „Vom Ansehen und der Erinnerung an meinen leiblichen Vater das Bescheidene und Männliche", mehr als dies hatte ihn nach eigener Aussage nicht prägen können. Eine bestimmte Sichtweise auf das eigene Leben war seitdem offenbar angelegt: ein Gefühl des Ausgeliefertseins und der wiederkehrenden Verluste. „Jetzt begib dich in die Zeit deines Lebens unter deinem Großvater, dann in die unter deiner Mutter, dann die unter deinem Vater und finde das viele andere Vernichtete, Veränderte und Verschwundene und frage dich: ‚War das so schrecklich?'" Als Kind zumindest hätte er Ja sagen müssen.[18]

Der Tod eines Elternteils war ein nur zu gewöhnliches Schicksal. Über das Leid hinaus konnte für Halbwaisen aus Familien der zweiten Reihe – wie vormals für den jungen Hadrian, der mit zehn seinen Vater verloren hatte – ihre politische Zukunft scheitern; nicht in diesem Fall. Um Marcus wimmelte es von Würdenträgern, deren summierter Einfluss im Reich seinesgleichen suchte. Jeder von ihnen konnte als Vormund für den Eintritt des Jungen in die Erwachsenenwelt sorgen, während die Mutter Domitia die Hauptlast der Erziehung schulterte oder doch verteilte, für Marcus wie seine Schwester Cornificia – bei zwei überlebenden Kindern war es geblieben. Eine oft gewählte Möglichkeit war Erziehung durch die Großeltern. Der Patriarch Verus setzte auf eine andere Lösung, die Adoption. Ein enger Freund Hadrians mit glänzender Karriere, Catilius Severus, gab dem Jungen für eine Weile seinen Namen. Durch Heirat einer Großmutter oder Urgroßmutter Marcus' – die Lösungsversuche sind zahlreich – war er an die Familie gebunden. Marcus blieb nicht lange ein Catilius und sein Name behielt schon aufgrund späterer, gravierender Ereignisse keine Spur der Episode.[19]

Die Zeit der Annii war aber keineswegs vorbei. Marcus' Onkel Libo wurde 128 Consul; schon 126 schloss Großvater Verus seine Präfektur mit dem dritten Consulat ab, und Marcus' zweiter Großvater Calvisius leistete ihm Gesellschaft. Iulius Servianus dagegen, Hadrians Schwager, musste acht lange Jahre auf dieselbe Ehre warten, als hätte der Herrscher auf eine biologische Erledigung des Anspruchs spekuliert; Rom nahm das genau zur Kenntnis. Bald fiel das Licht kaiserlicher Gunst auch auf den Enkel des Präfekten. 127 verlieh man Marcus ein aus Staatsgeldern bezahltes Pferd, eine besondere Ehre für römische Ritter; nominiert hatte ihn dafür Hadrian selbst. Mit acht Jahren wählte ihn das Priesterkollegium der Salii in seine Reihen, eine Sensation in doppelter Hinsicht: Das Alter aller sonst bekannten Mitglieder lag bei mindestens 16 und sie mussten aus rituellen Gründen zwei lebende Elternteile haben. Die Umgehung dieser Regeln ging zweifellos auf den Kaiser als *pontifex maximus* zurück. Seit Mitte 128 befand sich der oberste Priester Hadrian auf seiner zweiten langen Provinzreise in der Osthälfte des Reiches, zu lang für den Geschmack vieler Senatoren, aber Marcus war nicht vergessen. Interessierte Beobachter oder die vorzeichenhungrige Nachwelt hielten fest, bei einem rituellen Gastmahl, in dessen Verlauf die Salii ihre Kränze wegwarfen, sei ausgerechnet der von Marcus wie von Geisterhand gelenkt auf dem Haupt einer Statue des Mars gelandet.[20]

Nicht nur die Kenner der römischen Politik sahen über der Zukunft des Reiches dunkle Wolken aufziehen, als die 130er verstrichen. Der blutige Bar-Kochba-Aufstand in Judäa und in Teilen der Nachbarprovinzen, ein Einfall der Alanen in Cappadocia am Nordende der Orientgrenze waren schlechte Nachrichten. Aber drückender blieb die Frage, wer Hadrian nachfolgen sollte, der sich seinem sechzigsten Geburtstag näherte und vielleicht schon Krankheitssymptome zeigte. Roms mächtigste Familien, alle untereinander und mit dem Kaiser verwandt, maßen dynastische Ansprüche und warfen Blicke auf die Provinzstatthalter mit den größten Armeen. Würde Hadrian einen Erben bestimmen, ehe sich der beklemmende Moment von 117 wiederholte? Noch lebte Iulius Servianus, dessen Enkel Pedanius Fuscus, wohl acht Jahre älter als Marcus, sich einem Alter näherte, in dem mit ihm zu rechnen war; falls der Kaiser durchhielt oder seinen noch vitalen Schwager zum Nachfolger bestimmte, war Fuscus die wahrscheinlichste Wahl. Sollte der Thron früher frei werden, hatten auch mehrere enge Verwandte von Marcus wegen ihrer Abstammung oder politischen Begabung eine Chance.

Und Marcus selber, so jung er noch war, würde nach Prestige und Stand eines Tages in Betracht kommen; schon jetzt war sich seine Verwandtschaft, so kompliziert ihre Beziehungen untereinander waren, in der Sympathie, ja, Liebe für ihn einig. Es gab weitere Signale, die ihn ermutigen konnten. Seine Vita spricht von einem Aufwachsen *in Hadriani gremio*; um „auf dem Schoß" des rätselhaften Herrschers großzuwerden, mussten beide in Rom und Italien sein – Hadrian war es von 125 bis 128, zu früh für tiefere Eindrücke, und kehrte zwischen 132 und spätestens 134 aus dem Orient zurück. Später verschwieg man Marcus' enge Kontakte zu ihm, die es schon aus Standesgründen gegeben haben muss – hätte ein junger Patrizier den Princeps gemieden, wäre der Skandal perfekt gewesen.

Abb. 2: Hadrian
(76–138; Neapel, Museo Nazionale Archeologico).

Umgekehrt ist die Behauptung, allein Marcus' Jugend habe ihn seinerzeit daran gehindert, Thronfolger zu werden, eine Rückprojektion, die, wenn überhaupt, die Wahrheit nur zufällig träfe.[21]

Der werdende Philosoph, dem seine Mutter den Kompromiss abgerungen haben soll, auf Fellen statt auf dem Boden zu schlafen, war nicht ehrgeizig und hatte vom Status seiner Familie eine genaue Vorstellung. Wenn er zu dieser Zeit auf seinen Anteil am Erbe des Vaters verzichtete und seiner Mutter anheimstellte, ihn im Testament gleichfalls zu übergehen, dann darum, weil er in zahlreichen Vermächtnissen älterer Verwandter erscheinen würde, und um die Mitgift seiner Schwester Cornificia zu erhöhen – sicher nicht, um ein Leben in Armut zu führen. Auch Marcus teilte die Erziehung der Dutzende von Berufspolitikern, die sich nun Gedanken um die Zukunft machten. Seine Chance oder sein Risiko, in die Nachfolgefrage gezogen zu werden, war gegenüber den älteren Verwandten momentan klein; wahrscheinlicher wäre eine gewisse Gefahr, falls Intrigen oder Gewalt den nächsten Kaiser bestimmten. In jedem Fall hing sein Schicksal nicht von ihm ab. Für Manipulatoren oder Neugierige scheint der junge Patrizier, der 136 fünfzehn Jahre alt wurde, wenig Angriffsfläche geboten zu haben.[22]

Eine Wahl lag in der Luft, als Hadrian sichtbar verfiel. Sie traf im Lauf des Jahres 136 den vornehmen, aber politisch anscheinend profillosen Consul Lucius Ceionius Commodus, den der Klatsch später zum Ex-Geliebten Hadrians machte, moderne Spekulationen gar zu seinem unehelichen Sohn. Die Quellen verraten vorsätzlich wenig über Ceionius, reden ihn kränker, jünger und unreifer, als er war, und behandeln ihn als störendes Zwischenspiel auf dem Weg zu den vom Schicksal vorbestimmten „guten" Kaisern. Der mutmaßliche Patrizier war relativ jung, besaß aber einen enormen Vorteil, als er zum Adoptivsohn aufstieg – er hatte Kinder, darunter einen Sohn. Noch konnte dieser kleine Lucius kaum sprechen, aber wenig Zweifel bestand, dass er der Erbe in zweiter Generation werden würde, sobald Hadrian tot war. Zwischen Ende Juni und Dezember 136 fand die Adoption statt. Eilig wurde dem Adoptierten, nun Aelius Caesar genannt, ein zweiter Konsulat für 137 zugedacht und das Kommando der pannonischen Donauprovinzen übertragen, wo er mit Hilfe handverlesener Begleiter Militär- und Verwaltungserfahrung erwerben sollte. Rom kam zur Ruhe und beging 137 eher geräuschlos das zwanzigjährige Thronjubiläum des Todkranken; seit Augustus und Tiberius hatte niemand mehr so lange regiert wie Hadrian. Der Thronkandidat Pedanius Fuscus und sein bald achtzigjähriger Großvater Servianus waren übergangen worden, die mögliche Wirkung auf Marcus' Zukunft ausgeblieben.[23]

Sein künftiges Leben würde wie auf Schienen laufen. Er würde volljährig werden, dann mit ungefähr 18 eins der zwanzig kleinen Ämter des sogenannten Vigintivirats übernehmen, die Münzaufsicht etwa, würde mit rund zwanzig Quaestor sein wie alle Patrizier, dann nach einer langen Amtspause Praetor und schließlich Consul, wenn er 32 wurde oder bald danach. Jahre ehrenvoller Amtslosigkeit lagen dann vor ihm, er würde einem oder zwei hohen Priesterkollegien angehören, das Patronat von Städten und ehrgeizigen jungen Beamten erben, eines Tages Statthalter von Africa oder Asia werden und mit Glück und Gunst des Kaisers wie sein Großvater und sein Adoptivvater regelmäßig unter dessen Beratern sitzen. Sosehr ihn seine gesellschaftlichen Verpflichtungen fordern mochten, ihm würde viel Zeit für die eigenen Interessen bleiben, insbesondere für die Philosophie, während andere Legionen zu führen und Provinzen zu verwalten hatten; außerdem gab es auch noch die Familiengüter, die Angelegenheiten der Verwandtschaft, die Staatsgeschäfte. Alles in allem ein Leben, das ehrenvoll war und seine besten Kräfte freisetzen würde. Zu dieser Aufgabe war er geboren.[24]

In diesen Tagen bereitete sich aber noch Größeres für ihn vor. Hadrian veranlasste seinen Erben Aelius Caesar, eine seiner Töchter, Ceionia Fabia, mit Marcus zu verloben, der im März 136 die Erwachsenentoga angelegt hatte und nun mündig war – ein Geschenk an die Annii, das um ihre Loyalität für den künftigen Kaiser Aelius warb und den jungen Mann, sollte die Ehe zustande kommen, zu dessen Schwiegersohn machte. Einfluss und Ehren waren Marcus damit sicher. Falls der kleine Sohn des Caesar, Lucius, einmal starb, sah es noch ganz anders aus. In geringem Abstand folgte die nächste Ehrung: Einmal im Jahr verließen alle regulären Amtsträger Rom zu Opferfeiern, und ein junger Mann aus gutem Haus verwaltete in dieser Zeit die Stadt nominell für einige Tage. Marcus wandelte hier in den Spuren seines Großvaters Verus, aber auch eines anderen vaterlosen Jugendlichen namens Hadrian. Der Princeps hatte es mit *Verissimus* gut gemeint.[25]

Unglücklich, wer sich nicht besser einschätzen konnte und die Nähe zum Thron mit dem Purpur selber verwechselte. Hadrians letzte Jahre sahen den Tod seines greisen Schwagers Servianus und dessen auf die Kaiserwürde hoffenden Enkels; aufgrund einer vermeintlichen Verschwörung waren sie zum Selbstmord gezwungen worden. Hadrians Herrschaft endete also so blutig, wie sie begonnen hatte, und das Bild eines neuen Tiberius begann in den Köpfen Gestalt anzunehmen. Der reizbare, todkranke Mann auf dem Thron wurde für wahnsinnig gehalten, sein Caesar anscheinend nicht mit Begeisterung zurückerwartet. Und dann kam der Erbe nach höchstens einem Jahr im Kommando von der Donau heim, möglicherweise wegen Hadrians Zustand gerufen, erwies sich selbst als schwerkrank und starb am 1. Januar des Jahres 138 – eine Katastrophe für die Stabilität des Staates.[26]

Marcus war längst alt und kundig genug, die folgenden Wochen der Unsicherheit bewusst mitzuerleben, während sich in seiner Umgebung Hoffnungen neu entzündeten und Zukunftssorgen verschärften. Was vielleicht wenige dem sterbenden Princeps noch zugetraut hatten, bahnte sich an, eine zweite Erbfolgeregelung. Allein oder im Gespräch mit den wichtigsten Beratern versuchte Hadrian diesmal weit in die Zukunft zu wirken.

Ein Ruf erging – wahrscheinlich überraschend – an den ältlichen Consul Titus Aurelius Fulvus, Marcus' Onkel, der nach einer Adoption zusätzlich den Namen Antoninus trug. Seine Herkunft „aus vornehmem, aber nicht besonders altem Haus" war makellos: wie Marcus hatte auch Antoninus seinen Großvater als Stadtpräfekten gesehen; im Jahr vor Marcus' Geburt, 120, war er mit nur 34 Consul geworden, was nahelegt, dass er zum Patriziat zählte. Sehr reich war er obendrein. Später überlieferte man, Hadrian habe ihn regelmäßig zu Beratungen eingeladen, und als Italien von vier Beamten verwaltet werden sollte, die unangenehm Provinzstatthaltern ähnelten, war Antoninus unter den ersten. Für die Nachwelt stand er im Ruf der Klugheit, Umgänglichkeit – und Nachgiebigkeit. Elektrisierend für die Erbfrage war, dass er bis auf seine Tochter Faustina alle seine Kinder, darunter zwei Söhne, überlebt hatte.[27]

Marcus blieb wenig Zeit, über die denkbaren Folgen zu rätseln; man schickte auch nach ihm. Seine persönliche Katastrophe war komplett.

2. Zum Erben erwählt

> Wenn du eine Rolle übernimmst, die deine Kräfte übersteigt, entehrst du dich in ihr und lässt zugleich die im Stich, die du hättest ausfüllen können.
>
> Epict. enchir. 37

Im heute als „Erstes Buch" der *Selbstbetrachtungen* bekannten autobiographischen Rückblick findet sich eine lange Reihe von Danksagungen Marc Aurels an Verwandte, Lehrer und Freunde für das Vorleben persönlicher Tugenden und für hilfreiche Eingriffe in sein Leben. Die mit Abstand längste Passage behandelt Antoninus, den Kaiser und Adoptivvater, je einige Sätze auch den früheren Adoptivvater Catilius Severus und „meinen Großvater Verus". Nicht ein Wort gilt Hadrian, der in den ersten Monaten des Jahres 138 zu Marcus' neuem Großvater durch Adoption wurde, und der Zusatz „Verus" war eigens gedacht, eine Verwechslung auszuschließen. Von Undank zu sprechen wäre völlig legitim.[1]

Zwei Schlüsse drängen sich auf: Marcus lehnte Hadrian ab, und falls er für die Kaiserwürde je dankbar war – was nicht wahrscheinlich ist –, schrieb er alles Verdienst daran Antoninus zu. Sympathie und Wertschätzung waren allenfalls auf Hadrians Seite im Spiel, als er noch einmal sein großes Vorbild Augustus imitierte und auf einen Schlag zwei Generationen von Nachfolgern bestimmte. Auch hier ist Vorsicht geboten. Falls die Vermutung zutrifft, dass Marcus das Kind von Hadrians Halbschwester war, machte ihn dies nach dem Scheitern von Servianus' Linie zum wohl engsten Verwandten des Princeps, ganz wie Antoninus dessen nächste Verwandte, Marcus' Tante Faustina, geheiratet hatte. So kehrte Hadrian zu jenem dynastischen Prinzip zurück, das er mit der Wahl der Ceionier, die ihm genealogisch ferner standen, 136 einstweilen verlassen hatte. Das gescheiterte Projekt wurde aber nicht folgenlos begraben: Lucius, der kleine Sohn des verstorbenen Caesar, erhielt seinen Platz in der frisch komponierten Kaiserfamilie.[2]

Zu Beginn des Jahres – angeblich am 24. Januar, Hadrians Geburtstag – wurde der neue Plan publik gemacht; falls der Kaiser das körperlich vermochte, war es Tradition, dass er selbst vor den Senat trat und zum Volk sprach. Wir wissen nicht, ob dies möglich war. Antoninus wurde am 25. 2. 138 von Hadrian adoptiert; die Verleihung des Titels Caesar und erster Anteile der Kaisergewalt folgten unmittelbar. Seinerseits hatte Antoninus sowohl Marcus als auch Lucius zu adoptieren – eine Doppellösung, die seit acht Jahrzehnten niemand versucht hatte. Für den nur zu möglichen Fall, dass ein Prinz vor Antoninus starb, würde es weder zur Erbschaftskrise noch zur Rivalität kommen. Mord im Kaiserhaus war trotz der Servianus-Affäre weithin außer Mode gekommen. Am wahrscheinlichsten musste in den Spekulationen des Jahres 138 ein Modell sein, das mit zwei festen Vorgaben rechnete: Marcus war Antoninus' Neffe und beinahe zehn Jahre älter als sein künftiger Bruder, der am 15. Dezember – wohl 130 – geboren war. Wenn ihm nichts zustieß, würde Marcus einen Vorsprung haben, den Lucius unmöglich einholen konnte, es sei denn, er würde spektakulär bevorzugt werden, womit aber aus dem ersten Grund nicht zu rechnen war. Hadrian erhöhte das Gewicht des Jungen, indem er Lucius' Verlobung mit Antoninus' einzig überlebender Tochter Faustina anordnete, wohl wissend, dass der Widerruf solcher Absprachen vor der Hochzeit durchaus üblich war. Allerhand sprach dafür, dass Lucius niemals herrschen würde.[3]

Hadrian war kaum so umnachtet, dies nicht zu sehen. So nahm er diese Entwicklung zumindest in Kauf. Er hätte Antoninus, einen Mann von 51, allein mit dem siebenjährigen Lucius zusammenspannen können, aber die Chancen standen hoch, dass der Erbe der zweiten Generation dann früh und unerfahren auf den Thron kommen würde – Hadrian selbst war damals 41 gewesen und Traian noch etwas älter. Wenn Marcus hinzutrat, wuchs die Hoffnung auf einen wohlvorbereiteten Erben. Mehr als durch Doppeladoption, seine letzten Äußerungen vor Zeugen und sein Testament konnte Hadrian sowieso nicht sicherstellen, dass sein Wille geschehen würde; eine etwaige Direktive, beide zu Kaisern zu machen, würde vielleicht beherzigt werden, vielleicht aber auch nicht.

Wenn Hadrian so viel an Marcus lag, fragt sich, wieso er ihn nicht gleich 136 von Aelius Caesar hatte hinzuadoptieren lassen. Die Antwort liegt eventuell in der Geschichte der iulisch-claudischen Kaiserdynastie und ihrer Familienmorde: 37 hatte Caligula, Tiberius' Neffe, die Herrschaft nominell mit dem Enkel des Princeps, Tiberius Gemellus, teilen sollen, 54 Nero, Claudius' Adoptivsohn, mit dessen leiblichem Kind Britannicus. Beide Male ermordete der ältere, adoptierte Erbe den jüngeren; es ist unsicher, ob Aelius Caesar einer solchen Konstellation zugestimmt hätte.

Vermutungen sind unausweichlich, wer Hadrians eigentlicher Wunscherbe für die ferne Zukunft war. Eine Mehrzahl denkt an Marcus – so sehr, dass es weithin üblich geworden ist, Antoninus in Hadrians Plänen zum bloßen Platzhalter zu machen. Ein bis zur Unverständlichkeit intelligenter Mann mit einer langen Karriere in Militär und Provinzen hätte sich, so die Überzeugung, sonst nie einen ortsfesten Patrizier ohne große Kenntnis des Reiches ausgesucht, der als Statthalter der Provinz Asia fast peinliche Sanftmut gegenüber arroganten Intellektuellen bewiesen hatte. Doch rund um Marcus wimmelte es von markanteren, charakterstarken Verwandten, wenn Hadrian einen gewollt hätte. Ummidius Quadratus, der andere Schwiegersohn des alten Verus, war so profiliert, dass man Hadrian später zuschrieb, er habe ihn dafür förmlich gehasst. Verus selbst, der Großvater, war 126 noch einmal Consul gewesen und hätte einen formidablen Übergangskaiser abgegeben. Schließlich war da Catilius Severus, der jetzige Stadtpräfekt, Marcus' zeitweiliger Ersatzvater, Feldherr, Diplomat und für sein Teil fest davon überzeugt, er habe jeden Anspruch auf die Herrschaft, wenn sie auf Marcus hinauslief – bald sollte Rom mehr davon hören.[4]

Keinen von ihnen wählte Hadrian. Er nahm einen im Senat bestens eingeführten, durchaus zivilen Mann von Familie, der im Ruf des Traditionalismus und der Umgänglichkeit stand. Ob er dabei mehr auf Antoninus' Fügsamkeit gegenüber seinen Direktiven setzte oder auf die Werbewirkung der so unhadrianischen Figur unter den aufgebrachten Senatoren, muss offenbleiben, doch wie schon im Fall Aelius Caesars traf die Wahl einen Kompromisskandidaten mit tadellosem Stammbaum und etwas wenig Profil. Nicht einmal einer der Consuln, die das Jahr 138 eröffneten, wurde von diesem besonders prestigereichen Platz verdrängt und zum „außerordentlichen" *consul suffectus* in den Folgemonaten zurückgestuft.

Abb. 3: Die Kaiserdynastie nach den Adoptionen von 138, in einem Relief aus Ephesos zugunsten des späteren Kaisers Lucius Verus umgedeutet (vgl. S. 88): Hadrian (hinten rechts) und Antoninus umrahmen den kleinen Lucius, während Marcus links am Rand steht (Wien, Kunsthistorisches Museum).

Seit Nerva war kein Kandidat mehr Senatskaiser gewesen. Dass es gar keinen der militärisch Erfahrenen getroffen hatte, mochte das Entstehen einer geschlossenen Opposition erschweren; Ex-Statthalter und mächtige Vertraute Hadrians durften hoffen, künftig mehr denn je gebraucht zu werden.

Wo diese Entscheidungen fielen, ist nicht überliefert; alles spricht für Rom, nicht etwa für die riesige palastartige Villa von Tibur, in der man sich Hadrian gern in selbstgewähltem Exil denkt. Der sterbende Princeps hatte noch strapaziöse Monate vor sich, bedrängt von den Schmerzen und Erstickungsanfällen seiner Herzkrankheit ebenso wie von der Notwendigkeit, Personalien zu regeln und den drei Auserwählten eine feste Grundlage zu schaffen. In Hadrians Testament hieß es etwa, der Sophist Polemon habe ihm zu Antoninus geraten, aber das war eine Schutzbehauptung des eigenwilligen Philhellenen, der sich an den Hinauswurf Antoninus' als Proconsul aus Polemons Haus erinnerte – für unerschöpflich hielt er die Sanftmut seines Erben also nicht.[5]

Auch war es nicht Hadrians Art, die Macht früher als nötig aus der Hand zu geben. Er stand wiederholt am Rande des Selbstmordes und verlor – für antike Begriffe – soweit die Kontrolle, dass ihm Klagen und Verwünschungen über sein Schicksal entwischten. Spät erst trennte er sich von einer größeren Portion der Staatsgeschäfte, „ließ Antoninus zum Herrschen zurück" und reiste, um der Sommerhitze Roms zu entgehen und vielleicht eine letzte Kur zu versuchen, in den mondänen Badeort Baiae am Golf von Neapel. Cassius Dio berichtet, aus Trotz habe er am Ende seine Diät aufgegeben, die ihm vermutlich fast so sehr zusetzte wie das Leiden, und damit den Tod beschleunigt. Am 10. Juli 138 war es überstanden. Nach den harten Kategorien eines nach stoischen Doktrinen urteilenden Jugendlichen konnte der Versuch, die Herrscherpflichten durch verfrühten Tod abzuschütteln, nur Kritik, allenfalls Bedauern auslösen. Spätere Kommentatoren ließen Antoninus die Tat durch Vorsicht wie Zureden verhindern.[6]

Der Atmosphäre nach, die sich angeblich ausbreitete, konnte man sich hundert Jahre zurückversetzt glauben. Aus den zwei bekannten Todesopfern der Spätzeit Hadrians werden in den Quellen Mord und Verfolgung etlicher Senatoren, von denen ein großer Teil auf wunderbare Weise durch Antoninus gerettet wurde, und ein tief sitzender Hass „aller" auf den Beinahe-Tyrannen, verbunden mit inniger Liebe zum gutherzigen Erben. Diese Version konnte die wirklichen Turbulenzen nicht ganz verbergen. Denn kein anderer als Marcus' Ex-Adoptivvater Catilius Severus, nun Stadtpräfekt, hielt nicht mit seiner Meinung über die Wahl von Antoninus zurück, offenbar weil er sich mindestens ebenso geeignet sah. Catilius war mindestens siebzig, aber rüstig und streitlustig genug; er legte jedoch sein Amt nieder oder wurde zum Rücktritt gezwungen.[7]

Die Nachricht von Hadrians Tod brachte die erste größere Amts- und Familienpflicht für Marcus. Während Antoninus nach Kampanien reiste, leitete sein älterer Adoptivsohn die ersten Trauerfeierlichkeiten in der Hauptstadt. Wenn ein Kaiser auf Reisen starb, war das gängige Verfahren, die Leiche nahe dem Sterbeort zu verbrennen und die Urne nach Rom zu überführen, wo sich die eigentliche Trauerfeier anschloss. Der Erbe begleitete in der Regel den Überführungszug. Die *Historia Augusta* beschreibt aber, dass Hadrian ‚in aller Stille' in Puteoli beigesetzt worden sei; erst später, nach dem Ende des größten Unmuts, seien die Überreste nach Rom gelangt. Moderne Autoren haben in diesem Zusammenhang auf die Fertigstellung des großen Mausoleums erst gegen 139 verwiesen und darin eine Bestätigung gesehen. Vermutlich erliegen sie einer feindseligen Fiktion. Ein Jahr vor dem Abschluss fehlten dem Grabmal sicher noch viele Ornamente, doch war es zur Aufnahme von Urnen bereit. Überdies war ein zügiges Begräbnis mit einer entscheidenden Handlung verknüpft: der Apotheose des Toten.[8]

Einen vergöttlichten Kaiser als Vater zu haben war ein Kernpunkt kaiserlicher Selbstdarstellung. Deshalb duldete diese Sache keinen Aufschub von Monaten. Antoninus traf jedoch auf Widerstand im Senat, der ihn überrascht haben mag, als zwei eigentlich routinemäßige Schritte sondiert wurde, die Vergöttlichung des Verstorbenen und der ihr eng verwandte Beschluss, dass alle Rechtsentscheidungen Hadrians ohne Prüfung fortgelten sollten. Diese Feststellung des Senats markierte den „guten" Kaiser. Wurden die Maßnahmen der abgelaufenen Ära dagegen förmlich widerrufen, bedeutete dies, dass der Tote zum Staatsfeind erklärt wurde. Nur die ausgesprochene Verfluchung seines Andenkens, die in der modernen Geschichtsschreibung *damnatio memoriae* heißt, ging noch weiter. Lediglich Tiberius hatte man aber zuvor einem vergleichbaren Schwebezustand zwischen Gut und Böse überantwortet, wie er nun Hadrian drohte. Auf diese Belastung seiner eigenen Legitimität konnte sich kein Kaisererbe einlassen.[9]

Antoninus ging die Angelegenheit in einer Senatsrede frontal an, angeblich unter Tränen: Wer Hadrians sämtliche Maßnahmen verdamme – wovon nicht ausdrücklich die Rede war –, mache damit auch seine Adoption hinfällig, so lässt ihn Cassius Dio sagen. Die Botschaft war klar: Wer Hadrian die üblichen Ehren verweigere, erkläre ihm, Antoninus, den Krieg. Eine solche mögliche Krise ging der großen Mehrheit zu weit.

Antoninus' emotionaler Auftritt hatte die Senatoren bewegt. Zudem waren sie von seinem rhetorischen Kunstgriff, ihre Verweigerung zur *damnatio memoriae* zu erklären, beeindruckt, und sie spürten die diskrete Drohung. Da die Verweigerung Hadrian, nicht Antoninus treffen sollte und man mit dem neuen Herrn auskommen musste, wurde also die Vergöttlichung beschlossen – nach Tagen, nicht nach Monaten. Antoninus wies ebenso die Rufe nach Bestrafung des Fehlverhaltens einzelner unter Hadrian ab: Auch die Vergeltung gegen Spitzel war Teil des Procedere nach dem Tod eines Tyrannen. Alles ging nach Protokoll. Aus dem Scheiterhaufen, auf dem ein Wachsbild des Toten verging, stieg der symbolische Adler gen Himmel, die Urne wanderte zügig in Hadrians gewaltiges Grab, und mit dem schnellen Abschluss der vergangenen Ära konnten alle gut leben.[10]

Längst vorher war Marcus' Leben über den Haufen geworfen worden. Er war durch die Adoption vor Gesetz und Gesellschaft der Sohn des Imperator T. Aelius Caesar Antoninus, also hatte er ihn nach Kräften wie einen leibhaftigen Vater zu ehren und zu lieben, selbst wenn dieser noch gelebt hätte. Unwahrscheinlich ist, dass beide Beteiligten schon jetzt wussten, wie gut sie miteinander auskommen würden, auch wenn sie sich Marcus' ganzes Leben lang gekannt hatten. Die Vergangenheit verschwand nicht über Nacht; dass Marcus keine Anstalten machte, plötzlich den älteren Mitgliedern seiner bisherigen Familie gegenüber auf den neuen Status zu pochen, sondern so respektvoll wie je blieb, wurde beifällig vermerkt.[11]

Dass unter Hadrian mit Calpurnius Crassus ein hochgeborener Senator aus Marcus' weiterer Verwandtschaft getötet worden war, machte ihm den neuen Großvater kaum liebenswerter. Gleichwohl schuldete er dem Todkranken Gehorsam und wurde angewiesen, in Hadrians Privathaus umzuziehen. Entsetzen über diesen Wandel der Dinge wird von dem jungen Mann berichtet, und das ist nur zu glaubhaft; seine Vita baute das zu einer philosophischen Lehrstunde für Hadrians Hauspersonal aus, das sich habe anhören müssen, „was mit der Herrschaft an Übeln komme". Ein ermutigender Traum, den ihm spätestens die Überlieferung als Trost sandte, machte es nicht viel besser. Der Jugendliche soll geträumt haben, ihm seien auf einmal Schultern und Arme aus Elfenbein gewachsen, die eine stärkere Last tragen konnten als zuvor. Für solche Vorzeichen der Herrschaft gibt es eine feste literarische Tradition; aber selbst wenn der Traum authentisch sein sollte, hatten die unermüdlichen Arme eine Vorbedingung: den Verlust der leibhaftigen zugunsten des unnatürlichen Ersatzes. „Wo man leben muss, kann man auch richtig leben. Nun musst du aber am Hof leben; folglich kannst du auch am Hof richtig leben." Mit derartigen Syllogismen (sosehr er solche logischen Beweistechniken sonst abwertete) suchte sich noch der Fünfzigjährige Mut zu machen. „Nimm mich und bring mich, wohin du willst ... Ist das so wichtig, dass es meiner Seele deshalb schlecht und schlechter gehen kann oder sie erniedrigt, kläglich, gedrückt, verschreckt ist? Und was kannst du finden, das so wichtig wäre?" „Ich bin einst – wo auch immer ich verlassen wurde – ein Mensch geworden, der es gut getroffen hat; gut getroffen aber hat es, wer sich selbst ein gutes Los bereitet." Ausgangspunkt all dieser Überlegungen blieb als Tatsache das Verlassensein.[12]

Für das Jahr 139 wurde Antoninus zum zweiten Mal in seinem Leben zum Consul designiert. Entweder er oder noch Hadrian legte fest, welcher Senatorensohn ihm als Quaestor in der Amtsführung assistieren und dadurch selbst einen Sitz im Senat erwerben sollte: niemand anders als Marcus selbst. Quaestoren waren üblicherweise 25, der junge Mann aber würde bei Amtsantritt noch keine 18 sein – ein Privileg, dessen Unerhörtheit sich mit allen noch so extremen Vorläufern messen konnte. Der Senat stimmte Hadrians Antrag ohne weiteres zu.[13]

Kurioses Schweigen umgibt die Details der Doppeladoption. Kunstvoll widersprüchliche Versionen der *Historia Augusta* verbreiteten die Gegentheorie, Aelius Caesars verwaister Sohn Lucius sei erst einige Zeit später von Antoninus – oder gar von Marcus! – dazuadoptiert worden; andere Quellen interessieren sich vornehmlich für die reale Situation während der Herrschaft beider Stiefbrüder ab 161. Wenn die drei Adoptionen nicht im selben Moment erfolgten, müssen sie sich doch nahezu gleichzeitig vollzogen haben; die Münzen des Jahres 138 zeigen allerdings ausschließlich Antoninus. Wie die Gewichte verteilt sein würden, verrieten die Prägungen von 139, die Marcus vorstellten, Lucius aber noch für ein Jahr oder mehr nicht porträtierten. Manches spricht dafür, dass Marcus' Großvater Annius Verus, der dreifache Consul, die nächsten Würfe im großen Spiel noch miterlebte und mit gewohnter Geistesschärfe den Ausgang vorhersah. Im Protokoll eines Senatsbeschlusses wird er zusammen mit seinem überlebenden Sohn Annius Libo, dem Consul von 128, ziemlich sicher nach Antoninus' Amtsantritt oder sogar während der Quaestur seines Enkels seit dem 5. Dezember 138 aufgeführt. Vom Miterleben des nächsten Schrittes, der Erhebung Marcus' zum Caesar noch vor dem Jahresende 139, trennte den großen Politiker damit nicht viel Zeit. Sein Haus würde also herrschen, nach menschlichem Ermessen.[14]

Als erster Kaiser wurde Antoninus offiziell durch den Senat mit dem Ehrennamen *Pius* ausgezeichnet. *Pietas* war ein römischer Zentralbegriff für die moralische Bindung wie die liebevolle persönliche Anhänglichkeit an Götter – ausgeprägt als Ehrfurcht –, an Eltern und ältere Verwandte – dort sichtbar als Respekt –, aber auch an Kinder und Jugendliche, gegenüber denen sie als Fürsorgepflicht erschien. Seit Augustus war die *pietas* ein Aspekt des Herrschers, der sich zur religiösen Verehrung empfahl. Noch 138 wurde *Pius* Teil des Kaisernamens. Ob der Senat damit ein bestimmtes Verhalten würdigte, ist umstritten; eine Vermutung, schon Hadrian selbst habe Antoninus durch die Kennzeichnung als *pius* moralisch zum Festhalten an der Erbfolgeregelung drängen wollen, lässt sich nicht beweisen. Der schillernde Begriff *pietas* muss keineswegs eindeutig zugeordnet gewesen sein. Augustus, der ihn als Erster verwendete, wollte ihn auf die pflichtgemäße Rache an den Mördern Caesars bezogen wissen, meinte damit aber zugleich die Harmonie innerhalb der Kaiserfamilie, eine besonders krasse politische Lüge. Auch 138 verschwand Hadrians pflichtschuldiges Andenken schnell im Abseits, bis hin zur geduldeten Kritik, während der Reichsbevölkerung ein – diesmal echtes – Bild des Einvernehmens von Kaiserpaar, Kindern und Verwandten vorgeführt wurde. Hier erschien nun Marcus wie alle designierten Nachfolger seit Traian bald seinerseits als der *optimus ac piissimus*, „der beste, ergebenste".[15]

In den Einzelheiten musste sich allerhand ändern, und Antoninus verlor keine Zeit. Erstaunlich ist die Art seines Vorgehens. Lucius' Verlöbnis mit Antoninus' Tochter, der jüngeren Faustina, sollte beendet werden, ebenso das seiner Schwester mit Marcus; stattdessen wurden nun Marcus und Faustina füreinander vorgesehen, während Lucius für lange Jahre keine neue Verlobte bekam. Was das für den Rang des Jüngeren bedeutete, lag auf der Hand. Doch so souverän über Lucius verfügt wurde, so unkonventionell war Antoninus' Verhalten gegenüber Marcus: Er schickte, wird behauptet, seine Frau Faustina die Ältere, Marcus' Tante und künftige Schwiegermutter, damit sie ihrem Neffen den Plan erläuterte und so seine Meinung „sondierte". Marcus blieb es nach dieser Version überlassen, sich zu entscheiden; er nahm sich Bedenkzeit, wie zuvor angeblich Antoninus gegenüber Hadrian, und stimmte dann zu. Aus dem Gespräch darf auf eine gewisse Vertrautheit des Jugendlichen mit der älteren Faustina geschlossen werden, die im Klatsch als leichtlebig und eine Last ihres schwergeprüften Mannes abgestempelt wurde; noch dazu habe sie das Kaisertum – an dem sie sich nicht lange freuen sollte – wie eine Erbschaft betrachtet, wo es doch eine Pflicht war.[16]

Dem Gesetz nach waren die Vettern ersten Grades Marcus und Faustina inzwischen Geschwister, aber dieser Zustand wurde gelassen ignoriert. Die juristische Pikanterie wurde von der höchst wohlgesonnenen Tradition übersehen; wahrscheinlich ist mit einem Sondergesetz des Senats zu rechnen. Marcus selbst ließ lange später im Fall einer – allerdings ahnungslos geschlossenen – Inzestehe Gnade walten.[17]

Unmerklich verschwand das Element *Aelius* aus dem Namen des M. Aelius Aurelius Verus. Der Nachfolger des querköpfigen Catilius als Stadtpräfekt, Salvidienus Orfitus, blieb nicht lange im Amt, und seine Ernennung durch Hadrian gegen Marcus' Verwandten mag dazu beigetragen haben; nicht einmal ein zweiter Konsulat war der Lohn des Patriziers. Antoninus, Marcus und Lucius wurden die vornehmsten Mitglieder des neuen Priesterkollegiums der *sodales Hadrianales*, dem die Verehrung des vergöttlichten Hadrian oblag; dass es 161 nicht um die Kultaufgaben für Antoninus erweitert wurde, sondern vielleicht umgekehrt in den zu dessen Ehre geschaffenen *sodales Antoniniani* aufging, spricht Bände über die offizielle Liebe zu dem einst mächtigen Toten.[18]

Der neue Kaiser veränderte sich mit seiner Thronbesteigung beruhigend wenig. Auch im Purpur blieb Antoninus der vornehme Senator und ließ sich von Korrespondenten wie Fronto mit „Caesar", nicht „Herr" betiteln, anders als später sogar Marcus; die exzessivste Leidenschaft, die von ihm überliefert wird, ist das Angeln. Für einen Machtwechsel trafen somit ideale Voraussetzungen aufeinander: ein gelassener, fast unerträglich friedfertiger Princeps und das Fehlen äußerer Widerstände. Für Meinungsverschiedenheiten zwischen Antoninus und den im Jahr 138 amtierenden Statthaltern oder Amtsträgern in Rom gibt es weder Quellen noch Indizien, von Unruhen zu schweigen. Hadrian hatte seinem Erben letzter Minute den Weg gut geebnet und tat dies immer noch, denn auf ihn allein entlud sich aller Zorn.[19]

Marcus hatte die besten Voraussetzungen, seinen neuen Herrn und Vater zu beobachten. Es hätten sehr kritische Gedanken dabei herauskommen können, stattdessen aber näherte sich sein eigenes Lebensideal der Haltung an, die Antoninus zeigte: „Nach dem Vorbild seines Vaters wollte er handeln, reden, denken." Hatte Seneca einmal bemerkt, man könne sich nicht die physischen Eltern aussuchen, wohl aber die geistigen, so ging der junge Mann jetzt bereitwillig daran, aus einem Sohn im juristischen Sinn ein ganzer zu werden. Seine Mutter vergaß er darüber nicht. Sie starb kurz nach 155, als Großmutter, aber doch zu jung, wie Marcus fand, und sein Trost war, dass sie „die letzten Jahre mit mir zusammen wohnte" – wohl spätestens nach seiner Hochzeit, als Marcus einen eigenen Hausstand hatte, aber vermutlich schon davor. Auch als „Gebärerin" des Caesar, dessen Mutter nun die ältere Faustina war, spielte sie ihre Rolle. Hadrian war schon vergessen und erscheint nicht zufällig als Lieblingsbeispiel der Vergänglichkeit und schwindender Erinnerung in den *Selbst-*

betrachtungen seines Enkels; manche seiner Vertrauten und Zeitgenossen tat Marcus teils als aufgeblasene und nur „scharfsinnige" Sophisten ab, teils stellte er sie als Triebtäter neben Tiberius' sexuelle Inszenierungen auf Capri.[20]

Die Art, wie Hadrian das Kaisertum ausübte, fordernd, wachsam, offen Kompetenzen an sich ziehend, wurde als Pose aufgegeben; von einem Rückgang des Arbeitseifers, einem leereren Schreibtisch ist dagegen nichts zu bemerken. Bei all dem gelang ein demonstrativ unaufgeregtes Leben. Worin sich Antoninus schonte, war Hadrians Lieblingspunkt, das Reisen. Nie mehr sollte dieser Kaiser Italien verlassen. Auf seine Art war dies abermals einmalig; wenigstens auf Feldzüge hatte sich fast jeder begeben, der seit dem zwiespältigen Tiberius länger an der Macht gewesen war – und wenn es ein Nero war, der die Herzen der Griechen erobern wollte.

Neben dem so ortsfesten Kaiser begann Marcus eine lange, methodische Lehre, wie sie noch kein Erbe bekommen hatte. Mochte er auch weiterhin schlicht leben und seine Spiele als Quaestor in betont unprätentiöser Weise leiten, „wie ein Privatmann", nicht wie ein Mitglied der Dynastie – als Caesar sah er sich von einem Kreis handverlesener Berater und Funktionäre umgeben, einem verkleinerten Spiegelbild der Bürokratie, die Antoninus zuarbeitete. Wenige Monate nach Hadrians Tod residierte er in der *domus Tiberiana*, einem bescheiden prunkvollen Teil des Palastbezirks auf dem Palatin, und sah sich mit allen Formeln überhäuft, die seit Augustus erdacht worden waren, um dem Thronfolger besonderen Glanz zu verleihen. Er wurde zum *princeps iuventutis* ausgerufen, zur Leitfigur der heranwachsenden Römer, und führte als einer der sechs Vorreiter die Parade der Ritter vor dem Kaiser, womit er sich auch den zweithöchsten Stand verpflichtete. Marcus richtete es allerdings so ein, dass er nicht vor den anderen Rittern das Forum betrat.[21]

Noch in diesem Jahr des schwindelnden Aufstiegs bestimmte ihn Antoninus auf Antrag des Senats zum Consul für das folgende, 140, und ließ ihm den Caesartitel verleihen. Im höchsten Amt der Republik würde Marcus mit achtzehn Jahren erscheinen, fünfzehn Jahre vor gleichaltrigen Patriziern, über zwanzig vor gewöhnlichen Sterblichen; das hatte es nie gegeben. Die Eile und Konsequenz, als hätte es für Antoninus kein Morgen gegeben, befremdet. Nichts wurde offengelassen. Dass mit dem nahen Tod des Älteren gerechnet wurde, ist ganz unwahrscheinlich; eher zeichnete sich ab, dass Marcus als Aurelius Caesar so früh wie möglich in eine unangreifbare Position gebracht wurde. Caesar war er schon, Consul würde er bald sein, Antoninus ließ ihn – noch etwas nie Dagewesenes –

in sämtliche Priesterkollegien wählen, um die Ehre zu erhöhen; und während Marcus nur noch einige wichtige Elemente der eigentlichen Kaisergewalt fehlten, blieb Lucius weiterhin nichts als ein vornehmer Junge.[22]

Nach 140 kehrte zunächst etwas Ruhe ein. Etliche Jahre sollten vor der Teilhabe an der wirklichen Herrschaft noch vergehen. Für Marcus handelte es sich, absichtlich oder nicht, auch um eine Charakterprobe; andere wären – blitzschnell erhöht, aber dann zum Warten und Lernen aufgefordert – ungeduldig und von sich selbst besessen geworden. Der Consulat war ein mehr als bloß symbolischer Moment. Für römische Begriffe leitete ein halbes Kind die Sitzungen dieses immer noch erhabenen Gremiums, in dem einige der schärfsten Köpfe und sicher die schärfsten Zungen Roms saßen; mit solider Rhetorik und dem richtigen Ton seinem erhabenen Adoptivvater zu danken, mit der Würde des hohen Amtes und zugleich ritueller Bescheidenheit die gestandenen Senatoren um ihre Meinung zu ersuchen, das alles konnte zu leicht in eine peinliche Szene entarten. Ungeschick, Arroganz und ein Dutzend weiterer Fehler lauerten darauf, diagnostiziert zu werden. Die Kontaktnahme mit dem Senat wurde jedoch zum vollen Erfolg. Marcus stand dort, wohin sein leiblicher Vater nicht mehr hatte kommen können, er hatte seinen Großvater beerbt und war im Begriff, ihn noch zu übertreffen; wenn es ihm schwindelte, hatte er alles Recht dazu.

Für die Zukunft galt das doppelt. Nicht nur Lucius' Hoffnung war im Begriff, zerstört zu werden. Welcher Platz für Marcus vorgesehen war, konnte nicht bezweifelt werden. Für jetzt sollte er Antoninus' Schüler sein, später auch sein Helfer; eines Tages musste er der Kaiser werden. Die Aussicht hätte viele berauscht – nicht den hellsichtigen, selbstkritischen Heranwachsenden, der über seine Erwählung furchtbar erschrocken war. Doch damals hatte es einen Trost gegeben: Hadrian hatte gleich zwei Enkel ausgewählt; die Last hätte sich also verteilen lassen. Schon 140 konnte niemand in Antoninus' Plänen mehr etwas Derartiges vermuten. Ein Herr, ein Erbe, an denen die Augen Roms und des Reiches hingen. 145 wurde Marcus – mit 24 – das zweite Mal Consul, abermals an der Seite des Kaisers; sein Großvater hatte dafür gut sechzig werden müssen, Marcus war nicht einmal verheiratet. Lucius, ein Jugendlicher ohne eigene Ehren oder gar Ämter, war Statist auch in dieser Zeremonie. Marcus' Hochzeit mit Faustina stand bevor, weitere, immer verpflichtendere Auszeichnungen würden folgen. Zwischen ihm und der letzten, lebenslangen Prüfung, dem Purpur, stand kein Schutz mehr außer Leben und Gesundheit seines Adoptivvaters; das war nicht der schlechteste Grund, ihn zu lieben und die Götter zu bitten, die Lehrzeit nicht allzu grausam abzukürzen. Sie sollte unwahrscheinlich lang werden, aber niemand wusste das. In dreiundzwanzig Jahren der Vorbereitung trennten sich Vater und Sohn genau zwei Nächte lang, während der Jüngere sich mit Unterstützung des Älteren „immerfort mit Rhetorik und Philosophie der Griechen und Lateiner vollsog, obwohl er schon zu den Männern zählte und Hoffnung auf das Kaisertum besaß".[23]

3. Zur Weisheit berufen

> Könnte nur einer diese Lehre ganz verinnerlichen – wie es sein sollte –, dass wir alle zuallererst von Gott geboren sind …, dann denke ich, dass er nichts Unedles oder Niedriges von sich glauben wird. Wenn dich dagegen der Kaiser adoptiert, wird niemand deinen Hochmut aushalten können; doch wenn du erfährst, du bist ein Sohn des Zeus, erhöht dich das nicht?
>
> Epiktet, *Diss.* 1,3,1 f.

Längst vor dem Schicksalsschlag von 138 hatte festgestanden, dass Marcus nur die beste Erziehung genießen würde. Der Unterricht seiner jungen Jahre spielte sich in seinem Elternhaus und dem seines Großvaters ab. Marcus selbst bedankte sich postum bei „meinem Urgroßvater", wohl Catilius Severus, „nicht in den öffentlichen Unterricht gemusst und zuhause gute Lehrer gehabt zu haben". Diese Erleichterung kann sich aus vielen Ängsten erklären: vor geringerer Qualität der öffentlichen Lehrer oder vor deren brutaleren Umgangsformen, vielleicht auch aus Scheu vor einer zu großen Menschenmenge. Die Liste seiner uns bekannten Erzieher aller Altersstufen ist erstaunlich lang, eindeutig wegen der Überzeugung Späterer, hier habe die Pädagogik ein Meisterwerk vollbracht – der Autor der *Historia Augusta* ließ seinen Marc Aurel den versammelten Lehrern sogar göttliche Ehren erweisen. Ihre Reihe beginnt mit Euphorion, einem Sklaven oder Freigelassenen, der ihm die Schrift beibrachte, dem Schauspieler Geminus, der anhand ausgewählter Klassikertexte Grammatik lehrte, und dem Geometrie- und Musiklehrer Andron (beide Disziplinen galten als mathematisch). Marcus belohnte sie später reich.[1]

Jenseits des Grundschulunterrichts warteten statt eines gewöhnlichen Grammatiklehrers einige der besten Sprachlehrer Roms. Der aus Dalmatien stammende Trosius Aper übernahm den lateinischen Sprachunterricht, dazu oder danach Tuticius Proculus aus Nordafrika; er brachte es bis zum Proconsul einer Provinz und Marcus übernahm die Amtskosten für ihn. Für das Griechische gewann die Familie sogar den berühmten Alexander von Kotyaeion. Marcus' Erinnerung verrät, dass ihn dieser Homerspezialist in einer kleinen Gruppe unterrichtete, und hält das pädagogische Geschick fest – Fehler verbesserte Alexander scheinbar beiläufig und ohne sie in den Mittelpunkt zu stellen. Dass Marcus sich ausgerechnet daran erinnerte, darf als Indiz gelten, wie verletzlich sich der Junge durch eigene Wissenslücken fühlte.[2]

Die traditionelle dritte Stufe bildete für die Söhne der Oberschicht der Rhetorikunterricht, der etwa ab dem achtzehnten Lebensjahr zur eigenen Tätigkeit in Recht und Politik anleitete. Antoninus sorgte zusätzlich für juristischen Beistand durch eine angehende Größe der Zeit, seinen Beamten Volusius Maecianus, der nach 161 mit einem Aufstieg in den Senat belohnt wurde. Im Griechischen ‚verschliss' Marcus zwei Lehrer, ehe er schließlich beim großen Herodes Atticus lernen durfte, der Hauptfigur der griechischen Rhetorik jener Jahre und dem ersten Bürger Athens, der seinerseits als Jugendlicher im Haus von Marcus' Großvater mütterlicherseits gelebt hatte. Anders im Lateinischen: Von Anfang bis Ende blieb es bei *einem* aufstrebenden Rhetor und Anwalt, einem Virtuosen des modisch gewordenen archaischen Stils, dem erstaunlichen Cornelius Fronto aus Cirta, dem Marcus ein Leben lang in Freundschaft, ja Liebe verbunden blieb. Besuche öffentlicher Deklamationen garantierten, dass der Caesar die Vielfalt der in Rom gepflegten Redestile kannte, so gezielt sein Lehrer ihn auf einen moderaten Archaismus hinlenkte. Doch so begabt der junge Mann zur Freude Frontos war, das Fach hatte einen schweren Stand bei ihm. Später dankte er den Göttern, „dass ich in Rhetorik und im Dichten und den übrigen Studien nicht noch weiter vorankam, bei denen ich vermutlich stehengeblieben wäre, wenn ich gemerkt hätte, dass ich bequeme Fortschritte machte". Er begeisterte sich für ein bloßes Randgebiet der üblichen römischen Erziehung: „Großen Lehrern anvertraut gelangte er zu den Weisungen der Philosophie."[3]

Als Wegbereiter erscheint ein gewisser Diognetos, der ohne die *Selbstbetrachtungen* nur noch als Mallehrer des Patriziersohnes bekannt wäre. Das Bild eines – vielleicht zu früh – auf Ernst und Eifer drängenden Lehrers zeichnet sich ab, der auf der Beschäftigung mit wesentlichen, ertragreichen Dingen bestand. Die Charaktereigenschaft, die er Marcus mitgab, nennt dieser *to akenóspoudon*, ein Wort, das ebenso „Aversion gegen das Sich-Vertiefen in Müßiges" wie „gegen scheinbare Reife" oder „gegen Altklugheit" heißen kann. Der Junge interessierte sich zeitweise für Spektakuläres, ja Okkultes; Diognetos stellte sich zwischen ihn und diverse Zauberer und Wahrsager: Um die Zukunft sollte er sich nicht kümmern, wenngleich er stets viel auf seine Träume gab. Auch Kritik hinzunehmen will Marcus von diesem Mann gelernt haben. Es war viel Einengung dabei, aber zugleich ermutigte der Advokat des Lebensernstes seinen Schüler zum Verfassen erster – zweifellos erbaulicher – Dialoge und brachte ihn mit Weisheitslehrern in Kontakt.[4]

Die stoische Philosophie war im zweiten Viertel des 2. Jahrhunderts aus Rom nicht mehr wegzudenken. Senatoren wie Marcus' Großvater standen unter dem Eindruck einer ganzen Reihe von Standesgenossen, bei denen diese ‚Lebenshilfe' mit den Idealen der Republik verschmolz, auf die sie zurückblickten wie auf eine Heroenzeit. Es war nicht gut gegangen: Ein Häuflein rigoroser Außenseiter hatte sich mit Nero, dann mit Vespasian und dessen Söhnen angelegt. Man bewunderte ihre tödliche Konsequenz nicht ohne Kopfschütteln. Zu Marcus' Jugendzeit gab es etliche Stoiker, die im Senat saßen, ebenso etliche Verehrer der längst untergegangenen Republik, doch kombinierten die allermeisten mit der Sprache der auf wenige Kerntugenden orientierten Lebensführung – oder mit jener des ärmlichen, glorreichen alten Rom – einen durchaus angepassten Lebenswandel. In den politisch ruhigeren Verhältnissen nach 100, einer Zeit ohne große Aderlässe im Senat, erinnerte man sich an den Anspruch der Philosophie, eine Richtschnur im Leben und im Sterben zu sein, und ehrte sie in Erinnerung an jene, die damit Ernst gemacht hatten. Gleichwohl war man zweifellos dankbar, dass die Feuerprobe ausblieb. Das Versprechen einer erhabenen Gleichgültigkeit gegenüber Krankheit und Leid behielt seinen Reiz, auch wenn die Drohung von Unehre, Folter und Tod ferngerückt war. Attraktiver musste nun der Anspruch sein, sich innerlich über die Nöte und Gefährdungen seiner sozialen Rolle erheben zu können, sich nur noch an den wenigen Werten zu messen, die zählten. Wir denken uns das Leben der oberen Kreise Roms zu gern als müßig und gelangweilt, womöglich als dekadent und sehr nutzlos. Aber wenn es ein Nichtstun war, dann ein sehr hektisches. Jeder der Hunderte von Senatoren stand in häufigen Gesprächen oder Briefkontakt mit Standesgenossen, mit Provinzstädten, Vertretern des Ritterstandes oder des Lokaladels und pflegte ein, zwei jener Privatinteressen, die man zu pflegen hatte.

Die römische Gesellschaft in Gang zu halten kostete physische Anstrengung, auch wenn ihre Spitzen natürlich kein Sklavendasein führten, so sehr Spötter ihnen genau das vorhielten. Eine Philosophie innerer Distanz und einer Tugend, die sich selbst genug war, passte ausgezeichnet dazu. Sie war nicht ohne Gefahren; die Stoa konnte auch zu freud- und teilnahmsloser Kälte entarten. Ausgerechnet die Zwänge des Soziallebens mäßigten dies. Ein Senator benötigte den vollendeten Takt eines Höflings, aber mehr als nur das. Aufrichtige Freundlichkeit, Zugänglichkeit und Fürsorge standen hoch im Kurs und gaben der ‚mehrheitsfähigen' Ausprägung der Stoa eine gewisse Wärme, die, falls vorgespielt, doch gut gespielt war.

Jedoch war die Stoa nicht mehr ganz jene natürliche Verbündete des senatorischen Standesethos, eine Denkschule, die zum konsequenten Handeln nach den Maßgaben des römischen Tugendideals erziehen konnte. Der junge Marcus war ein fleißiger Leser der Lehren Epiktets, eines einstigen Sklaven, der über würdige Gesten und Adelsstolz der kaiserzeitlichen Vornehmen allerhand Verletzendes zu sagen hatte, das die Angst um Reichtum, Position und Kaisergunst bloßlegte. Man konnte meinen, einen Kyniker vor sich zu haben, vor dem sich die Triebe und Urängste vergrößert zeigten, nur dass die Mehrzahl solcher „Hunde" eher durch demonstrative Unsauberkeit, rüde Worte, Essen halbverdorbener Speisen und so weiter ihre Unabhängigkeit zeigen wollte. Jenseits von Provokationen dieser Güte war der Kynismus der Kaiserzeit ein Verwandter der Stoa, und umgekehrt finden sich Impulse der kynischen Lehre ausgerechnet in Marcus' Verhalten wieder. Die ostentative Bedürfnislosigkeit, die Abhärtung durch karge Kost und schlechtes Nachtlager wären den Schulhäuptern früherer Epochen nicht ganz unsympathisch, aber doch fremd erschienen. Etwas Unbedingtes, das man für eine Rückbesinnung auf die Gründer der Schule hielt, sprach sich in den Forderungen eines Musonius und Epiktet aus, die aus der Erkenntnis der inneren Freiheit vor allem einen Willensakt machten, der ständig zu wiederholen sei. Aus der kurzlebigen Lehre des unabhängigen Philosophen Sextius, eines Zeitgenossen des Augustus, war die Überzeugung haftengeblieben, das Leben sei ein ständiger Kampf um die Herrschaft über sich selbst. So lernte Marcus eine gewandelte Form der alten Lebensphilosophie kennen, die mehr denn je Entsagungen und Selbstdisziplin forderte, ja mit der bemühten Härte und Strenge ihrer Ansprüche warb.[5]

Für seine persönlichen Bedürfnisse passte die Stoa ideal: Unter allen Umständen das tun, was man tun musste, und für Lohn und Erfolg fest auf die göttliche Weltregierung vertrauen. Mochte Marcus auch als Spielball ins höchste nur denkbare Spiel geworfen sein, die innere „Meeresstille" wartete auch hier auf den überzeugten Stoiker. Etwas Verdächtiges, ja Resignatives hat diese Haltung für moderne Augen; sie erlaubte es, viel zukünftige Angst zu ertragen, sie konnte aber auch auf Ängste antworten, die längst da waren, und der Stoiker nahm sich vorsorglich vieles, das ihm dann kein anderer mehr würde nehmen können. Marcus, der sich rückblickend in ernster Gefahr gesehen hatte, seinen Lesehunger mit Bergen an theoretischer Spezialliteratur zu stillen, „in die Hände irgendeines Sophisten zu fallen", hatte die Lehre vom Wesentlichen entdeckt, die ihm mehr zusagte als Dialektik und Naturphilosophie. Wenn er den Bau der Welt studierte, dann als riesigen Organismus voll Werden und Vergehen, „denn die Gedanken daran reinigen vom Schmutz des Lebens am Boden".[6]

Eine monarchische Philosophie war es auch. Wie *eine* letzte Instanz die Welt regierte, so auch deren höchste menschliche Organe, die Herrscher, im Kleinen. Die Stoa pries ihre endlosen Mühen glücklich und stellte einen langen Katalog von Prinzipien und Entscheidungshilfen bereit, denn sie war in der Monarchenzeit des Hellenismus entstanden. Sie blieb, so hoch sie die harmonisch aufeinander abgestimmte Gemeinschaft lobte, ein Studium der Einsamkeit und versprach das Ruhen in sich selbst und die Erfüllung der Existenz – von all den kleineren Tröstungen nichts. Der junge Mann, der sie einstudierte, war aber zum einsamen Leben nicht geschaffen. Die Nähe seines Adoptivvaters, mit dem er so viele Lasten teilen konnte, machte ihn überglücklich; auch ein Familienmensch war er wohl, wie wir sagen würden – seine Kinder liebte er mit Sicherheit, seine Frau höchstwahrscheinlich. Ohne diesen Trost hätte er sich sehr schwergetan.[7]

Ganz unterschiedliche Ausprägungen jener Lehre, zu der es ihn hinzog, begegneten ihm. Ein Rätsel bleibt ein Verwandter namens Commodus, der ihn unterwiesen haben soll. Tief und lange sollte ihn dagegen der Stoiker Apollonios von Chalkedon prägen. Die Begeisterung des Jugendlichen klingt noch in seiner Charakteristik nach. Jene Mischung aus Geduld, Direktheit und Umgänglichkeit, Ernst und Ernstnehmen, mit der Apollonios vorging, sollte Marcus auch später noch anziehen; seine Geldgier und Dreistigkeit gegenüber dem Kaiser – den der Philosoph nicht hatte aufsuchen wollen – scheint den Schüler wenig gekümmert haben. Unschätzbar war eine soziale Lektion: „Wie man scheinbare Gefälligkeiten von Freunden annehmen soll, ohne sich dadurch etwas zu vergeben oder sie ungerührt zu übergehen." Wahre Freundesdienste lagen auf ganz anderer Ebene, lehrte Apollonios, aber das befreie nicht davon, sich für Alltagsgefallen verbunden zu zeigen. Marcus' Dienste an ihm waren die heißen Tränen, die er um den Lehrer weinte, und die Vergünstigungen für dessen Sohn.[8]

Dank solcher Lektionen erwarb sich Marcus unter den Altersgenossen, die mit ihm lernten, Freunde, die ihm ein Leben lang verbunden blieben – die angehenden Senatoren Seius Fuscianus und Aufidius Victorinus, Frontos späteren Schwiegersohn, die er zu Consuln machte, und zwei junge Ritter, die für uns bloße Namen bleiben. Einige, hieß es, fielen „ihres Lebenswandels wegen" für hohe Ämter aus, aber reich beschenkt wurden auch sie. So war es beste römische Tradition.[9]

Nichts wissen wir von Basilides von Skythopolis, wenig über Cinna Catulus, der dem Namen nach aus bestem Haus stammte; dieser habe gezeigt, dass Marcus selbst grundlose Klagen eines Freundes ernst nehmen müsse, habe ihm Kinderliebe – auch dies ein bleibender Charakterzug – und Dankbarkeit für die eigenen Lehrer vorgelebt. Weit prägender sollte Iunius Rusticus werden, „den er verehrte und dessen Jünger er war, der sich in Frieden und Krieg hervortat, grunderfahren in der stoischen Lehre"; Marcus machte Rusticus als Kaiser zum Stadtpräfekten und beriet sich in allen wichtigen Fragen mit ihm. Hier war jemand, der Politik und Philosophie vereinte – auf der Höhe der Zeit. Es hätte anders sein können: Rusticus stammte von jenen stoischen Oppositionellen ab, deren Konsequenz etwas Knirschendes haben konnte. Aber dieser Mann machte Marcus auf den unprätentiösen Epiktet aufmerksam und festigte die Ansicht des Erben, „der Besserung und Pflege meines Charakters zu bedürfen". Frühere Kaiser hatten Rusticus' Vater oder Großvater hingerichtet; jener, der nun heranwuchs, sollte dem Philosophen Statuen setzen.[10]

Rusticus' Lektionen leuchteten Marcus meistens ein, so herb sie waren. Der lern- und lesebegierige Junge, dem Fronto alle Mittel der Rhetorik an die Hand gab, wurde konfrontiert mit vorsätzlich kunstlosen Briefen und einer Absage an den Eigenwert von Rhetorik, Dichtung und selbst der zeit- und standesüblichen geschliffenen Ausdrucksweise im Gespräch – das alles sah sich auf eine Ebene mit leerem Prunk gestellt. So wesensfremd, wie die *Selbstbetrachtungen* beteuern, blieben dem Caesar derartige sprachliche Möglichkeiten nicht. Ohne Vorbehalt dagegen folgte er der Einsicht, „die Verbesserung und Pflege meines Charakters zu benötigen" – oder „zu wünschen". Dazu gehöre nicht, so Rusticus, vor großem Publikum Applaus zu suchen und Wohltaten zu verteilen, und einst sollte Kaiser Marcus seine Freigebigkeit reichlich dosieren. Wichtiger sei die Bereitschaft, einem Schuldigen bei dessen erstem Wunsch nach Versöhnung sofort zu verzeihen – Marcus hörte es gut. Der Rat, sich so informiert wie möglich zu halten und einer pompös vorgetragenen Meinung nicht vorschnell beizustimmen, fand beim Sohn des übergenauen Antoninus offene

Ohren. Dennoch war er für den imposanten Querkopf Rusticus kein bequemer Schüler. Es kam mehrmals dazu, dass Marcus gegen ihn aufgebracht war; erleichtert fand er später, dass er „nichts Unangemessenes tat, was ich jetzt bereuen müsste", etwa offiziell die Freundschaft zu kündigen, und dass es bei heftigen Wortwechseln blieb, vielleicht über die von Rusticus eingeforderte Radikalität, die sich mit dem Vorbild Antoninus' und anderer nicht vertrug.[11]

Zu diesen Vorbildern zählte Claudius Maximus, dessen Verdienste in den *Selbstbetrachtungen* vor denen des Adoptivvaters erscheinen. Maximus verkörperte für den jungen Marcus dieselbe Disposition: eine wie transparent wirkende Persönlichkeit, die nichts verbarg oder zu verbergen hatte, Gefühlswallungen und schlechte Tage, Selbstzweifel oder Ratlosigkeit nicht kannte, ganz Selbstbeherrschung, ganz Tatendrang ohne Unmut. „Und dass alle ihm zutrauten, dass er so dachte, wie er es sagte, und dass er, was er tat, nicht zum Bösen tat" – der Kaiser formulierte wie häufig so, dass die Tugend sich vom Träger schier zu lösen schien und als Forderung vor dem Autor stand. „Und dass sich nie einer getrieben fühlte, sich von ihm niedrig eingeschätzt zu glauben, und auch nicht wagte, sich für besser als ihn zu halten; und die auf gute Art witzige Redeweise." Diese von Rusticus abgewertete *urbanitas* kehrte in Maximus wieder, der seinerseits wohl ein erfahrener Politiker und Militär gewesen war.[12]

Aber Marcus' mit Abstand wichtigster Lehrer sprach aus dem Grab zu ihm. Die Worte und das Vorbild des Phrygers Epiktet, der es vom Sklaven eines mächtigen Freigelassenen Neros zum Meister eines weiten Schülerkreises angehender Stoiker aus den besten Häusern Roms gebracht hatte, füllten – wenn die *Selbstbetrachtungen* ein Maßstab sind – den Geist dieses postumen Schülers bis zum Überlaufen. Dass neben einer Kurzversion, dem berühmten „Handbüchlein", wenigstens die erste Hälfte der von Arrian, dem Statthalter und Historiker, aufgezeichneten acht Bücher über Äußerungen von Epiktet überlebt hat, ist ein großes Glück, auch weil Marcus allein einen falschen Eindruck von ihm vermitteln könnte. Wie eine Alarmglocke verkündete der ärmlich lebende Phryger ins Leben seiner hochmögenden Zuhörer hinein die Botschaft, die er zu verkünden hatte, und machte sie so unbequem wie möglich: „Was könnte man denken, dass *dir* noch fehlt? Du bist reich, du hast Kinder, vielleicht auch eine Frau dazu, und viele Sklaven, der Kaiser kennt dich, du hast dir in Rom viele Freunde gemacht, du erledigst deine Amtspflichten. ...Was fehlt dir noch? ... Du weißt weder, was Gott ist, noch was der Mensch ist, noch was gut oder böse ist." Und noch nach jahrelangen Studien schlug er ihnen die

Schulbankmentalität um die Ohren, die Weisheit wie Hausaufgaben und Unterrichtsstunden äußerlich abarbeiten zu wollen.[13]

Nicht zu Unrecht ist gesagt worden, längere Lektüre der *Selbstbetrachtungen* mache trübsinnig: Entsagung, Ernst, Aushalten und gelegentlich ein mitleidiges Lächeln für menschliche Eitelkeiten füllen die Seiten, vorgetragen im unerbittlich geduldigen Ton eines viel älteren Bruders oder Vaters; dazwischen mischt sich die etwas düstere Hoffnung auf ein Ende aller Mühen. So der Kaiser; ganz anders Epiktet, der Freigelassene. Mit einer robusten, bissigen Fröhlichkeit wirbt er für die Bekehrung seiner Umgebung zur allen natürlichen Vernunft, spießt Rückfälle und Absurditäten auf, spielt den Zuhörern den Unfug, den er beobachtet hat, und die möglichen Ernstfälle ihrer Gesinnung wie im Theater vor. Trocken konnte und wollte Epiktet die stoischen Klassiker nicht aufnehmen, denn ihn selber riss noch nach Jahrzehnten die Begeisterung über die innere Freiheit und das wahrhaftige Leben hin, zu denen er, selbst noch ein Sklave, als Schüler des Musonius Rufus gefunden hatte. Er sah sich im Dienst der einzigen Philosophie, die das Versprechen des Glücklichseins einlösen könne, und spürte sich mit leidenschaftlicher Liebe den Göttern verbunden – oder noch lieber dem einen, die Welt regierenden Gott oder auch einer in allem wirkenden Weltordnung; genug, dass er wusste, seine Liebe habe Ziel und Antwort. Epiktet machte sich den Spaß, im Schwung der Begeisterung das Schimpfwort „Sklave“ nach links und rechts zu verteilen; wer frei sein wollte, wusste ja, was er zu tun hatte. Geschenkt wurde dem, der sich ändern wollte, in dieser strahlenden, energischen Lehre nichts, im Gegenteil; seine Freiheit kam aus dem Verzicht. [14]

Die Rigidität dieser gewinnenden Vorträge scheint Marcus, wenigstens als Erwachsenem, nicht einmal völlig gereicht zu haben. Einer der letzten Einträge der *Selbstbetrachtungen* lautet: „Auf welche Art verwendet die herrschende Vernunft sich selbst? Darin steckt nämlich alles. Das übrige, sei es Teil unserer Grundentscheidung oder nicht, ist Totes und Rauch.“ Die von Epiktet gelehrte „Grundentscheidung“ aber grenzte alles, worauf der Mensch Einfluss haben kann, als das einzig Wichtige von der Vielzahl gleichgültiger Dinge ab. An ihr hing definitionsgemäß das Lebensglück. Auch das also war Marcus nicht existentiell genug. Ein Glück außerhalb ständiger Aktivität gab es für ihn nicht mehr, ein Glück außerhalb seiner selbst schon gar nicht. „Grabe nach innen. Drinnen ist die Quelle des Guten, die sich immer zu Tage bringen lässt, wenn du immer gräbst.“ „Zieh dich in dich selbst zurück. Die lenkende Vernunft hat die Natureigenschaft, sich selbst genug zu sein, während sie das Richtige tut und eben dadurch die innere Ruhe hat.“[15]

Abb. 4: Der Caesar Marcus, gegen 150?
(Neapel, Museo Nazionale Archeologico).

Selten hatte sich ein angehender Senator, geschweige denn ein künftiger Kaiser so tief in die Philosophie versenken dürfen wie dieser. „Und während er den Amtsgeschäften seines Vaters beiwohnte, um sich zur Lenkung der Staatsgeschäfte auszubilden, verfolgte er mit brennendem Eifer seine Studien“, so Marcus’ Vita. Die Ergebnisse waren dazu angetan, alle Vorurteile der traditionellen römischen Erziehung zu bestätigen. Derselbe, der Tischsitten und öffentliche Erwartungen mit Füßen trat, schoss im Anspruch, wie er äußerlich zu erscheinen habe, über jede Norm hinaus, die in der Zeit vor dem statuenhaften Kaiserbild der Spätantike galt. „Auch der Körper muss fest werden und darf sich nicht zerstreuen, ob in Bewegung oder im Anhalten. Denn wie sich im Gesicht etwas von der Vernunft zeigt, die es verständig und wohlgestalt erhält, dergleichen ist auch vom Körper insgesamt zu verlangen. Das alles ist aber in ungezwungener Weise zu beachten“ – sosehr es Zwangscharakter hatte, er durfte sich nicht zeigen. Das alles schien ein abgehärtetes, einsames Leben anzustreben, wie es Epiktet an den kynischen Philosophen voll Bewunderung beschrieben hatte. Doch wimmelte jenes Loblied von Warnungen, wie tragikomisch ein sozial eingebundener Möchtegern-Kyniker mit seinem groben Mantel und hartem Bett dastehen müsse, und das ostentative Wassertrinken, „nur um Wasser zu trinken“, war schon gar nicht Epiktets Fall.[16]

Mit dem Essen, besonders wenn es reichlich oder regelmäßig sein sollte, würde Marcus zeitlebens kämpfen; als Beispiele körperlichen Leidens nannte er in späteren Jahren „Übermüdung, Fieberhitze und Appetitlosigkeit“. In Verbindung mit der merkwürdigen Härte, die er gegenüber eigenen Anforderungen – vor allem denen des Körpers – an den Tag legte, ähnelt sein Verhalten etwa seit dem elften Jahr, als er demonstrativ im groben Gewand leben und auf dem nackten Boden schlafen wollte, gewissen Auffälligkeiten der Moderne. Ferndiagnosen, erst recht von Laien über fast 1900 Jahre hinweg, sind bedrohlich fehleranfällig und schon angesichts unserer miserablen Kenntnisse vom Innenleben antiker Kinder und Jugendlicher verbietet es sich, Krankheitsmerkmale heutiger Befunde oder Theorien in die Quellen hineinzulesen. Dennoch lohnt es sich, das lebenslange Dilemma, wie wichtig Marcus es nahm, dass alle Belange seines Körpers unwichtig seien, und vor allem seine karge Ernährung näher zu überprüfen. Man wird ihn im modernen Sinne chronisch essgestört nennen dürfen.[17]

Was heutige Magersüchtige, Extremfälle solchen Leidens – unter denen Jungen nicht fehlen – auszeichnet, zeigt manche Parallelen zu Marc Aurel: das Demonstrative und dabei langfristig Selbstzerstörerische des Verhaltens; die Ablehnung des eigenen Körpers mit Versuchen, dessen Triebansprüche zu beherrschen und zu übertönen; die hypnotische, machtvolle Wirkung der Entsagung als Erfolgserlebnis, gelegentlich sogar verbunden mit dem Gefühl einer „höheren, überlegenen Erkenntnis“, der Einsamkeit inmitten „ihres Willens zum Leben wegen“ primitiver Menschen, denen der Asket gleichwohl Gutes tun will. Hinter solchem Verhalten steht das Kalkül, an jemanden, der sich selbst unter jedes Minimum reduziert, könne niemand mehr Ansprüche stellen, und wer sich alles verweigere, sei über jeden denkbaren Vorwurf erhaben. Das essgestörte Kind kontrolliert seinen Körper, um sich – wohl aus Angst vor einer Auslieferung an äußere Mächte – zu beweisen, dass es sein Leben doch selbst in der Hand hält. Hauptsächlich gilt das paradoxe Kontrollbedürfnis dem Hunger, ist er ja der Appetit schlechthin; die Sexualität verfällt ebenso der Ablehnung, weil sie dem Anspruch, niemanden zu benötigen, zuwiderläuft. Therapeuten diagnostizieren eine starke nach innen gerichtete Aggression und unterstellen eine subjektive Überforderung im Verhältnis des Jugendlichen zu seiner Familie. Im Idealfall gelingt am Ende die Akzeptanz der eigenen Unvollkommenheit und des Bedürfnisses nach Genuss. Für nicht geheilte Fälle typischer ist die soziale Vereinsamung, die depressiv stimmt und zur Aufbesserung des Selbstwertgefühls immer neue, suchtartige Diätschübe auslösen kann.[18]

Die Auslöser heutiger Essstörungen sind wie diese selbst so vielfältig, dass jeder Versuch einer Festlegung rein spekulativ bleibt. Allein in der Aufzählung einer betroffenen Mutter träfen auf Marcus neben dem Tod eines Verwandten die Trennung von Geschwistern, ein Wohnungswechsel und Wechsel der Hausgemeinschaft wie auch das Ende der elterlichen Ehe zu; der Verlust des Vaters ist nur der augenfälligste Kandidat. Marcus' eigene Belastbarkeit, seine Erziehung, seine Folgsamkeit und Willensstärke oder -schwäche sind lauter wesentliche und unbekannte Größen. Moderne Essgestörte sind häufig überangepasste, scheinbar problemlose Kinder, die mit sich unzufrieden sind; vielfach begünstigt Perfektionismus und das Gefühl, versagt zu haben, den Ausbruch der Krankheit. Bei Jungen vermutet man eine überstarke Identifikation mit ihrer Mutter und das Ringen mit ihr – die asketischen Schlafwünsche, über die Domitia Lucilla mit ihrem Sohn verhandelte, kämen als Teil einer solchen verdeckten Rebellion infrage, schon wegen der hohen Energie, mit der Marcus sie von Anfang an verfolgte. Für die spätere, als schwächlich gewertete Konstitution könnte dasselbe gelten: „Aus Nahrungsmangel", so schilderte noch Julian den vergöttlichten Leib Marc Aurels, „war sein Körper äußerst durchscheinend und durchsichtig wie reinstes, klarstes Licht." Allerdings verzichtete Marcus auf Sport als Mittel, sein Gewicht zu senken. Ein typisches Verhalten hingegen, die seelische ‚Diät', sich bedrohliche Gefühle zu untersagen – Aggression ebenso wie Lust – lässt sich quer durch die Biographie des künftigen Kaisers verfolgen.[19]

Sprechend könnte eine Bemerkung sein, die dem Erwachsenen in seinen Dank an die Götter einfloss. Nicht nur verriet er Freude, dass er stets reich genug gewesen war, Bedürftigen zu helfen – was mit Sicherheit nur Mitglieder der oberen Stände meint –, sondern auch darüber, „dass mich selbst ein solcher Mangel, etwas von einem anderen annehmen zu müssen, nie getroffen hat". Diese Dankbarkeit für eine materiell gesicherte Existenz – samt der dahinter lauernden Angst vor Erniedrigung – klingt so authentisch, wie sie der reinen stoischen Lehre zuwiderlief, und so bereitwillig die *Selbstbetrachtungen* Epiktets abschätzige Verkleinerungsform „das bisschen Körper" für den Angelpunkt von Marcus' Ängsten übernahmen, kein einziges Mal erscheint „das bisschen Besitz", das Epiktet fast ebenso häufig aussprach.[20]

Marcus' zurückhaltender Ernst bildete nur eine erste Schicht, hinter der sich in jenen Jahren rasche und erstaunliche Wandlungen vollzogen. Ein kostbares Zufallszeugnis ist der Briefwechsel mit seinem lateinischen Rhetoriklehrer Fronto, einem der gefragtesten Anwälte Roms und ehemaligen Consul. Nach dem sensationellen Fund bald nach 1800 stellte sich Enttäuschung ein – es steckte wenig hohe Politik darin, nicht einmal Kultur, mehr Hausaufgaben, das Lob von Lieblingsautoren, Höflichkeitsbriefe aus den Ferien oder einer Sitzung. Es fällt daher leicht, das Aufschlussreiche daran zu übersehen.

Fronto war nur einer von mehreren Lehrern des Jugendlichen. Zweifellos gab es mit den übrigen vergleichbare, etwas verhaltenere Korrespondenzen, der Hausaufgaben wegen und aus Höflichkeit. Marcus wollte kaum je ohne Vorbehalt sein Herz ausschütten, doch sich mitteilen wollte er. Mochten die Antworten der Lehrer überzogene Schmeicheleien enthalten, sein eigenes Schreiben war Bestätigung für ihn. Darauf deutet bei aller Vorsicht Frontos Lob für Marcus' Gewandtheit hin, seine Erlebnisse in eigene Worte zu kleiden, und das Vergnügen des Prinzen, wie geheißen nach dem überraschenden Ausdruck zu suchen. Ob er sich nun in der eigenen Sprache eine Welt erschuf oder ein Versteck, die freie Verfügung über sie war in dieser Zeit des strukturierten Wortes eine soziale wie eine private Notwendigkeit.

Zum Zeitstil gehörte der Humor, spätestens seit Ciceros Briefen ein geschätztes Element der Privatkorrespondenz. Marcus übte sich darin, Esprit in zwei Sprachen zu verraten; auf Kosten der senatorischen, erst recht der kaiserlichen Würde sollte dies dem Stilideal zufolge aber auch nicht gehen. Gefordert war eine distanzierte Nähe, gelöst, aber weltverbunden, zugänglich, nicht zudringlich. Dafür, dass es Marcus zum Weltbewegenden und Tiefernsten zog, meisterte er dies ausgezeichnet, doch sollte der Kaiser den Briefton gegenüber den meisten Adressaten noch um einiges hinter die ruhige Diktion eines Antoninus zurücknehmen. In der Korrespondenz mit Fronto aber brachen zeitweise ganz andere Töne durch. Kurz nachdem sie die gemeinsamen Studien aufgenommen hatten, begann Marcus schwärmerische Leidenschaft für seinen Rhetoriklehrer zu äußern. Seine Briefe legten Fronto das Herz zu Füßen: „Ich aber, ich weiß nicht, wo mein Mut geblieben ist", schrieb er dem fernen Erkrankten; „nur das weiß ich, er hat sich zu Dir auf den Weg gemacht – ich weiß nicht, wohin." All das in wohlkomponierter Form, Mal um Mal.[21]

Die Gelassenheit wie die Liebesbeteuerungen der Fronto-Briefe geben uns schwere Deutungsarbeit auf. Wie Frontos Wortwahl für andere Freundschaften zeigt, war Überschwang damals guter Ton, einschließlich immer neuer Variationen von „lieben“ und seinesgleichen. So hatte Marcus den Vorteil, in die ausufernden Anreden der Zeit – „mein Teuerster, mein bester Freund Fronto“, „bester Freund, Ausnahmemensch, liebster Lehrer“ – unmerklich den vollen Ernst eines verliebten Jugendlichen zu legen, wenn er wollte; dabei kann er nach Niederschrift sogar der gefasstesten, lockersten Passagen immer noch die Nächte durchweint haben. Die Einsamkeit mit seinen Gefühlen und innersten Gedanken hatte er früh gelernt.[22]

Nicht allein er war in einer bedauernswerten Lage. Fronto hing mit Vater- und Lehrergefühlen an seinem künftigen Herrscher, beide verheiratete Leute. Zu mehr als den unter Freunden und Standesgenossen obligaten Küssen würde es nie kommen, doch wie sollte er den Caesar hindern, mit etwas herauszuplatzen, das später zwischen ihnen stehen würde? Wie ihn andererseits zurückstoßen? Und wenn der Hauptstadtklatsch eine Zweideutigkeit ihrer Beziehung aufspießte, würde Antoninus sich sein eigenes Urteil über Frontos Diskretion und Schonung bilden – und eines Tages der Kaiser Marcus auch. Grund genug, um als Objekt solcher Liebe nicht nur geschmeichelt zu sein.[23]

Nach dem Zeugnis der Briefe setzte Fronto darauf, dass die Not eines Tages von selbst enden werde. Den ohnehin ‚liebevollen‘ Briefstil nahm er nicht zurück, ließ aber in Adressen wie „meinem Herrn“, *domino meo*, den Abstand zwischen beiden einfließen: Marcus blieb der Schüler – und zugleich der Ranghöhere. Über die Konvention mit ihren Superlativen hinaus gab es wenig Nahrung für Leidenschaft; er sei schon erobert, suggerierte Fronto, um sich eben dadurch der Falle zu entziehen, mit der Zeit auf Anfrage immer mehr Gefühle bekennen zu müssen – er spendete viel Lob, aber nicht die ersehnte Liebe. So schonend diese Methode sich ausnimmt, sie wirkte auf einen verletzlichen Jugendlichen zweifellos als Enttäuschung, vielleicht als Kälte. In den *Selbstbetrachtungen* fehlt die ganze Episode natürlich, schon wegen Marcus' Abkehr von seiner eigenen Schwärmerei für einen Mann, ein Zug, der ihm später wesensfremd erschien. Bald sollte der Tag kommen, an dem der junge Caesar mit dem, wofür der Rhetor stand, brach, und hierzu war ein Vorwurf, begründet oder nicht, sehr willkommen. Radikalkritik als Instrument der Selbstfindung Jugendlicher trifft heutzutage hauptsächlich die Eltern; wo das nicht möglich ist, kann und konnte eine ältere Autoritäts- und Vertrauensperson als Stellvertreter dienen. Solche Idole sind nun einmal Werkzeug; am

Ende ihrer Brauchbarkeit werden sie teilweise oder vollständig verabschiedet, so nützlich und nötig ihre Strahlkraft war.[24]

Fronto reagierte wünschenswert heftig auf das erste Signal – als der Thronfolger dem Rhetor anscheinend und nicht ganz originell erklärte, laut Platon sei die Redekunst eine ethisch minderwertige, weil dem Missbrauch offene Angelegenheit und die Philosophie stehe höher. Frontos erhaltene Replik weist verletzt darauf hin, ohne Einkleidung argumentierten nur die gröbsten Klötze und sicher nicht der große Wortkünstler Platon selber oder doch sein Sokrates. Das richtige Mittel zum richtigen Zweck sei gefordert. „Darum handelt es sich eigentlich bei dem, was Du für Heimlichtuerei, für unaufrichtig, für leisetreterisch, für wahrer Freundschaft völlig unangemessen hältst."[25]

Endgültig blieb an diesem Favoritensturz die bekräftigte Wahl der längst gefundenen Richtschnur, der Philosophie. Als Lehrer und als Freund hatte Fronto noch viel zu geben und tat es auch; die Zuneigung, die ihm erwidert wurde, war aufrichtig. Aber dem, wofür er stand, einen mehr als nur ‚beruflich' nötigen Platz unter Marcus' Prioritäten zu erkämpfen vermochte er nicht. Sein Hauptgegner in diesem Ringen hieß mit aller Wahrscheinlichkeit Rusticus, zu dessen bleibendem Vermächtnis der angehende Philosophenherrscher die Aversion dagegen, „ermahnende Schwatzreden zu halten", ebenso zählte wie „das Abstehen von Rhetorik, Dichtung und geschliffener Redeweise", forciert einfache Briefe und „die Ansicht der leer Daherredenden nicht so schnell zu teilen". Dies war das Dogma; mit dem zurückgesetzten Fronto wird man finden, dass der Nacheiferer Epiktets durchaus mit einigen Tropfen rhetorischen Öls gesalbt war und in seiner Schlichtheit ganz kunstvoll wirkte. Übrigens hatte der Meister das radikale Entwerten der Redegabe als Feigheit gebrandmarkt. Als bleibende Lehre Frontos bezeichneten die *Selbstbetrachtungen* lediglich, „wie tyrannisch der Neid, die Undurchschaubarkeit und die Verstellung sind", eventuell ein Rückblick auf Frontos düsteres Bild vom Adoptivgroßvater Hadrian, „und dass meistens die bei uns so genannten Patrizier reichlich lieblos sind".[26]

Marcus' Platon-Anleihe gegen Fronto speiste sich aus gründlichem Wissen. Sextus von Chaironeia, der hochgelehrte Neffe des großen Plutarch, brachte ihm das platonische System mit gedanklicher Klarheit nahe und verkörperte zugleich jene bedingungslose Umgänglichkeit mit den schwierigsten Zeitgenossen, die Marcus an seinem Ersatzvater Antoninus liebte und bewunderte. Diese Haltung, hinter der ein anhänglicher Charakter auf Freundschaften wartete, war für Marcus' Denken der Inbegriff jenes „Lebens in Übereinstimmung mit der Natur", das die Stoa zu lehren versprach. Auf ähnliche Weise wurde Claudius Severus zum Exempel, der Marcus im Alter nicht so weit voraus war wie andere: Der Politiker aus kleinasiatischer Familie mit besten Beziehungen, der es 146 zum Consul brachte, war zugleich Anhänger des Aristoteles – sein Sohn, auch er philosophisch interessiert, sollte eines Tages Marcus' Tochter heiraten. Stärker als die Lehren des Peripatos prägte sich Severus' Gesprächspartner dessen Hang zu unbedingter Konsequenz ein, sei es auch um den Preis eines Streits mit Freunden – oder des Lebens. Auffälligerweise waren es unter den Vorbildern dafür wieder die Stoiker, der jüngere Cato, der Caesarmörder Brutus und die Radikaloppositionellen der letzten Generationen, Thrasea Paetus und Helvidius Priscus, die Marcus im Gedächtnis behielt; alles führte ihn letzten Endes zu ‚seiner' Philosophie zurück. Sie – oder er – war zu stark, um sich andere Einflüsse nicht unterzuordnen und dienstbar zu machen, wenngleich dankbar.[27]

Umgekehrt schreckte er nicht davor zurück, die tradierte Lehre abzuändern. Die klassische und mittlere Stoa hatten die Natur des Menschen zwischen Körper und vernünftigem Geist zweigeteilt gesehen, Epiktet hatte nochmals eingeschärft, dass man nichts auf der Welt zu fürchten habe als die Irrtümer aus dem eigenen Innern. In Marcus' *Selbstbetrachtungen* jedoch begegnen nun drei Bestandteile: Körper (*sōma*), Seele (*psychē*) und Geist (*noũs*, *lógos*). Die Indizien sind stark, dass dies seiner Selbstwahrnehmung entsprach; weitreichend sind die Folgerungen. Der Intellekt, der den Göttern und ihrer Lehre gegenüber offen war, hatte nun statt nur eines Untergebenen und potentiellen Gegners gleich zwei, und die Widerstände der Seele, bei der Angst, Zweifel und zahlreiche weitere Gefühle angesiedelt waren, musste er mehr fürchten als die wenigstens stummen Triebe und Ansprüche des Körpers allein. Noch gab es die Neuplatoniker und die Gnosis nicht, die den Verstand überhaupt als etwas in den Körper Versprengtes behandeln würden, aber Marcus – dessen Schrift diese Denker hochschätzen sollten – hätte ihr zugespitztes Modell sehr gut verstanden, das den Körper zum Grab, den Geist zum gottgesandten Retter der Seele machte, die in der Materie festklebte, von deren Feindseligkeit förmlich infiziert. Und aus der Zukunft drohte dem gespaltenen Ich weiteres Unheil, wenn es nicht jederzeit weit vorausblickte: „Betrachte niemals je das als nützlich für dich, was dich einmal zwingen wird, dein Wort zu brechen, deine Scham fahrenzulassen, jemanden zu hassen, zu beargwöhnen, zu verwünschen, ihm etwas vorzuspielen, nach etwas zu verlangen, für das es Wände und Vorhänge braucht." Nichts als innere Klarheit und Transparenz, ständige Arbeit an sich konnte das sichern.[28]

Ein eigenwilliger, aber seinen Mitmenschen angenehmer Charakter stand am Ende dieser Selbstbildung, soweit sie je zu Ende war. Ernst war weiterhin das Wort, das den Späteren für den ganzen Menschen Marc Aurel stand, aber sie bestanden darauf, es sei respektheischender Ernst im besten römischen Sinn, *gravitas*, ohne dunkle Schatten gewesen, so wenig man den fertigen Marcus je Späße machen hörte. Zugänglich sei er weiterhin geblieben, dazu „geradlinig ohne etwas Brüskierendes, zurückhaltend ohne Menschenscheu, ohne Finsternis ernsthaft". Als er ins Licht der Öffentlichkeit trat, schien er fertig entwickelt und bereit für den erstaunlichen Kraftakt, dass er „alle Tage seines Lebens der gleiche war und sich in keiner Weise änderte".[29]

Erbe des Antoninus

4. Die Mittagsruhe des Reiches

> Mit hohem Risiko spielte das römische Volk, als noch unsicher war, wohin sich deine edlen Anlagen entwickeln würden; jetzt steht es gut um aller Wünsche, denn keine Gefahr besteht, dass du auf einmal dich selbst vergessen könntest.
>
> Sen. clem. 1,1,7

Man hat Antoninus oft und bitter kritisiert, wegen Starre, Trägheit, Unbeweglichkeit im Raum und im Denken. Ein Defizit lässt sich nicht leugnen: Kein Versuch wurde unternommen, Marcus militärische Erfahrungen zu vermitteln. Ein liebenswürdiger, allzu ziviler Antoninus nahm sich der kleinen und kleinsten Dinge an und versäumte – so die Unterstellung – die großen. Man nannte ihn den „Kümmelspalter", in heutigen Worten den Haarspalter. Wo war die gerühmte „Voraussicht in ferne Zeit"? Antoninus versagte postum. Er ließ sich, so berichtet sein Sohn, gern und ganz uneitel eines Besseren belehren; aber handelte er auch danach? Die distanzierte Sanftmut, die einem Patrizier so schön gestanden hätte, passte nicht zu einem Kaiser.[1]

So die eine Sicht. Es ist unmöglich, die Gegenprobe zu unternehmen, wie sich nach 161 ein oder zwei Kaiser mit mehrjähriger Provinz- oder gar Feldzugserfahrung geschlagen hätten. Antoninus hat das vielleicht erwogen, vielleicht auch unterlassen, weil Marcus für ein solches militärisches Intermezzo nicht geschaffen war und er ihm nichts gewaltsam aufzwingen wollte. Unter den wenigen Anekdoten der *Historia Augusta*, die echt wirken, ist jene, wie eine Anzahl älterer Vertrauter den hilflos um seinen toten Lehrer Apollonios weinenden Marcus drängte, sich zu fassen. „Lasst ihn Mensch sein", soll Antoninus dagegen verlangt haben, dem gegenüber Apollonios sich einiges geleistet hatte; „weder das Kaisertum noch die Philosophie nimmt einem die Gefühle." Der auf Würde und äußere Form bedachte Princeps hatte seine überraschenden Seiten. Viele haben ihn selbst schon wegen dieser kurzen Szene geliebt und respektiert; in der Tat wird das Reich nicht darunter gelitten haben, dass einer weinen durfte.[2]

Gern wird vergessen, was Marcus selbst später von seinem Auftreten dachte. Antoninus hatte klargestellt, dass es hier weder etwas zu tadeln noch zu verzeihen gab, aber in den Schriften seiner Philosophen konnte der Caesar beliebig viele Verurteilungen „weibischer Schwäche" lesen. Marcus selbst mochte verwundbare Momente sehr wohl für verzeihungsbedürftig halten, und es ist leicht möglich, dass er sie im eigenen Fall als unverzeihlich ansah. Sein neuer Vater konnte ihm nicht helfen.[3]

Anders stand es mit dem Urteil über geistiges und politisches Leistungsvermögen. Schon früh zog der Augustus seinen Caesar in Personalfragen zu Rate, implizit ein Lob für dessen Fähigkeiten – Grund genug für Neider, Marcus als herrschsüchtig zu diffamieren; so zumindest behauptet es die *Historia Augusta* in einer vielleicht erfundenen Anekdote. Doch die Neider scheiterten an der demonstrativen Unterordnung des Erben „in äußerstem Gehorsam gegenüber seinem Vater" und seiner „Zurückhaltung bei der Teilhabe am Kaisertum". Es heißt auch, er habe sanften Widerstand gegen den „höfischen Prunk" geleistet, den die Würde eines Caesar verlangte. So imitierte er Antoninus' häufiges Erscheinen in einfacher Garderobe und nahm die Aufwartung, die ihm die Vornehmsten morgens im Palast erwiesen, unter betont privaten Umständen entgegen. Auch den materiellen Folgen seines Aufstiegs entzog sich Marcus nach Möglichkeit: Testamente von Mitgliedern beider führender Stände, Senatoren und Ritter, schlossen gewöhnlich Legate ans Kaiserhaus ein. Was davon auf den jungen Caesar entfiel, „lehnte er mitunter ab und ließ es an die nächsten Verwandten des Toten fallen". Doch gerade damit füllte er die Rolle erst eigentlich aus, mit der er rang: Das Ausschlagen solcher Vermächtnisse war Kennzeichen eines guten, von Habsucht freien Kaisers. Auch der bewunderte Antoninus achtete ja demonstrativ nicht auf den Luxus, mit dem er sich von Amts und Standes wegen zu umgeben hatte – für Marcus ein Zeichen seiner tiefsten Bedürfnislosigkeit, während es Antoninus selbst vermutlich eher als Exempel einer aristokratischen Haltung sah, die sich in der Tat selbst aufhebt, sobald sie zu sehr auf Statussymbole pocht oder ostentativ vor ihnen flieht. Gerade wenn er sich beiläufig bei seinen Gästen in Tusculum für die ungewohnt rustikalen Kleider entschuldigte, in denen er steckte, machte Antoninus erfolgreich die Probe darauf, ob er selbst oder seine Garderobe mehr zu sagen hatte. Er wünschte gelegentlich Schlichtes zu tragen oder auf dem Land Bauer zu spielen, wie er, die geborene ‚Herrschaft', es immer getan hatte; die Lektion, die sein Erbe daraus entnahm, war, dass es einem Kaiser „möglich ist, sich fast ebenso gut wie ein Privatmann" – im römischen Sinne, ein Nichtkaiser – „einzuschränken und deswegen doch nicht würdeloser oder lässiger zu verhalten, wo man für die Gemeinschaft als Herrscher handeln muss". Wo Antoninus seine Vergangenheit zum Maßstab machte, sah Marcus ihn schon mit den Augen der eigenen Zukunft und maß sich an ihm.[4]

Der Vergleich fiel beglückend und entmutigend zugleich aus. Jener Antoninus, wie ihn sein Nachfolger in Erinnerung hatte, erscheint geradezu wie Marcus' Gestalt gewordenes Pflichtgefühl: „das Energische an ihm, wo es ums vernunftgemäße Handeln ging, und das Gleichmäßige in allen Dingen, das Fromme, das Heitere in seinem Gesicht, das Sanfte, das Fehlen von Ruhmsucht, das Eifrige im Begreifen der Sachen". Geduld, Sorgfalt, Genügsamkeit, Selbstbeherrschung, Arbeitseifer, Verbindlichkeit: „Möge dich die letzte Stunde ebenso mit gutem Gewissen antreffen wie ihn." Tiefe Zuneigung und Idealbild gingen eine verwirrend enge Ehe ein. Punkt für Punkt liest sich der Antoninus der *Selbstbetrachtungen* als geborener Stoiker, den ein nur gelernter beschrieb. „In allem als Jünger des Antoninus" blieb die Losung des Adoptivsohnes, ein Enthusiasmus, der letzten Endes dem unenthusiastischen Vorbild widersprach.[5]

Marcus' Unterschiede zu seinem Wahlvater verbergen sich an unauffälligen Stellen. Ein reichlich unstoisches Lob gilt Antoninus' Talent, von „den Dingen, die für den Überfluss im Leben sorgen", einen „bescheidenen, doch zugleich unbefangenen Gebrauch zu machen, so dass er, was er hatte, auf unkomplizierte Weise gebrauchte, aber was er nicht hatte, auch nicht vermisste". Es ist die Wortwahl eines Mannes, dessen Askese selber durchaus Bedenken verriet, ob er auch den ‚natürlichen' Gebrauch aller Luxusgüter beherrschte, durften sie doch für ihn keinen Eigenwert besitzen. Antoninus konnte haben, als hätte er nicht, „konnte entbehren und genießen", gleich einem Sokrates. Über das Entbehren wagte sich Marcus kaum hinaus.[6]

Ebenso verschieden stand es mit dem Körperlichen. Gelobt wurde Antoninus' „maßvolle Sorgfalt mit dem eigenen Körper, nicht, wie es einer täte, der sich ans Leben klammert, oder um sich herauszuputzen, aber doch auch nicht wie einer, der den Leib verachtet, sondern so, dass er dank der eigenen Aufmerksamkeit in den wenigsten Fällen medizinische Hilfe oder Präparate und äußerliche Anwendungen brauchte". So habe er auch seine häufige Migräne schnell überwunden, ja, schaffte es „dank seiner einfachen Kost bis zum Abend, ohne die Ausscheidung seiner Exkremente anders als um die gewohnte Stunde vorzunehmen". Buchstäblich alles an Antoninus schien dem Kaiser Marcus der 170er Jahre, der täglich Medikamente schluckte, aus der Rückschau „geordnet, kerngesund, im Einklang mit sich", kurz selbstbeherrscht. Vom regelmäßigen Stuhlgang zur berechenbaren Freundlichkeit ist es in diesem Denken, das spätestens den Heutigen obsessiv erscheint, nur ein Schritt.[7]

Dass Antoninus gewisse Mängel an absoluten Werten aufwies, hätte Marcus, wenn er dies gewollt hätte, an der Streichung von Privilegien für Philosophen ablesen können; wahre Weise, kommentierte sein Vater mit merklicher Ironie, würden sich gelassen darein fügen, nur die Hochstapler sich arm rechnen. Die Vertreter praktischerer Lehrberufe wie beispielsweise Ärzte kamen besser davon. Wie Antoninus mit sich pflegenden, auf Wirkung bedachten Menschen umging, zeigt Alexander aus dem kilikischen Seleukeia, genannt Peloplaton. Dieser Sophist nahm sich als Gesandter vor Antoninus in jungen Jahren heraus, ein „Hör mir ja zu, Caesar!" in seine Bittrede einzustreuen, worauf der vermeintlich schläfrige Adressat schnappte: „Ich verstehe dich klar und deutlich; du bist doch der, der sich die Haare aufputzt, die Zähne wienert, die Nägel poliert und immer nach Salböl duftet?" Hier sprach der römische Beamte statt des Philhellenen – wenn auch als römischer Beamter, dessen Porträts ihn mit raffinierter Lockenpracht darstellten und dessen Statthalter sich Philosophen zur Gesellschaft mitnahmen.[8]

Der hochgewachsene Mann mit der angenehmen, etwas herben Stimme, der seiner imposanten Statur im Alter durch eine Art Korsett nachhalf, verfehlte auch auf die senatorischen Zeitgenossen seinen Eindruck nicht, und ihr Lob wurde prägend für alle weiteren Überlieferungen über Antoninus, der „als einziger unter fast allen Kaisern ohne Blut von Bürgern und Feinden lebte, soweit es auf ihn selbst ankam". Im Rückblick aus einer Zeit der Umstürze und Kriege nannte ihn Aurelius Victor „derart ausgeglichen und von rechtschaffener Natur, dass er geradezu bewies, wie wenig Charaktere durch Frieden, vereint mit einer langen Zeit der Ruhe, verdorben werden". Stets sah man ihn im Frieden mit sich selbst, „immer zufrieden und heiter", eine Beruhigung nach Hadrians Sprunghaftigkeit und gelegentlichen Gefühlsausbrüchen, „nüchtern und standhaft, in keiner Weise taktlos oder aktionistisch (‚neuerungssüchtig', *kainótomos*)". Es tat gut, mit ihm zusammen zu sein, seines Humors wegen und weil „nichts Unverschämtes, nichts Dreistes, nichts, wie einmal jemand sagte, ‚bis zum Schweiß Getriebenes'", nichts krampfhaft Erzwungenes an ihm war.[9]

Die Sanftmut, die anderen problematisch erschien, fehlte wenigstens in Marcus' Augen: Antoninus habe „festes Bestehen auf seinen Entscheidungen, die er nach reiflicher Prüfung fällte", ausgezeichnet, „die Erfahrung, wo man die Zügel anziehen und wo sie locker lassen müsse", besser noch, eine Unabhängigkeit von Ruhmes- oder Ehrengesichtspunkten, die ihn allein auf sein Pflichtgefühl achten ließ. Widerspruch wurde anders als vor

Abb. 5: Antoninus Pius (Rom, Thermenmuseum).

138 jetzt wieder gelassen toleriert, ja ermutigt, wo er wertvolle Einsichten versprach.[10]

In anderen Dingen änderte sich dagegen wenig, so in der enormen Arbeitsleistung des Kaisers. Der Anteil von Antoninus' Edikten an den Rechtstexten der *Digesten* ist respektabel. Beratungen mit führenden Juristen der Zeit gehörten inzwischen endgültig zu den Tagesgeschäften; ihre Kenntnis lieferte die Grundlage, in Einzelentscheidungen den Statthaltern und Gemeinden immer festere Zügel anzulegen. Für ihre Verdienste, beteuert der damalige Caesar, verschaffte der Kaiser seinen Juristen den gebührenden Ruhm und erkannte deren überlegenes Fachwissen unumwunden an, ganz wie bei guten Rednern oder Geschichtskundigen. Wieder einmal war der Unterschied zu Hadrian markant, dessen vielseitiger Intellekt ihn überall zum Ausspielen echter wie eingebildeter Kompetenz verleitet hatte.[11]

Auf seine Art setzte derselbe Herrscher, der so betont Kontinuität und traditionelle Werte signalisierte, neue Akzente, die wie Korrekturen der Politik seines Vorgängers wirken – und wirken sollten. Nicht zufällig wurde Italien samt seiner Mythologie viel stärker ins Licht kaiserlicher Aufmerksamkeit gerückt. Die lokalen Oberschichten wurden die vier ungeliebten Quasi-Statthalter los, die Hadrian eingeführt hatte, doch dafür kamen die Sorgen der Rechtsprechung und Verwaltung wieder; auch an das seit Traians Zeiten laufende Zuschussprogramm, das den Kinderreichtum Italiens erhöhen sollte, wurde wieder angeknüpft. Die Summe der Gelder, die in das Kernland des Reiches flossen, war vielleicht nicht höher als unter Hadrian, doch sie wurden viel demonstrativer ausgegeben.[12]

In Britannien wurde die mühsam errichtete Mauerlinie des Hadrianswalls durch einen weiter nach Norden vorgeschobenen Erdwall vom Firth of Forth zum Firth of Clyde ersetzt, dessen praktischer Wert bis heute umstritten ist; schon 158 wurde die südliche Linie ausgebessert, und möglicherweise markiert dies bereits den Rückzug der Truppen auf die alte Position. Der Vormarsch nach Schottland war von Kampfhandlungen begleitet, die Antoninus bescheidenen Kriegsruhm einbrachten; allein die Geste, neue Territorien in Besitz zu nehmen, war vermutlich das Wichtige daran. Ähnlich stand es mit einer Vorverlegung des obergermanisch-rätischen Limes auf eine zur Grenzüberwachung, geschweige denn Verteidigung, kaum günstige Gerade. Die spätere Überlieferung rechnete die Unterdrückung kleinerer Unruhen der durch Traian unterworfenen Daker wie der von Hadrian dezimierten Juden großzügig als militärische Erfolge.[13]

Große Lücken in den Quellen machen es schwierig, Krisen im sonst so friedlichen Achaia oder im seit 117 ruhigen Ägypten zu bewerten. Misstrauisch stimmt das Lob, „die Aufstände, die sich überall ereigneten“, habe der Princeps „mit Zurückhaltung und Festigkeit“ niedergeschlagen. Dahinter verbergen sich möglicherweise die Maureneinfälle, die seit ungefähr 142 das Gebiet beider mauretanischer Provinzen trafen; 144 wichen die üblichen zwei Prokuratoren aus dem Ritterstand zeitweise dem einheitlichen Kommando eines Senators, zu dessen Armee selbst aus Britannien sowie von Rhein und Donau massive Verstärkungen stießen. Erst 152 ließ sich der Kaiser eine *ovatio*, einen ‚kleinen Triumph', für den Sieg verleihen, aber bis etwa 157 blieben die Truppen in der Provinz Mauretania Tingitana auf Kriegsstärke, und kurz darauf wurde ein Aufstand in der Caesariensis niedergeschlagen. Auch das Lob der angeblich unerreichten Stärke, mit der Könige der Klientelstaaten Roms von der Krim bis zum Kaukasus einbestellt, abberufen oder eingesetzt wurden, löst sich kunstvoll aus dem Kontext – im Todeskampf sollte Antoninus von „den Königen" sprechen, „denen er zürnte", und weniger durch „einen simplen Brief" als durch Truppenverlegungen waren die Parther von ihrem alten Wunsch abzuhalten, Armenien zu vereinnahmen. Wirksam blieb aber doch das Bild des ohne jeglichen Krieg gefürchteten und geliebten Friedensfürsten, den selbst „die Inder, Baktrer und Hyrkaner" verehren kamen.[14]

Alarmierend wirkt inmitten dieser angeblichen Ruhe eine Usurpation. Ein profilierter Senator erhob sich, T. Atilius Rufus Titianus, wohl der *consul ordinarius* des Jahres 127. Seit Jahrzehnten hatte es dergleichen nicht gegeben. Zum Ende des chancenlosen Rebellen kamen Verschwörungsvorwürfe gegen einen weiteren namens Cornelius Priscianus, der sich zum Selbstmord gezwungen sah und vom Senat am 15. September 145 (postum?) abgeurteilt wurde, „weil er nach Art eines Feindes die Provinz Spanien in Unruhe versetzte", für eine Usurpation nicht gerade die offensichtlichste Gegend. Antoninus unterband Nachforschungen nach Mitverschwörern, was auf Amnestie hinauslief; das sollte zeigen, wie sicher sich die Dynastie im Sattel fühlte – doch so glimpflich die Machtprobe verlaufen war, auf einen unanfechtbaren Princeps deutete sie nicht hin. Als nicht lange vor Antoninus' eigenem Tod sein Prätorianerpräfekt Tattius Maximus starb, ersetzte er ihn (wie es Traian und Hadrian getan hatten) durch ein Gespann zweier Kollegen, eventuell zur Sicherung gegen den Missbrauch dieses gefährlichen Amtes an der Spitze der mit Abstand größten Truppenansammlung in Rom.[15]

Gleichwohl stand die überwiegende Mehrheit der Senatoren fest hinter dem Kaiserhaus. Dass Antoninus an die römische Tradition anknüpfte, keine einsamen Entschlüsse zu treffen, sondern sich vor der Entscheidung mit seinen durch Sachkenntnis oder ihr Amt dazu berufenen *amici* – politischen und manchmal auch persönlichen „Freunden" – zu beraten, überschritt das Normalmaß. Sein Auftreten als *civilis princeps*, als „bürgerlicher Herrscher" – zugänglich und sparsam mit dem Pochen auf seinen Rang, in dem er gleichwohl uneinholbar blieb – ging so weit, dass er seine *amici* zu sich ließ, während er informell gekleidet seine Privatgeschäfte führte. Am Eindruck der Transparenz lag Antoninus viel: Senatsreden und

Edikte für die Öffentlichkeit erläuterten Maßnahmen, die früher stillschweigend getroffen worden wären. Mit einem Mitspracherecht des Senats oder gar des Volkes war eine solche Höflichkeitsgeste aber nicht zu verwechseln. Ähnlich der Spagat in Finanzdingen: Die Erbin Faustina, Marcus' Frau, wurde zwar im Testament für Antoninus' enormes Privatvermögen vorgemerkt, doch die Zinsen wurden den öffentlichen Ausgaben zugeschlagen.[16]

Die Sparsamkeit zugunsten der ‚Staatsfinanzen', die mit dem angesammelten Vermögen früherer Kaiserdynastien untrennbar verknüpft waren, setzte sich in kleineren Schritten wie der Kürzung geschenkter Leibrenten fort. Ein Fall betraf einen von Hadrian bedachten Dichter – Symbolpolitik und ein in Senatskreisen populärer Stich gegen den Vorgänger auch dies. Marcus hielt später fest, auch mit Bauprojekten und Spielen habe sein Vater genau das richtige Maß gehalten, „haushälterisch mit den öffentlichen Ausgaben und geduldig, wenn er deswegen von manchen getadelt wurde"; „geizig", urteilte Julian Apostata, der spätere Nachfolger beider. Erst recht deutete man sich die Sesshaftigkeit des zwischen Rom und seinen riesigen Landgütern pendelnden Princeps als Maßhalten; er hatte „nichts Wechselhaftes und leicht Mitzureißendes, sondern eine Natur, die an den zu ihr gehörenden Orten und Dingen festhielt". Er verschone die Provinzen mit teuren Reisen, sagte er; er hatte von Rom aus alles unter Kontrolle, lobten Zeitgenossen und Nachwelt. Am lautesten äußerte sich Aelius Aristides in seiner berühmten Romrede, nur ein schwacher Herrscher müsse seine Hauptstadt verlassen und durch die Länder hetzen. Doch als es in Rom zu einer Teuerung der Lebensmittel kam, sah sich der Kaiser, der dem aufgebrachten Volk die Lage persönlich erklären wollte, mit Steinen beworfen wie vormals der keineswegs energische Claudius mit Brotstücken; souverän war daran allenfalls sein Verzicht auf blutige Vergeltung.[17]

Als Mitglied von mindestens sechs Priesterkollegien hatte der Caesar Marcus einen größeren Teil seiner Zeit der Staatsreligion zu widmen als je zuvor. Er hatte ein Muster vor Augen: Antoninus „brachte nie ein Opfer durch einen Stellvertreter dar, außer wenn er krank war". Doch sei er nicht in Angst und Aberglauben vor die Götter getreten; vermutlich unterstellte ihm Marcus die eigene Verbindung von unaufdringlich gelebter römischer Tradition, Ehrfurcht und persönlicher Liebe.[18]

Gelegentlich nutzte der Caesar seine Position voll aus. Noch Jahrzehnte später begrüßte er seinen Entschluss, seine Lehrer zügig „in ein Ehrenamt zu bringen, in das es sie nach meinem Eindruck zog, und sie nicht mit der

Hoffnung hinzuhalten, jetzt seien sie noch zu jung und ich würde es später tun“. Ohne Zögern ‚bat‘ er Fronto, in einem sehr pikanten Prozess zwischen Herodes Atticus und Claudius Damostratos, den Fronto vertrat, maximale Schonung walten zu lassen, „denn jeden von Euch beiden schätze ich wegen seiner Verdienste“. Der Absender schrieb überdeutlich „Aurelius Caesar“ hin und ging davon aus, „dass diese abscheuliche Geschichte mit soviel Anstand wie möglich erledigt wird“. Am Rande der Höflichkeit bewegte sich auch Frontos Rückfrage, wie er im Licht dieser Bitte seine Treuepflicht als Anwalt zu interpretieren habe, so sehr er gehorsam „keinen totalen Krieg“ zu führen versprach; gleichwohl wehrte er sich nicht (so waren die Spielregeln), ja, wies auf die Notwendigkeit hin, die übrigen Ankläger zu bearbeiten. Marcus ließ weitere in Freundschaftsworte gekleidete Instruktionen folgen. Beide Lehrer wurden später im selben Jahr 143 Consuln, Fronto jedoch nur *suffectus* auf einem der weniger begehrten Plätze hinter dem Paar der *ordinarii*, das dem Jahr seine Namen gab.[19]

Eine andere Frucht der Privilegien vermerkten spätere Jahrhunderte als sittliche Reife: Man habe schon den jungen Marcus vor 138 „manchmal gezwungen, zu Jagden aufzubrechen, das Theater zu betreten oder bei Schauspielen anwesend zu sein“. Für Zeitgenossen aller Stände war jedoch ein solches Verhalten eine bodenlose Rüpelhaftigkeit, ein Mangel an Respekt gegenüber alten und jungen Bekannten bei der Jagd wie dem versammelten römischen Volk bei den öffentlichen Auftritten. Der Gipfel der – echten oder als solche interpretierten – Arroganz war erreicht, als der junge Caesar entweder im Theater oder zu einem Abendessen seines Vaters mit Büchern unter dem Arm erschien und sich ausschließlich diesen, nicht den Gästen widmete. Fronto nannte ihn gegenüber anderen „einen schwer erträglichen, unangenehmen Menschen“, ja abstoßend. Die Methode, sich den Genuss solcher Ereignisse zu verderben, lag im Analysieren der „Vergnügungen eines Liedvortrags, einer Tanzvorführung und eines Pankration“: Die Einzelteile des Musischen wie des Ring- und Faustkampfes zwängen „beim Unterteilen zur Verachtung“. Moralisch belehrende Stücke wie im klassischen Athen gab es ja sowieso nicht mehr, und wenigen Lichtblicken zuliebe war Marcus nicht bereit, Unterhaltungsprogramme für berechtigt zu erklären. Sein Verhältnis zum Sport als Selbstzweck ist ungewiss; wir kennen den ‚Obersportdirektor‘ für die beiden „erlauchten Knaben“, einen Freigelassenen, aber ob und wie lange Marcus gezwungen war, ihn in Anspruch zu nehmen, entzieht sich uns.[20]

Bereits Ende des Jahres 140 verlor Marcus seine Tante, Schwieger- und Adoptivmutter, die Augusta. Man erhob sie zur Staatsgöttin; der *diva Faustina* wurde ein prächtiger Tempel auf dem Forum errichtet, der eines

Tages auch den Kult ihres Mannes aufnehmen sollte. Antoninus heiratete nicht wieder – eine neue Verbindung, gar mit Kindern, hätte die auf Marcus und Faustina die Jüngere konzentrierte Nachfolgeordnung durcheinandergebracht. Die Sexualmoral der Zeit forderte dennoch geordnete Verhältnisse. Eine ständige Konkubine niederen Standes war die Lösung; der an Aristophanes erinnernde Name der Auserwählten, Galeria Lysistrate, gibt ihrer Aufgabe eine leicht skurrile Komponente. Lysistrate, eine Freigelassene Faustinas, geriet in den Ruf, sie habe ihrem Herrn und Meister einen seiner zwei Prätorianerpräfekten der späten Jahre empfohlen.[21]

Marcus und Antoninus' Tochter heirateten im Mai 145; die zugehörigen Circusspiele trugen vermutlich den Titel *Rosaria*. Für Romantik bestand kein Anlass. Das junge Paar – Marcus war 24, für einen Bräutigam aus dem Kaiserhaus relativ alt, seine Frau eher jünger denn älter als 14 – kannte sich als Cousin und Cousine, seit Faustina auf der Welt war; Geschwister und Verlobte waren sie seit 138. Aber Ehen in Roms oberen Schichten waren nicht auf Zuneigung gegründet. Die Würde der beteiligten Familien verlangte eine respektvolle Behandlung der Frau bei klarer Unterordnung, nur ähnelte die Hochzeitsnacht für Mädchen von 12–15 Jahren wohl eher einer Vergewaltigung; moderne Untersuchungen vermuten sogar die häufige Defloration der beim künftigen Gatten lebenden Verlobten unter zwölf Jahren. Danach hatte dieses halbe Kind baldigst Erben zu produzieren, was seine Jugend doppelt lebensgefährlich machte. Marcus pries später das Glück, „dass mir Kinder geboren wurden, die weder stumpfsinnig noch körperlich verwachsen waren"; über das, was den meisten von ihnen zustieß, schwieg er an dieser Stelle.[22]

Bis zur ersten Geburt am 30. 11. 147 vergingen über zwei Jahre. Das heißt nicht, die Ehe sei vor Anfang 147 nicht vollzogen worden; eher ist mit unregelmäßigen Perioden der jungen Mutter oder gar ein bis zwei Fehlgeburten zu rechnen – und mit weiteren in den zwei folgenden Jahrzehnten. Faustinas letzte bekannte Lebendgeburt fällt ins Jahr 170; dies war vielleicht die dreizehnte, davon zweimal Zwillinge. Statistisch gesehen hätte sie tot sein müssen. Ihr Körper überlebte die Tortur bis 176; so viele Geburten hatte keine bekannte Kaiserin oder Tochter eines Herrscherhauses über sich ergehen lassen. Gerade ihre Söhne starben immer wieder, und einen Erben hervorzubringen war verzweifelt wichtig, aber andere Herrscher hatten sich früher den Tatsachen gefügt und adoptiert.

Vielleicht wirkten Marcus' Prinzipien mit. Zu seinen sexuellen Bedürfnissen, bei denen die medizinische Lehre der Zeit sowieso Zurückhaltung

Abb. 6: Marcus' Frau Faustina um 147/48
(Rom, Kapitolinische Museen).

anriet, stand er in bestenfalls problematischem Verhältnis. Theoretisch forderte er einmal von sich, beim Geschlechtsakt jedesmal zu denken: „Er ist das Reiben eines Stücks Eingeweide und die Absonderung eines Schleimtröpfchens unter mäßigen Zuckungen." Selbst Epiktet hatte nur verlangt, man solle sich auch im Bett stets bewusst sein, dass man ein Fragment Gottes in sich trage. Die praktische Seite bleibt uns verschlossen. Wenn Faustina wirklich ein Opfer besonderer Fruchtbarkeit war, hätte Marcus zu ihrer Schonung eine Konkubine wählen können, wie Sitte und Gesetz es erlaubten, und natürlich wimmelte der Palast von Sklavinnen, die für den Herrn jederzeit greifbar waren. Aber im Weg stand der Nimbus der kaiserlichen Modellfamilie, den besonders Traian geprägt hatte – und Traians Urenkel war nicht der Mann, sich eine Doppelmoral zurechtzulegen. Die Stoa tat den Rest. Ihre Lehrer hatten eine harmonische Gemeinschaft der Partner verherrlicht und möglichst viele Kinder von ihnen verlangt. Der Junggeselle Epiktet hatte die Ehe gar für heilig, das Kinderzeugen zur Bürgerpflicht erklärt; Ehebruch sei von beiden Seiten so unsittlich wie asozial. Ob die Liebe zwischen Gatten eine legitime Empfindung war, wie Seneca es gefordert hatte, oder der stoischen Mehrheit gemäß aus dem Verstand gedrängt gehörte, hatte jeder selbst mit sich auszumachen. Frostiger als durch Epiktet ließ sich die eheliche Treue jedenfalls nicht begründen: Alle Frauen seien zwar prinzipiell Eigentum aller Männer und davon abgesehen ohne Lebensaufgabe, aber man müsse sich an die festgesetzte Verteilung halten. Der gealterte Weise aus Phrygien war glücklich, seine sexuellen Wünsche ganz los zu sein.[23]

Wie es mit der Zuneigung des Kaiserpaares stand, ist schwer zu beurteilen. Verliebter Überschwang statt ehelicher Eintracht wurde in Marcus' und Faustinas Kreisen eher belächelt; natürlich gab es kein gemeinsames Schlafzimmer. Was Cousin und Cousine in die Ehe mitbrachten, waren aber zweifellos die Voraussetzungen, miteinander auszukommen; gerade Faustina war seit dem Kindesalter zur Mutter von Kindern genau dieses Mannes erzogen worden. Es hätte Möglichkeiten genug gegeben, ihre Schwangerschaften zu verhindern oder frühzeitig abzutreiben, statt sich immer wieder in Gefahr zu begeben. Moralischer Druck und die Überwachung durch Höflinge allein hätte keinem Dutzend Kinder gegen den Willen der Mutter das Leben gesichert – und es wäre um einiges bequemer gewesen, gleich mit den Affären zu beginnen, die Faustinas Bild in den Quellen verzerren. Für Marcus ertrug sie viel.[24]

Beider Zukunft verband sich so eng, wie es die Öffentlichkeit verlangte. Die Geburt des ersten Kindes, der Tochter Domitia Faustina, wurde zum Signal für Marcus' nächsten Schritt auf die Herrschaft zu: Am 1. Dezember 147 übertrug ihm der Senat die *tribunicia potestas*, jenes den Volkstribunen entliehene Element der Kaisermacht, nach dem die Herrscherjahre gezählt wurden und das den Träger – nicht nur symbolisch – zum Patron des ganzen Volkes machte. Außerhalb Roms kam angeblich noch ein zweites hinzu, das *imperium proconsulare*, das die wichtigsten Provinzen des Reiches und ihrer Armeen umspannte. Die Mutter Faustina wurde zur Augusta erhoben – dem Rang nach stand sie damit jahrelang über ihrem

Mann, dem bloßen Caesar. Womöglich wurde jeder Geburtstag ihrer Kinder als Staatsfeiertag begangen. Am 21. April 148 beging Rom glanzvoll die Neunhundertjahrfeier seiner mythischen Gründung, die mit Antoninus' eigenem zehnten Regierungsjubiläum am 10. Juli ganz bewusst verschmolz. Schon ein Jahr vor den Feierlichkeiten wurden Wisente, „päonische Stiere“, eingefangen. Um den Termin der zweiten Feier empfing Faustina ihre zweite Tochter, die am 7.3.149 zur Welt kam; Lucilla überlebte ebenso wie die 150 oder 151 geborene Annia Aurelia Galeria Faustina die ersten gefährlichen Jahre.[25]

Unglück lag dagegen über den Geburten der ersehnten Söhne, von denen mehrere so kurzlebig waren, dass umstritten ist, ob es zwei oder drei dieser Kinder gab. Ein Sohn, T. Aelius Aurelius, wurde 157 oder 158 geboren und starb, noch während die Glückwünsche aus allen Provinzen eintrafen. Marcus diktierte einen furchtbaren Dankbrief an die Künstlervereinigung der dionysischen Techniten in Smyrna: „Euer Wohlwollen, das Ihr durch Eure Mitfreude bekundet habt, als mir ein Sohn geboren wurde, war – selbst wenn das anders ausging – nichtsdestoweniger offenkundig.“ Die verdächtig lange Pause zwischen 152 und 157 legt nahe, an schwere Krankheit Faustinas, eher aber an eine Serie von Fehl- und Totgeburten zu denken. Vor 157 war auch die erste Tochter gestorben; das Mausoleum Hadrians füllte sich mit Inschriften. Dennoch folgte eine Schwangerschaft nach der anderen. Zweimal, 159 und 160, gebar Faustina erneut ‚nur‘ Töchter. Im Frühjahr 161, als sie ihren Vater verlor, war Marcus' Frau ein weiteres Mal schwanger.[26]

Inzwischen hatte auch Lucius eine kleine politische Rolle zu spielen begonnen. Zur Weihe des Tempels für Hadrian legte er (vielleicht 144, spätestens 146) die Männertoga an. Wohl 153 wurde er Quaestor, im Folgejahr Consul; damit war er mit 22 respektive 23 früh im Amt, aber verglichen mit Marcus war die Zurücksetzung deutlich. Antoninus hatte es nicht eilig mit ihm, und von einem Anteil an der Herrschaft war Lucius, „Sohn des Augustus“, weiter denn je seit 138 entfernt. Auf Reisen fuhr er nur im zweiten Wagen hinter Vater und Bruder, mit dem Prätorianerpräfekten. Der Fülle von Marcus' Priesterämtern stand genau ein bekanntes entgegen. Er war das wahre Stiefkind, „war 23 Jahre lang als Privatmann im Kaiserhaus, ... entbehrte jener Fülle von Ehren, die Marcus zuteil wurde“, und weitere Entwürdigungen sollten auf ihn warten. Dass er zumindest gelegentlich einen Platz unter Antoninus' Beratern einnahm, war schon alles.[27]

Lucius, „von einfältigem Charakter, den nichts verschleiern konnte“, war nicht viel schlechter erzogen worden als Marcus, meist auch von denselben Lehrern. Während der Altersabstand einen gemeinsamen Unterricht mit Marcus praktisch ausschloss und der Tagesablauf des Caesar sie vielfach trennte, wird beteuert, dass Lucius „durch Marcus' Lebenswandel und Einfluss geprägt wurde". Ein persönliches Profil aus den Angaben der Überlieferung zu zeichnen ist gefährlich, will sie doch den Unterschied betonen; ihr zufolge wäre Lucius in den typischen Freizeitvergnügungen seiner Zeit und seines Standes, Jagd und Sport, unbeschwert aufgegangen, hätte wie viele Senatoren und Jugendliche als Dichter dilettiert, sich später aufs Redenschreiben verlegt. Mit Fantasie könnte man in der gesuchten Frisur wie in den angeblichen Studien, deren Erfolg als mäßig abgetan wird, einen Versuch sehen, Profil zu gewinnen – gegenüber dem Bruder, der an der Rhetorik keine besondere Freude mehr bekundete, wiewohl immerhin eine Sammlung seiner Reden bezeugt ist. Dennoch war und blieb Marcus auch für Fronto der begnadete Lieblingsschüler, und der Abstand zu Lucius' Rolle in der Korrespondenz, an Wärme wie an Umfang, ist unüberbrückbar.[28]

In seiner gewollten Bedeutungslosigkeit hatte Lucius viel Zeit zum Nichtstun; anders als sein in sich gekehrter Bruder besuchte er mit Hingabe Rennen und Gladiatorenspiele, ganz im Einklang mit der römischen Öffentlichkeit. Antoninus mag es begrüßt haben, ihn so beschäftigt zu sehen. Dieser jüngere Stiefsohn brachte ihm Respekt, nicht Liebe entgegen, heißt es – er hatte seine Gründe. Überraschend ist die folgende Bemerkung, der Kaiser habe Lucius' geradliniges Naturell und „die Schlichtheit seines Lebensstils" sehr geschätzt und sie Marcus zur Nachahmung empfohlen. In der Tat arbeitete der ausersehene Thronfolger mit einem solchen Eifer daran, aus sich einen neuen Menschen zu machen, dass Antoninus von soviel Kompliziertheit Kummer für ihn wie für andere fürchten mochte; im Gegensatz zu Vater und Bruder, bei all ihren Verschiedenheiten, war Marcus nicht das, was in unserer modernen Formelsprache ‚spontan' heißen könnte.[29]

Ein Fixpunkt im Jahresablauf des Senatskaisers waren die Weinlesen auf seinen Gütern. Hier wie bei den betont auf Gleichheit gestellten Jagden oder Besuchen zum Abendessen bot sich eine besondere Gelegenheit, die Etikette zwar nicht außer Kraft zu setzen, aber eine Zeitlang zu den ‚guten alten' Zuständen der Senatsherrschaft – und des privaten Umgangs mit gleichgestellten Freunden zurückzukehren. Dementsprechend bestand Antoninus auch nicht auf der Anwesenheit seiner *amici* bei den Gelagen. In Lorium ließ er als Mittagessen zur Lese ein Fischpüree mit Zwiebeln und Bohnen reichen, kräftig und appetitlich, aber unkompliziert; der – wie häufig – erkältete Marcus aß bei dieser Gelegenheit ein bloßes Stück Brot.[30]

Das einfache Leben ließ ihn nicht los. Mit fünfundzwanzig, also 145/46, entdeckte Marcus die Bücher des Philosophen Ariston und fühlte sich bei der faszinierten Lektüre so weit vom wahren Lebenswandel entfernt, dass er neben Selbstvorwürfen das Bedürfnis zum Fasten empfand – und ihm auch nachgab. Als Antoninus einmal ernsthaft erkrankte, reagierte der Caesar mit einer geradezu aberwitzigen Form der Anteilnahme. Nicht nur wich Marcus nicht von der Seite des Kranken und mied wie er das tägliche Bad, er aß auch nichts, rührte keinen Wein an und nicht einmal Wasser. Fronto erinnerte später bewegt daran, aber das Ausmaß der so bekundeten Besorgnis sprengte auch antike Maßstäbe und wirkte mehr wie Schuldgefühle. Mit vierzig Jahren, 161, schrieb Marcus dem Redner aus seiner Küstenvilla in Alsium einen leicht zerknirschten Kurzbrief, der andeutete, wie strapaziös sich die dortigen vier ‚Ferien'-Tage für ihn gestalteten. „In Lorium konntest Du Dich nicht von Hunger, Durst und Tagesgeschäften niederdrücken lassen?", empörte sich der Lehrer und berief sich auf das Vorbild des Antoninus: Bei aller Ernsthaftigkeit habe er zu seiner Zeit „doch den Sportplatz betreten, den Köder an den Angelhaken gesteckt und über Clowns gelacht". Um mehr als genug Zeit für den Nachtschlaf suchte Frontos ganzer komplizierter Brief aber nicht zu werben, und die Antwort war eher dankbar als beruhigend. Jetzt war Marcus' Zeit gekommen, mit der er keineswegs umging, als gehöre sie ihm.[31]

Marcus hatte sie durchaus erwarten können. Im Spiegel der *Selbstbetrachtungen* leuchtet immer wieder auf, wie kurz ein Menschenleben sei, egal, wie lange es dauere, einen Tag oder eine kleine Ewigkeit. Die Zahlenangaben wechseln; einmal aber heißt es: „Ob du das Menschenleben nun zehntausend Jahre lang erforschst oder vierzig – was würdest du mehr sehen?" Länger leben brauchte man also nicht zu wollen, wenn man gescheit war. Als Marc Aurel auf den Thron kam, war er exakt vierzig Jahre alt.[32]

5. Ordnung und Eintracht

> Anders geht es denen, die verborgen bleiben in der Menge, aus der sie nicht herauskommen … eure Worte und Taten kommen ins Gerede …
>
> Sen. clem. 1,8,1

Das Sterben des Antoninus Augustus, genannt Pius, vollzog sich bescheiden, friedlich und in hohem Alter. Eine Magenverstimmung soll der Angriffspunkt für ein Fieber gewesen sein, das den Fünfundsiebzigjährigen Anfang März 161 in seiner Villa in Lorium befiel und schnell entkräftete. Antoninus versammelte, wie es üblich war, seine engsten *amici* um sich, darunter die wichtigsten Amtsträger, legte ihnen ans Herz, Marcus beizustehen, und hatte Kraft für eine letzte symbolische Handlung. Der wachhabende Tribun der Prätorianer bat wie üblich um die Parole, Antoninus erwiderte „*aequanimitas*“ – Gleichmut, drehte sich auf dem Bett zur Seite und suchte einen letzten Schlaf, aus dem er nicht mehr erwachte, wenigstens anzudeuten. Das Fieber mischte sich in die Geste und entlockte dem Sterbenden Abgerissenes über die Sorgen der Tagespolitik, „die Könige, denen er zürnte“; aber alles andere war geregelt. In Hadrians Mausoleum stand der Platz für ihn bereit, im großen Tempel Faustinas am Forum die Stätte seiner künftigen Verehrung. Man erkannte ihm göttliche Ehren zu und gründete eine eigene Priesterschaft für seinen Kult, die *sodales Antoniniani*, deren Kollegium durch Antoninus' trauernde Söhne geführt wurde.[1]

In Marcus' Schlafzimmer stand gemäß einem der letzten Befehle des Toten nun die Goldstatuette der Fortuna, vor der die Kaiser beteten. Nun würde ihr Marcus huldigen, da es so über ihn verfügt war, „vom Senat gezwungen, die Staatslenkung zu übernehmen“, wie es ein Späterer ausdrückte – das sichere Kennzeichen eines guten Kaisers. Diesmal war es vielleicht mehr als eine demonstrative Bescheidenheitsgeste, als der Erbe unter den ermutigenden Zurufen der Senatoren Gefühle der Unzulänglichkeit und Zögern ausdrückte. Denn Marcus beschloss, offenbar binnen weniger Stunden, seinen bislang völlig funktionslosen Adoptivbruder Lucius zum Mitherrscher zu machen – nicht als Caesar, sondern mit dem Titel eines Augustus. Der Senat entsprach dem Gesuch umgehend. Schon den Antrittsbesuch im Lager der Prätorianer am Stadtrand unternahmen die Brüder gemeinsam. Bereitwillig rief die Garde sie beide nach Marcus' Ansprache zu Kaisern aus, trug ihr das doch statt des ‚Standardtarifs‘ von 15000 Sesterzen ein erhöhtes Geldgeschenk von 20000 pro Mann ein, das Fünffache ihres Jahressoldes und das Achtzehnfache der jährlichen Bezü-

Abb. 7: Auffahrt von Antoninus und Faustina zum Himmel.
Links unten das personifizierte Marsfeld, rechts die Stadtgöttin Roma.
Adler begleiten das Herrscherpaar (Rom, Vatikanische Museen).

züge eines einfachen Legionärs. Mit den enormen Reserven, die Antoninus hinterlassen hatte – 2,7 Milliarden Sesterzen sind überliefert – war dieses Donativ spielend möglich. Beide hielten ihrem Vater zusammen die Totenrede, beide traten als Veranstalter seiner Leichenspiele auf.[2]

Nie zuvor hatte es zwei Inhaber der höchsten Gewalt nebeneinander gegeben, zwischen denen kein spürbares Gefälle bestand. Die Nachwelt hat sich dieses Problems mit Ausdauer angenommen, besonders als kniffige Frage des Verfassungsrechts. Dass es sich um zwei wirklich gleichberechtigte Herrscher handelte, versichern vor allem spätantike Quellen, die darin den Vorläufer der seit Diocletian und der Tetrarchie von 285 alltäglichen Kaiserkollegien aus mehreren Augusti und Caesares sahen. Das politische Rom des Jahres 161 hätte sie eines Besseren belehren können. Wie seit den Anfängen des Kaisertums griff in die Rechtsfragen ein viel wichtigerer Punkt ein, die *auctoritas* des Einzelnen. Marcus war älter, er war seit zwei Jahrzehnten tatsächlich an der Herrschaft Antoninus' beteiligt gewesen, hatte den entsprechenden Titel schon lange erhalten und rangierte in allen Senatsämtern weit vor Lucius, er war der Mann der Tochter seines Vorgängers und der Vater von dessen Enkeln. Vor allem aber hatte *er* Lucius erst zu seinem Mitkaiser gemacht. „Und als ob er Lucius Commodus' Vater wäre, nannte er ihn auch *Verus*, fügte den Namen *Antoninus* hinzu und verlobte dem Bruder seine Tochter Lucilla." Lucius Aurelius Verus Augustus – nicht „Antoninus" – erschien dem Namen nach in der Tat wie ein Adoptivsohn; ein Schwiegersohn war er auch noch, was ihn desto mehr zu Respekt und Ergebenheit gegenüber Marcus verpflichtete. Und schließlich musste er auf einen wesentlichen Bestandteil der komplexen Ansammlung von Elementen verzichten, die das Kaisertum ausmachten. Für die religiöse Aufsicht in Rom konnte es nur einen *Pontifex maximus* geben, der Kontaktfunktion zu den Göttern wegen und natürlich aus Traditionsgründen. Lucius' Biographie in der *Historia Augusta* zeichnet das Bild eines letztendlich unfreien Monarchen, der den Namen nicht ernsthaft verdiente, „lebte er doch nicht in seinem eigenen uneingeschränkten Prinzipat, sondern unter Marcus (!) in einer ähnlichen und an Würde gleichen Kaiserrolle".[3]

Viel interessanter war für die Zeitgenossen die Frage, wieso es zu der Ernennung kam. Cassius Dio suchte den Grund im hinfälligen Körper des Älteren, der viel Zeit in Studien gesteckt habe; ein robuster Helfer habe gefehlt. Man durfte Marcus auch ein Handeln aus *pietas* zutrauen; Lucius war Sohn eines Caesar, seit 138 zur Thronfolge vorgesehen, und auf seine Art stellte dieser Akt des Familiensinns eine späte Wiedergutmachung dar. Doch was würde der Mitherrscher – unvertraut, wie er mit den Staatsgeschäften war – nun tun, besser, zu tun bekommen?[4]

Noch im Lauf des Jahres 161 sollte ein kleines Wort innerhalb der Titulatur des zweiten Augustus einen Hinweis geben: *proconsul.* Das *imperium proconsulare* machte den Kaiser zum Statthalter des halben Reiches mit fast allen Truppen, von seiner Vorgesetztenrolle für die senatorischen Proconsules der anderen Hälfte abgesehen. Es erschien meist nur dann im Titel eines Kaisers, wenn dieser seine Befugnis innerhalb der Provinzen ‚aktiv' nutzte. Erstmals seit Hadrians Tod sollte also wieder ein Princeps Italien verlassen, der jüngere, „weil die Lage in der Stadt die Anwesenheit eines Kaisers verlangte": die Antwort auf Lucius' Bestimmung lag irgendwo dort draußen. Der Senat, in gut republikanischem Stil um Erlaubnis gefragt, stimmte der Aufgabenteilung feierlich zu.[5]

Marcus und seine Ratgeber blickten nach Osten. Die „Könige“, denen Antoninus' letzte Gedanken gegolten hatten, waren vermutlich Roms Vasallen im Kaukasus und östlich des Euphrat, von deren Haltung es mit abhing, wie die Beziehungen zum Partherreich verliefen. Nach der Katastrophe, die Traian hinterlassen hatte, war die Lage dank eines kraftraubenden parthischen Bürgerkriegs jahrzehntelang entspannt gewesen. Unter Antoninus mehrten sich die Anzeichen, dass der Mann auf dem Arsakidenthron neuen Ehrgeiz entwickelte. Ein Versuch des Großkönigs, den labilen status quo in Armenien zu ändern – dessen König kam traditionell aus der parthischen Dynastie, schwor Rom aber die Treue – wurde rasch abgebrochen. Als Antoninus alterte, rüstete sich Großkönig Vologaeses III., die Stärke Roms ernsthaft auf die Probe zu stellen, sobald ein günstiger Moment kam. Ein Partherkrieg großen Stils würde mehr Kräfte erfordern, als die Armeen der Grenzprovinzen Cappadocia und Syria aufbieten konnten. Wenn Truppen aus anderen Reichsteilen in Marsch gesetzt wurden, würde der Druck wachsen, an ihrer Spitze den Kaiser selbst zu sehen. Jetzt gab es jemanden, der das übernahm, und Marcus würde trotzdem im Zentrum des Reiches bleiben können, der ihm in Fleisch und Blut übergegangenen Praxis gemäß.[6]

Zunächst aber brachen Monate an, in denen die Brüder Seite an Seite amtierten – eine Zeit der Eingewöhnung für Lucius, oder so war sie zumindest geplant; „Marcus ergab sich auch ganz der Philosophie und trug Liebe zu den Bürgern zur Schau“. Gesandte aus Hunderten von Städten waren zu empfangen, die den Herrschern kondolierten, gratulierten und um die Bestätigung ihrer verschiedenen Privilegien baten. Ins Reich hinaus gingen Signale der Kontinuität; die Münzwerkstätten wiederholten alte Motive so unoriginell wie getreu, und jahrzehntelang sollte sich hieran wenig ändern. Mit der Normalität war es in diesem Jahr sonst nicht weit her. Ein verheerendes Hochwasser des Tiber, nicht das letzte zu Marcus' Lebzeiten, richtete wohl im Herbst 161 Gebäudeschäden an, zerstörte die Getreidevorräte, die in Ufernähe lagerten, und brachte die Nahrungsversorgung Roms so stark wie selten zuvor in Bedrängnis. Beide Augusti überwachten die Notmaßnahmen. Mochten durch Hunger und Seuchen auch Unruhen drohen, die optimistische Lesart war, dass sich die Kaiser als tatkräftige und kundige Beschützer des Volkes erweisen konnten. Ihre Toleranz hatten sie angeblich bereits bewiesen, indem sie die Angriffe eines Bühnenautors durchgehen ließen.[7]

Die Nachrichten aus dem Osten waren schlimmer. Vologaeses hatten den Krieg eröffnet. Antoninus' Mann in Cappadocia, Sedatius Severianus, zog der Invasionsstreitmacht mit nur einer Legion entgegen, beflügelt von

Siegesversprechungen des führenden Scharlatans der Zeit, Alexander von Abonuteichos. Bei Elegeia am Oberlauf des Euphrat kam es zur Katastrophe. Der leichtgläubige Legat tötete sich, seine unglückliche Legion wurde aufgerieben – eine so erbärmliche Niederlage, dass spätere Gerüchte alles taten, sie etwas zu veredeln. Auf dem zweiten Kriegsschauplatz schlugen die Parther den langjährigen Statthalter Syriens in die Flucht. Roms gesamte Position war in Gefahr, eine Gegenoffensive vorerst unmöglich.[8]

Das Bild eines Römischen Reiches in wiederholten Abwehrkämpfen gegen die rückständigen Barbaren ringsum hat viele Schwächen; eine besonders große ist die unausgesprochene Annahme primitiven Denkens bei den Angreifern. Doch an der Wende zum Jahr 162 zeigte sich wie bereits in der Krise der Jahre 116 und 117, wie wohlinformiert diese Nachbarn waren. Natürlich wurde registriert, dass Rom seine Provinzheere an Rhein und Donau ausdünnte, als die Parthergefahr übergroß wurde. Parallel zum großen Krieg im Osten brachen die Chatten 162 in die Provinzen Germania superior und Raetia ein; auch die Briganten im nördlichen Britannien, eine Quelle immer neuer Unruhen, schlugen los, beide nicht zuletzt durch Antoninus' Grenzverschiebungen provoziert. Nach Britannien wurde Calpurnius Agricola entsandt, der dort um 162 einen noch erfahreneren Militär ablöste, Statius Priscus – er war erst gegen Ende 161 aus Moesia superior eingetroffen. Priscus übernahm seinerseits Cappadocia, ein Zeichen, wie sehr die Parther als Hauptproblem gesehen wurden, Grund genug, einen Konsular durchs ganze und einen in umgekehrter Richtung durchs halbe Reich reisen zu lassen. An der Donau wurden mindestens zwei Provinzen bewährten Statthaltern übergeben, vielleicht ein Kompensationsversuch für den zeitweiligen Verlust militärischer Schlagkraft.[9]

Ein Hoffnungsschimmer in dieser düsteren Zeit war die Geburt von Zwillingen im Kaiserhaus. Am 31. August 161 brachte Faustina in Lanuvium zwei Jungen zur Welt, welche die Namen L. Aurelius Commodus und T. Aurelius Fulvus Antoninus erhielten. So verewigte Marcus, schien es, Adoptivvater und -bruder. Nur Schwarzseher mochten den Umstand hervorkramen, dass am selben Tag des Jahres 12 der verfluchte Caligula geboren war.

Mit Statius Priscus, dem Tod oder Krankheit bald das Kommando nahm, hatte Lucius einen erfahrenen Mann an seiner Nordflanke, als er den Oberbefehl im Osten antrat. Sein direkter ‚Untergebener' in Syrien wurde Marcus' junger Vetter Annius Libo, ein Patrizier, der kaum militärisch vorgebildet war. Den Legaten der syrischen Legionen blieb zunächst wohl oder übel einige operative Freiheit; ihre Befehle kamen eigentlich vom mit Lucius angereisten Prätorianerpräfekten Furius Victorinus und den weiteren Begleitern des Herrschers, die für Erfahrung sorgten.[10]

Der Aufbruch eines Kaisers aus Rom, erst recht in den Krieg, war stets ein feierlicher Moment. Außer Lucius' Gefolge und Teilen der Garde unter Victorinus gab ihm im Frühjahr 162 auf dem ersten Stück Weges sein Bruder persönlich das Geleit. Der Fest- und Kriegszug bewegte sich die Via Appia hinunter bis Capua, wo Marcus sich verabschiedete, um die Amtsgeschäfte im Zentrum wieder aufzunehmen, die er sich reserviert hatte. Lucius' nächste Etappe sollte zweifellos der Hafen von Brundisium sein, wo eine Flotte darauf wartete, ihn entlang der Küste Griechenlands und dann Kleinasiens nach Syrien zu bringen.[11]

Doch nicht lange, und Nachrichten schreckten Marcus auf, sein Bruder und Kollege liege krank in Canusium, etwas abseits der Hauptroute – weil er sich seit Capua von Villa zu Villa getrunken habe, hetzt die *Historia Augusta*. Umgehend legte er feierliche Gelübde für Lucius' Genesung ab und informierte den Senat, er werde sofort zu ihm reisen. Eine Spur von Komik erhielt dieser zweite Aufbruch, als den Princeps unterwegs die Meldung erreichte, Lucius sei wiederhergestellt und habe Italien bereits verlassen. Fronto bekam einen Bericht; der besorgte Redner beschwor ihn, sich zu schonen und „all Deine Bedürfnisse" zu mäßigen, „die ja nun nach der Enthaltsamkeit … heftiger und drängender als gewohnt sein müssen", fast sicher ein Euphemismus. Es heißt, Lucius habe vor der Einschiffung erst noch in Apulien gejagt und sich auch auf der weiteren Reise reichlich Zeit gelassen. Spätere Chronisten deuteten den Zwischenfall als erstes Symptom, wie lästig er dem eigentlichen Herrscher fallen sollte. Marcus' eigenes Verhalten verriet nichts außer frommer Dankbarkeit: Die Altäre der Götter in Rom rauchten bald von den versprochenen Opfern. In Athen opferte auch der andere Augustus und sah zur Verheißung seines Sieges einen Blitz von Westen nach Osten zucken, wahrscheinlich eine Sternschnuppe.[12]

Fast alle lateinischen Quellen zeichnen von Lucius das Bild eines verantwortungslosen jungen Mannes, der sich nicht weiter darum kümmerte, dass Krieg war und er ihn leiten sollte. Lucius wählte nach seiner Ankunft Ende 162 Antiochia als Hauptquartier; von der Großstadt aus ließen sich die Verbindungen sowohl nach Rom als auch zum nördlichen Teil des Kriegsgebiets mit Cappadocia und Armenien gut halten, während der Augustus und sein Hof vor einem Überfall sicher waren. Nur rührte sich der Kaiser auch dann nicht von der Stelle, als sich die Kampfhandlungen nach Osten verlagerten, zwei symbolische Inspektionen am Euphrat vielleicht ausgenommen; der Krieg blieb Sache der Statthalter und Legionslegaten. „Vier Jahre lang aber verbrachte Verus den Winter in Laodikeia, den Sommer in Daphne und den Rest der Zeit in Antiochia." Schlimmer noch, Lucius lebte in großem Stil, führte den Städtern seine schöne, aber nicht einzige Geliebte Panthea vor, jagte und nahm das Schwert nur für Übungskämpfe zur Hand. „Nach dem Gutdünken seiner vulgären Freundin" rasierte er sich angeblich vollkommen glatt, woraus die Antiochener wahrscheinlich sexuelle Hörigkeit und interessante Praktiken herauslasen. Sie mochten, so sehr sie im Theater die Schnäbel an Lucius wetzten, solche Extravaganzen als echt königlich betrachten, aber die römische Tradition verlangte etwas anderes. Der Klatsch gipfelte anlässlich des Todes von Lucius' Vetter Annius Libo: Nach Drohungen Libos, er werde dem Senat etwas zu schreiben haben, sei der Legat 163 verdächtig jäh erkrankt und gestorben – allein Marcus habe nichts Böses glauben wollen. Rückwirkend deutete die Nachwelt Lucius' Entsendung als Entfernung eines Schandflecks aus Rom oder als Besserungsversuch.[13]

Überhaupt, so behauptet die *Historia Augusta* kühn: „alles, was man zum Krieg brauchte, verfügte und lenkte Marcus auf Rom gestützt". Wenn Lucius Gesandte empfing und Rechtsfragen entschied, hat die Überlieferung das vorsätzlich unterdrückt. Recht hatte sie teilweise mit der Koordination von Lucius' militärischem Ruhm: Hier hatte Marcus seine Hand im Spiel, als sich Fronto, der alternde Lehrer beider, dazu rüstete, ein glanzvolles Standardwerk zum Partherkrieg vorzulegen. Lucius ließ ihn mit Material versorgen und begeisterte sich für das Projekt: „meine Taten sind so groß, wie sie sind, egal wie groß sie nun sind; wirken werden sie aber so groß, wie Du es willst." Fronto feierte den Siegreichen in einem schriftlichen Panegyricus als Meister, auch in der Rhetorik. Zu dem Buch kam es nicht mehr.[14]

Es fällt leicht, Lucius Verus vorzuwerfen, er habe sich dem Leben eines Playboys überlassen wie seinerzeit Marcus Antonius; fesselnd genug für einen solchen Vergleich war Panthea anscheinend. Aber der mit 32 zum nominellen Obersten Kriegsherrn aufgestiegene Augustus hatte von niemandem Unterricht bekommen, wie sich ein Kaiser zu verhalten hatte. Dass er sich aus militärischen Entscheidungen heraushielt, war eher ein Glück – dank Antoninus begannen beide Herren des Reiches in dieser Hinsicht bei Null. Zusätzlich konnte Lucius sich auf Nachholbedarf an öffentlichen Auftritten berufen, war er doch jahrzehntelang weniger als eine Nebenfigur gewesen. Dass seine neue Stellung und erst recht die Situation viel mehr verlangte als die Zurschaustellung von Reichtum und Entrücktheit, stand auf einem anderen Blatt. Seine Ratgeber und Untergebenen befanden sich in einer erbärmlichen Lage: Wie gab man einem Augustus laufend, aber taktvoll Lektionen?

Wenn jemand auf den problematischen Prinzen im Kaiserornat unter Wahrung der Form einwirken konnte, dann Marcus in Rom, persönlich oder durch die Entsendung enger Vertrauter – Briefe hätten sehr offiziell gewirkt. Er unternahm jedoch anscheinend gar nichts; „geduldig ertrug er das Wohlleben seines Bruders, beinahe mit guter Miene, wenn nicht gar bereitwillig". Ein Grund war zweifellos das Sozialprestige. Lucius stand ihm gleich; sollte Marcus ihm dreinreden? Wenn es ein Fehler gewesen war, so zu tun, als brächte Lucius alle Voraussetzungen mit, dann war es Marcus' Fehler gewesen; und Marcus hatte für sich ausgesucht, was er selber als die dankbarere Aufgabe ansah, indem er daheim in beider Namen Reskripte über den Umgang mit eigenmächtigen Stadtsklaven und abgenutzten Kaiserbildern in Ephesos absegnete – falls der Jüngere nicht auch die Tagesgeschäfte für den Osten mit übernahm. Marcus hatte ihn in eine Stellung katapultiert, die ihm selber, nicht unbedingt aber Lucius zuträglich war. „Ich bin nicht wert, mich selbst zu betrüben", sagte er später zu sich, „denn ich habe niemals willentlich einen anderen betrübt." Lucius lebte da schon nicht mehr.[15]

Dabei fand der ältere Augustus Zeit für seine Privatinteressen. Die Studien bei Sextus von Chaironeia, zu denen er sich in dessen Haus begab, dauerten an, ebenso die Anstrengungen einiger, durch ein angebliches Leben als Philosophen näher an den Herrscher und seine Kassen zu rücken. Aber auch die *amici* des Kaisers stellten fest, dass er seinem vollen Tagespensum zum Trotz nicht abließ, sie wie damals mit Briefen, sogar eigenhändig geschriebenen, zu bedenken. Übel vermerkt wurde, dass die *amici* andererseits nicht mehr so oft auf den Banketten der Standesgenossen auftauchten: Marcus mied solche Anlässe, womit er auch die engere Umgebung von vielen Gelagen der Oberschicht fernhielt. „Die höfische Überheblichkeit" der Freigelassenen und Funktionäre der Palastbürokratie habe Marcus gefördert, indem er Bessere von „der gemeinsamen Geselligkeit" ausschloss. Desto mehr wurde gearbeitet. Wie zur Kompensation für die militärische Unkenntnis hatte sich der ältere Augustus statt eines Literaten einen Militär als Leiter seines Sekretariats ausgesucht, den erfahrenen Varius Clemens, vielleicht um in Personalfragen eine Entscheidungshilfe zu gewinnen, wo es um Truppen und Provinzen ging. Spektakuläre Schritte blieben nicht aus: drei bewährte Legionslegaten des Partherkrieges – Avidius Cassius und Martius Verus, später Claudius Fronto – hätten nach dem üblichen Karrieremuster als nächstes kleinere Provinzen verwalten müssen; stattdessen machten Marcus und Lucius sie eilig zu

Consuln und übergaben ihnen sofort eine Serie von Schlüsselpositionen: Syria, Cappadocia und Moesia superior.[16]

Mit den Erfolgen kamen die Titel. Zunächst drang Martius Verus durch Armenien bis zu dessen Hauptstadt Artaxata im Osten vor. Ihn begleitete der Prätendent von römischen Gnaden, der römische Consular (!) Sohaemus, der mit der Arsakidendynastie nichts zu tun hatte – immerhin stammte er aus der königlichen Familie der Hohenpriester von Emesa – und der unter dem Schutz von Legionären in der Garnison Kainepolis seinen Sitz nahm; Martius Verus, als Stratege wie als Diplomat versiert, bereitete dem neuen Vasallen den Boden. In Rom löste der Fall Artaxatas Jubel aus; beiden Kaisern trug der Senat im Herbst 164 den offiziellen Titel *Armeniacus* an, den ersten Siegesbeinamen, der seit einem halben Jahrhundert verliehen wurde. Lucius nahm ihn gleich an, während Marcus zögerte, „aus Schamgefühl" – *verecundia* ist ein mehrdeutiges Wort, das ebenso die Furcht vor Prahlerei meinen kann wie ein anderes Unbehagen. Spätestens die Erkenntnis, dass ein Zögern als Desavouierung seines Kollegen erschien, ließ ihn dann nach Monaten zustimmen; die Kaiser verkündeten allerdings, sie wollten die Pflichtgeschenke, goldene Siegeskränze, die zu solchen Erfolgen sonst fällig waren, nicht von den Städten des Reiches annehmen.[17]

Stimmen, die Marcus beschuldigten, Lucius nach wie vor als Kaiser zweiter Klasse zu behandeln, gab es dennoch. Etwa 163 oder 164 erreichte Lucilla, Lucius' Verlobte, das heiratsfähige Alter und brach zur Hochzeit nach Osten auf. Ihr Vater begleitete sie weit, bis nach Brundisium, wo Lucilla sich unter der Obhut von Lucius' Onkel Vettulenus Civica Barbarus einschiffte. Böse Gerüchte begleiteten den Princeps: Marcus wolle, da die Krise im Osten überwunden sei, selbst nach Syrien gehen und Lucius den Siegesruhm wegschnappen. Eine Reaktion des Brautvaters war, dass er die Provinzstatthalter unterrichtete, er wünsche keine Treffen zwischen ihnen und seiner Tochter unterwegs; dies sollte offenkundig den Anschein von Geheimdiplomatie hinter Lucius' Rücken ebenso verhindern wie den gleich unangenehmen, aber begründeten Verdacht, in der Dynastie komme alles allein auf Marcus und dessen Kinder an, während der jüngere Augustus das fünfte Rad am Wagen sei. Lucius erwartete Lucilla in Ephesos, nicht in Antiochia – aus Angst, sein dortiges Treiben bekannt werden zu lassen, wie gehöhnt wurde; der Krieg kam solange zur Not ohne ihn aus.[18]

Die Zahl der Autoren, die sich zu Historikern von Lucius Verus' Erfolgen aufwarfen, wuchs bald. Lukian von Samosata verdanken wir eine genüsslich überzeichnete Darstellung ihrer von Tatsachen kaum getrübten Schnellfabrikate frei nach Thukydides oder Polybios in der Schrift „Wie man Geschichte schreiben soll“. Lukian hatte gut spotten, da er selbst die Konjunktur subtiler zu nutzen trachtete, mit geschickt eingeflochtenen Kniefällen vor Lucius' Geliebter Panthea; auch er war für längere Zeit am Hof des Monarchen in Antiochia zu finden, wohl 163, und konnte sein Abqualifizieren der Konkurrenz gut als Sorge um die Würde des so schlecht gepriesenen Augustus verteidigen.[19]

Die Provinzverteidigung Syriens behauptete sich dank Avidius Cassius gegen die parthischen Attacken. Dann gab es endlich auch hier Siege zu feiern. Die Voraussetzungen hierfür schuf neben dem Gewinn Armeniens die Diplomatie Lucius' oder seiner Berater. Man lockte einen nach dem anderen der zu Vologaeses übergegangenen Kleinstaaten auf die römische Seite zurück, womit für den Großkönig Operationen westlich des Euphrat fast unmöglich wurden; im wichtigen Edessa vor allem etablierte sich wieder der romfreundliche Ma'nu VIII. Die Bonner Legion *I Minervia*, soeben unter ihrem Legaten Claudius Fronto aus Armenien verlegt, besetzte die Region Osrhoëne; größere Gefechte gab es vielleicht um die Stadt Dausara. Andere Truppen nahmen Nikephorion am linken Euphratufer und marschierten flussabwärts zum wichtigen Übergang von Dura-Europos. Langsam verlagerten sich die Kämpfe zwischen parthischen Panzerreitern und den Legionen nach Südosten, die Flussläufe hinunter und auf die Zwillingsstädte Seleukeia und Ktesiphon zu, die westliche Metropole des Arsakidenreiches.[20]

Das Jahr 165 brach an, und neben anderen Sorgen – Commodus' Zwillingsbruder T. Aurelius Fulvus Antoninus starb mit vier Jahren – unternahm Marcus einen Versuch, in der griechischsten aller Städte die Zeit zurückzudrehen; sein Großvater Hadrian wäre zufrieden gewesen. Ein Brief an den Areopag, das ehrwürdigste Gremium Athens, schärfte die alte Bestimmung ein, niemand dürfe ihm angehören, der nicht in der dritten Generation frei geboren sei; man war anscheinend diskret darüber hinweggegangen.[21]

Unterdessen rissen Lucius' Siegesmeldungen nicht ab. Das südliche Mesopotamien und selbst Medien, das parthische Kernland, standen ihm nun offen, so unerreichbar die weiten Ost- und Südprovinzen des Gegners bleiben würden. Kein Aufstand in den besetzten Gebieten wie im blutigen Jahr 116 kam Vologaeses zu Hilfe. Der Gipfel von Traians Erfolg wiederholte sich: das reiche Seleukeia fiel, „Assyriens vornehmste Stadt, mit 400000 Menschen“, nach anderen Berichten 300000. Cassius gab sie den Truppen zur Plünderung frei und ließ sie niederbrennen. Unter parthischem Feuer erreichte eine Pontonbrücke das andere Tigrisufer, umkämpft wie eine schwimmende Festung. Auch Ktesiphon wurde wie ein halbes Jahrhundert zuvor erobert; um Vologaeses' Schwäche zu demonstrieren, legten die Legionen seinen Palast in Trümmer.[22]

Während man mit besorgter, dann euphorischer Spannung auf die neusten Nachrichten vom Krieg wartete, widmete sich Marcus jenem Geschäft, das er von Grund auf gelernt hatte: die Struktur des Reiches materiell wie rechtlich zu erhalten und zu perfektionieren – „Unklares an den Gesetzen wurde auf wunderbare Weise aufgelöst“. Dabei gingen die meisten Anregungen von bedeutenden Juristen wie Cervidius Scaevola aus, die mittlerweile in der Nähe jedes Kaisers zu finden waren.[23]

Viele Dauerprobleme warteten: die Ausstattung der seit Jahrzehnten errichteten Alimentarstiftungen, aus denen Familien mit Kindern im ländlichen Italien unterstützt wurden, ebenso die Getreideversorgung – die ihre jüngste Krise eben durchgestanden hatte – oder der Unterhalt des Straßennetzes durch die angrenzenden Gemeinden und Grundbesitzer. Die Reparatur und Neubeschickung der Kornspeicher Roms stand nach der Flut an erster Stelle; sie geschah zügig genug, dass Marcus und sein Präfekt für Getreideversorgung es wagen konnten, Teile des Hauptstadtvorrats kostenlos freizugeben, als in Italien, wohl westlich des Apennin, eine Hungersnot ausbrach.[24]

Eine Lieblingsbeschäftigung der Römer, Erbschaften und der Streit um sie, gab der Rechtsprechung viel wie noch nie zu tun und trieb auch zwischen 161 und 180 immer neue Zweige der Präzisierung aus. Noch 178 veranlasste Marcus einen Senatsbeschluss, der die Verfügung über das Erbe einer Mutter regelte, das *senatus consultum Orfitianum*; eine verwandte Materie war die Erbfolge der Söhne, soweit kein Testament vorlag.[25]

Ein stetig wachsendes Aufgabenfeld ergab sich aus der langsam steigenden Zahl römischer Bürger im Reichsgebiet wie aus dem steigenden Wert von Sklavenbesitz. Nachzuweisen, dass man als freier Bürger geboren war, konnte einem widerrechtlich Versklavten schwerfallen, falls Zeugen fehlten, und der obligatorische Bürgereintrag in die Listen der römischen Tribus wurde anscheinend nicht mehr in allen Fällen vorgenommen. Auch Erbstreitigkeiten konnten mit bösen Überraschungen enden, falls postum behauptet wurde, der Erblasser sei Sklave, also gar nicht rechtsfähig gewesen. Jetzt wurde der *praefectus aerarii Saturni*, der Verwalter der Staatskasse, zusätzlich zur Meldebehörde für sämtliche in Rom freigeborenen Kinder; Archive in den Provinzen sollten denselben Zweck erfüllen. Für Prozesse um den Rechtsstatus Verstorbener wurde eine Verjährung festgesetzt.[26]

Abb. 8: TEMPOR(VM) FELIC(ITAS): Faustina mit vier Kindern
(die Säuglinge dürften Götterfiguren sein)
als Symbol glücklicher Zeiten.
Roms Münzprägung verkündete regelmäßig die Veränderungen
im Kaiserhaus.

Ganz neue Ämter und Funktionen schufen die Kaiser zögernd, doch reichten die bestehenden Strukturen gleich auf mehreren Gebieten nicht mehr. Regeln „über Geldwechsler und Auktionen" interessierten nur die vorhandenen Richter und Marktbeamten. Anders die Frage, wer in Italien die fehlenden Provinzstatthalter als Richter und Aufsichtsorgane ersetzen sollte; der Kaiser oder selbst die Präfekten in Rom konnten das kaum allein. Hadrian hatte darum vier Quasi-Statthalter unter seinem direkten Befehl ernannt, Antoninus die Schmach, das Kernland des Reiches wie eine kaiserliche Provinz zu behandeln, dagegen rückgängig gemacht. Am Handlungsbedarf hatte das aber nichts geändert, und so kehrte Marcus zu einer entschärften Form der hadrianischen Lösung zurück. Die vier senatorischen Beamten hießen nun *iuridici*, „Rechtsprecher", wie jene, die dem Statthalter einer größeren Provinz weite Teile seiner Richterarbeit abnahmen. Auch das hieß letzten Endes, dass Italien wie eine Provinz regiert wurde.[27]

Weniger problematisch war die Konsequenz aus der großen Zahl von Vormundschaftssachen. Marcus wusste aus eigener Erfahrung, wie entscheidend für Waisen und Halbwaisen, besonders aus den oberen Ständen, ein Beistand war, der ihr – oft beträchtliches – Vermögen zusammenhielt, bis sie es selber konnten. Die Gerichte waren regelmäßig mit Klagen gegen Vormünder oder wegen Schwierigkeiten bei der Vergabe dieser unattraktiven Pflicht beschäftigt; angesichts der komplizierten Rechtslage gerade in Erbfällen schien es nun nötig, solche Fragen in eine Hand zu legen. Marcus entzog den Consuln, die nur wenige Monate amtierten und genug anderes zu tun hatten, die Zuständigkeit und übertrug sie einem speziellen Praetor. Ein anderes Problem lag darin, dass junge Römer ab dem Zeitpunkt, an dem sie die Bürgertoga anlegten, also mit rund sechzehn Jahren, bisher praktisch frei über ihr Vermögen verfügen durften, Sonderfälle wie Verschwendung und Geisteskrankheit ausgenommen. Künftig wurde, aber wohl nur bis zum 25. Lebensjahr, automatisch ein Vermögensverwalter (*curator*) eingesetzt, es sei denn, der Heranwachsende stellte einen begründeten Gegenantrag. Da Vormund (*tutor*) wie *curator* fast immer nahe Verwandte waren, wurde der seit Jahrhunderten schwindende Zugriff der Familie auf das Einzelmitglied wieder gestärkt.[28]

Über alle Rechtsfälle würden alte wie neue Beamte künftig 230 Tage im Jahr entscheiden können; Marcus griff in seiner priesterlichen Eigenschaft als *pontifex maximus* in eine der konservativsten Institutionen Roms ein, den Kalender, der für jeden Tag bestimmte, ob politische, Gerichts- und Geschäftstermine zulässig, verboten oder nur an Teilen des Tages erlaubt waren. Vor allem aus letzteren, den *dies intercisi*, dürfte der Princeps mehrere neue „erlaubte Tage“, *dies fasti*, gewonnen haben, ebenso durch die Verkürzung einiger Spieltermine zu Ehren längst verstorbener Kaiser. Dies erweiterte die verfügbare Zeit für Gerichtsverhandlungen, Privatverträge, aber auch Senatssitzungen. Ein ‚Beamter‘, der energisch hiervon Gebrauch machte, war Marcus selbst, dessen Ausdauer und Gründlichkeit in Prozessen legendär wurde – die Fortsetzung einer von Hadrian und Antoninus vorgeprägten Praxis.[29]

Die oft verschriene ‚Symbolpolitik‘ wurde von einem römischen Kaiser nicht weniger erwartet als von gewählten Politikern der Moderne. Ein sensibler Punkt war seine Übernahme der Funktionen der republikanischen Censoren, einschließlich des Hütens der öffentlichen Moral. So hatte der klassische gute Kaiser zu verhindern, dass Privatleute aller Stände übertriebenen Luxus zur Schau trugen; die Maßstäbe des Sittenwidrigen schwankten naturgemäß, und der ärmste Senatorenhaushalt des 2. Jahrhunderts hätte in mehrfacher Weise gegen die Anti-Aufwands-Gesetze der mittleren und späten Republik verstoßen. Gleichwohl, auch Marcus erließ angeblich die erwarteten Bestimmungen, deren Einzelheiten verloren sind, schon weil sie so kurzlebig waren – falls es sie je gab. In die Gegenrichtung weist die Nachricht, Marcus habe den Senatoren denselben Luxus bei Tisch, wie im Kaiserhaus üblich, genehmigt.[30]

Ein weiterer neuralgischer Punkt war der Grad an Kreativität, den ein Herrscher entfaltete, um seine Einkünfte zu vermehren. Ein Gesetz zur Erbschaftssteuer von 5% betraf wohl vor allem deren Eintreibung und mögliche Ausnahmen. Anzeigen unzufriedener ‚Opfer' von Testamenten, der Kaiser sei ebenfalls zu gering weggekommen, nahm er angeblich gar nicht an. Die fortdauernden Zeugnisse für junge *advocati fisci*, „Kassenanwälte" aus dem Ritterstand, die in genau solchen Prozessen die kaiserliche Kasse vertraten, relativieren diese Behauptung. Bei einem Schuldspruch zog der *fiscus* zumindest große Teile des Vermögens ein und überließ dem Denunzianten, Familienmitglied oder nicht, einen Anteil. Marcus griff auf ein Instrument der republikanischen Censur zurück, die *nota*: Erfolglose Kläger erhielten einen offiziellen schriftlichen Tadel in der Bürgerliste, der besonders für Senatoren soziale Konsequenzen bis hin zum Ausschluss vom nächsten Amt haben konnte.[31]

Der Senat verfolgte diese ersten Amtsjahre aufmerksam und war zufrieden. Kaiser Marcus übertraf seinen Vater noch an Höflichkeiten gegenüber dem ‚erlauchtesten Stand', dem *amplissimus ordo*. Sogar vom Golf von Neapel reiste er zu Senatssitzungen an, falls er eigene Anträge zu stellen hatte, statt sie verlesen zu lassen; anders als mancher Senator verließ er die Curia nicht, bevor der Konsul die Sitzung geschlossen hatte. Wenn er Italiens Status minderte, unterstrich er doch andererseits die Rolle des Stammlandes, indem er die Pflicht für jeden Senator erneuerte, einen wesentlichen Anteil seines Grundbesitzes hier vorweisen zu können – gut auch für die Grundstückspreise und die angestammten Senatsfamilien, die Land verkaufen oder ihre heiratsfähigen Töchter damit zu guten Partien machen konnten. Gegenüber früheren Zeiten wurden aber nur noch 25% der Gesamtfläche gefordert.[32]

Eine Entwicklung konnte auch der musterhafteste ‚Senatskaiser' nicht aufhalten: den allmählichen Machtverlust des Gremiums zugunsten weniger Senatoren in Schlüsselpositionen, der Funktionäre aus dem Ritterstand und natürlich des Kaisers selber. Das wurde nirgendwo deutlicher als in Rechtsfragen; als Kaisergericht entschieden die versammelten Ratgeber der Herrscher immer mehr Fälle, genau wie Edikte, nicht Senatsbeschlüsse, jetzt viele Grundsatzentscheidungen regelten. Auch hier kam Marcus den Senatoren weit entgegen. Dass der Senat als Gericht auftreten konnte, insbesondere in politischen Fragen oder über eigene Mitglieder, nutzte er, um hierhin Fälle zu überweisen „und besonders solche, die sich auf ihn bezogen", möglicherweise Prozesse um wichtige Erbschaften. Ein anderer Weg bestand darin, dass Marcus erfahrene Senatoren als Richter in einzelnen Streitfragen einsetzte – auch dies ebenso eine Entlastung für ihn wie eine dankbar registrierte Geste des Respekts an den ganzen Stand. Doch die Höflichkeit hatte ihre Grenzen. Mit Applaus vermerkt die *Historia Augusta* die Ernennung zahlreicher senatorischer Aufseher, *curatores*, für diverse Städte. Der *curator* bildete ein weiteres Instrument des Reichszentrums, in die problematischen Gemeindefinanzen, die brüchige Autonomie der vielleicht tausend oder mehr *civitates* hineinzuregieren, die formal weitgehend unabhängig waren; daneben fügte er jenen Patronen aus Senat und Ritterstand, die sich die Dekurionen jeder Stadtgemeinde ausgesucht hatten, vielleicht noch einen offiziellen hinzu.[33]

In die Geschichte eingegangen ist Marcus als der Kaiser, der den Senat anflehte, seine Herrschaft nicht mit Senatorenblut zu beflecken, selbst wenn es das von Verschwörern sei. Gleichwohl kam es auch nach 161 zu Prozessen, in denen Senatoren die Todesstrafe drohte – und zwar vor dem Kaisergericht Marcus' und ausgewählter *amici*. Die Konzession bestand lediglich darin, diese Verhandlungen unter Ausschluss der Öffentlichkeit und ohne Mitglieder des niedrigeren Ritterstandes zu führen. Man war bescheiden geworden, und die Standards würden noch weiter sinken. Es war das Werk eines guten Princeps, wie Marcus den Söhnen verarmter Senatsfamilien – die Gefahr liefen, mit dem Mindestvermögen von einer Million Sesterzen auch ihre Standesvorrechte zu verlieren – Finanzhilfe für die mit teuren Spielen verbundenen Ämter eines Aedils oder Volkstribuns zu gewähren. Zweideutig war dagegen eine jener Vollmachten, die den Kaiser weit über normale Senatoren erhoben: die Möglichkeit, neue Senatoren zu ernennen und einigen davon Teile der Karriere über die vier klassischen Ämter zu ersparen, besonders wenn sie schon eine längere Laufbahn im Ritterstand hinter sich hatten oder aus vornehmen Provinzfamilien stammten. Unter Marcus sollte der Zustrom solcher Neulinge, die vom Kaiser besonders abhängig waren, sprunghaft wachsen. „Niemanden nahm er in den Stand auf, den er nicht selbst gut kannte", beteuert die *Historia Augusta* und erzählte die Geschichte eines Ex-Gladiators, sicher kein Berufskämpfer, der sich um ein Senatsamt beworben habe. Der Lebensstil des Mannes namens Vetrasinus war berüchtigt; Marcus ließ ihn zu sich kommen und bedeutete ihm, er müsse sich einen besseren Ruf zulegen. Selbst Fürsprechern für Bewerber, einer traditionellen Form der Verstärkung von Bittgesuchen, „glaubte er nicht schnell".[34]

Wohlgemerkt, Vetrasinus' Vergangenheit hätte nach dieser Anekdote *nicht* genügt, ihn aus dem Senat zu verbannen – tatsächlich munkelte man, Gladiatoren brächten es noch weiter, bis ins Bett der Kaiserin – und schlimmer noch, der Getadelte gab dreist zurück, er kenne genug amtierende Praetoren, die ihm in der Arena gegenübergestanden hätten, wenn es danach gehen solle. Marcus verfuhr mit dieser Provokation à la Antoninus und ignorierte sie. Ähnlich, so heißt es, habe er einen offensichtlich inkompetenten Praetor aus Schonung nicht zum Amtsverzicht gezwungen, sondern lediglich von den Geschäften entbunden. Marcus' Respekt für den Senat hätte in diesem Fall über dem Interesse an möglichst guter Verwaltung der *res publica* gestanden – ein aus Senatorensicht sympathischer Standpunkt, aber ein gefährlicher Luxus. „Er stellte aber mehr das alte Recht wieder her, als dass er neues machte"; das war lediglich das römische Ideal, wonach ererbte Institutionen jeder Neuerung grundsätzlich überlegen waren. Ein schmerzhafter Moment der Erkenntnis stand bevor.[35]

6. Das große Sterben

> Weiter wisse, dass du auch ein Bruder bist. Und auch in dieser Rolle schuldet man Nachgiebigkeit, Gehorsam, freundliche Worte, niemals auf eines der unwesentlichen Güter gegen ihn Anspruch zu erheben … Sieh doch, wie es ist, für den Wert eines Salatkopfes – wenn's sich so ergibt – und eines Stuhles sein Wohlwollen zu erwerben; wie groß dein Profit ist.
>
> Epict. Diss. 2,10,8

Mit dem Partherkrieg war es fast aus. Beide Seiten hatten größtes Interesse, ihn zu beenden; Vologaeses' westliche Reichsgebiete waren furchtbar zugerichtet, Mesopotamien seiner Herrschaft momentan entglitten. Römische Verbände hatten die Landschaft Media Atropatene durchstreift, woraufhin beide Kaiser den Titel *Medicus* annahmen. Die Freudennachricht, in einen traditionsgemäß mit Lorbeer umwundenen Brief gefasst, brachte ein hochdekorierter junger Offizier vor den Senat, Iunius Maximus. Als Lohn wurde er eilig zum Quaestor bestimmt.[1]

Roms langfristiger Ertrag aus dem Sieg war bescheiden. Die Beute aus den geplünderten Städten war beachtlich, der Prestigeerfolg und die nachhaltige Schwächung des Großkönigtums höchst willkommen; und dennoch blieb bei näherem Hinsehen nichts als der status quo. Ein romfreundlicher, akzeptierter Vasall saß auf dem armenischen Thron, aber so war es in guten Zeiten immer schon gewesen. Von einer Erneuerung der Ansprüche Traians, ganz Mesopotamien als Provinzen einzuziehen, wissen wir nichts. Entweder diktierte politische Klugheit den Rückzug auf die alten Grenzen: Dieselben Stammesfürsten und Kleinkönige, die sich von den Parthern abgewandt hatten, würden Rom nach Kräften in den Rücken fallen, sobald es sich dauerhaft zur Herrin dieser Pufferzone machen wollte. Oder ein Annexionsversuch scheiterte bereits an den fehlenden Mitteln. Die „Pest" zum Beispiel, auf die Cassius' Armee in Seleukeia stieß, könnte Rom erst zu seinem Sieg verholfen haben. Mit dem Aufenthalt im eroberten Land sprang die Epidemie jedoch auf die Sieger über und eliminierte diesen Vorteil – wie auch Tausende Soldaten. Bereits auf dem wohlgeordneten Rückmarsch nach Syrien häuften sich die Verluste „durch Hunger und Krankheit".[2]

Einige klug gewählte Positionen hielt man allerdings mit Garnisonen, vor allem das wichtige Nisibis. Inmitten der Wüsten- und Steppenlandschaften kontrollierten die Städte die einzig möglichen Ost-West-Routen jeder größeren Armee, würden einen künftigen Angriff also aufhalten und zugleich die Basis für einen Gegenschlag bilden. Am Unterlauf des Euphrat annektierte Rom die Festungsstadt Dura-Europos, womit der Flusslauf besser kontrollierbar wurde und sich zugleich die Distanz zu Seleukeia/Ktesiphon bequem verkürzte. Geschickter konnten Lucius und seine Berater der parthischen Expansion kaum Fesseln anlegen.

Eine andere Art von Bindung betraf den fernen, übermächtigen Bruder. Die uns absurd erscheinende Fülle von Schriften über den Partherkrieg, die Lukian karikiert, nimmt sich weniger lächerlich aus, wenn sie an Lucius' Nachholbedürfnis gemessen wird. Sehr ernst sogar war es mit gewissen Korrekturen am Geschichtsbild gemeint, die ein Relief in Ephesos vornahm, wo zu Ehren des Krieges ein eigener Kult der römischen Victoria gestiftet wurde. Neben Kriegsszenen sah man dort Lucius als Kind zwischen Hadrian und Antoninus stehen, während ein größerer Junge – eindeutig Marcus – nur am Rand des entsprechenden Bildes vorkam. Wenn dies eine Schmeichelei der Auftraggeber darstellte, dann war sie verdächtig pointiert: Lucius wagte zumindest im Orient daran zu erinnern, wer von beiden Augusti die ältere Anwartschaft auf den Purpur für sich hatte. Er stellte nun selber etwas dar. In geduldiger Kleinarbeit hatten Gold- und Silbermünzen der letzten Jahre seinen Ruhm verkündet; *Parthicus maximus* war er nun, *Medicus* obendrein – nicht ‚nur' Bezwinger der Parther, sondern der größte von allen. Niemand hatte sich je so titulieren lassen. Jetzt war es einmal Lucius, der eine Ehre an seinen Bruder weiterzugeben hatte – wenn Marcus denn wollte. Auch Fronto machte sich nach langer Vorbereitung daran, sein Versprechen einzulösen, nämlich das bereits erwähnte Standardwerk über den Partherkrieg. Aber über ein Probekapitel, die Einleitung des künftigen Kriegsbuches mit einem (provisorischen?) Schlusswort als Anhang, kam er vermutlich aufgrund seiner schwachen Gesundheit nie hinaus. Reste des reich aufgetragenen rhetorischen Blattgoldes haben sich erhalten; am Ende stand auch hier ein Vergleich Lucius' mit dem *optimus princeps* Traian, dem „besten Kaiser", dessen Taten in den Himmel gehoben wurden, auf dass die des Urenkels den Ruhm der Dynastie erst zu krönen schienen.[3]

Während die Truppen aus den westlichen Provinzen ihren Marsch antraten, durfte auch Lucius Verus stolz zurückkehren, geschmückt mit den Titeln seiner Erfolge. Seine Schiffe standen im Mai bereit, ihn dem ersten Triumphzug entgegenzutragen, den Rom seit dem bizarren Schauspiel von 118 gesehen hatte, als ein Toter, der *Parthicus* Traian, für seinen ruinösen und noch zu Lebzeiten verlorenen Sieg geehrt worden war. Auch die neue Feier galt den Parthern, aber diesmal stand sie auf sicheren Füßen. Behauptet wird, der Sieger habe Syrien, „praktisch sein Königreich", nur widerwillig mit Rom und der Aufsicht seines Bruders vertauscht. Eventuell wurde Avidius Cassius schon jetzt ein proconsularisches Imperium über „ganz Asien", genauer, dessen kaiserliche Provinzen verliehen, wie es vor ihm Domitius Corbulo im Jahr 63 unter Nero erhalten hatte.[4]

Mit der Heimkehr des zweiten Augustus begann eine lange Reihe so erhebender wie höflicher Staatsakte. Im Senat überschlugen sich die Auszeichnungen. Beide Augusti erhielten den Titel *pater patriae*, Vater des Vaterlandes, „da sich Marcus in Verus' Abwesenheit gegen alle Senatoren und Menschen vollendet maßvoll betragen hatte"; die Ehrung war ihm allein bereits angetragen worden, doch er hatte sie – einer alten Tradition folgend – nicht gleich annehmen wollen und gab nun zu verstehen, mit der Ankunft seines Bruders sei die Zeit da. Umgekehrt brachte Lucius seine hart errungenen Titel mit, die sich nun auch Marcus gefallen ließ, und beantragte eine Ausweitung des Triumphrechts auch auf den daheimgebliebenen Bruder. Der Senat fügte eine Auszeichnung hinzu, die wie der *pater patriae*-Titel an die Anfangszeiten des Principats erinnerte: die Ehrung mit der *corona civica*, dem Kranz aus Eichenlaub für die Rettung des Lebens römischer Bürger aus Feindeshand. Lucius mochte sie sich im weitesten Sinne verdient haben; wichtiger war der Rückgriff auf die Glanzzeit des Augustus, zudem unter geschickter Auswahl einer äußerlich schlichten Geste.[5]

Abb. 9: Lucius Verus (Florenz, Uffizien).

Der Moment war weiterhin günstig für die Aufwertung der Dynastie. Lucius stellte den Antrag, beide lebenden Söhne seines kaiserlichen Bruders zu Caesaren zu ernennen; dies geschah am 12. Oktober 166, am Gedenkfest der Rückkehr des rein diplomatischen Siegers Augustus aus dem Osten im Jahre 19 v. Chr. Der kleine Commodus war gerade fünf Jahre alt, sein jüngerer Bruder Annius Verus maximal vier. Nach dem Ende der Iulio-Claudier hatte noch niemand so früh den Caesartitel getragen. Nicht nur die beiden Jungen, sondern sämtliche Kinder von Marcus und Faustina nahmen an dem Triumphzug teil, den die Herrscher in ihren Prachttogen hielten, lebende Abbilder des Iuppiter Capitolinus; selbst die ledigen Töchter gingen mit, ein Traditionsbruch, der sich zum Teil wohl aus der hohen Sterblichkeit unter Marcus' Söhnen erklären lässt. Man musste an alle Eventualitäten bei der Erbfolge denken. Eine lange Reihe spektakulärer Feiern wurde abgehalten, die riesige Spiele und eine Geldverteilung an Roms Bevölkerung einschlossen. In ihrer gottgleichen Kleidung sahen die Kaiser zu. Man wüsste zu gern, ob Marcus wenigstens dieses Mal, da er wie ein Übermensch vor dem Publikum thronte, im Circus darauf verzichtete, seine Schreibtischarbeit zu erledigen und sich Vortrag halten zu lassen. Zumindest nahm er genug wahr, um sich über den Absturz einiger junger Seiltänzer zu erschrecken und Matten unter dem Seil auslegen zu lassen.[6]

Mit Lucius erreichte eine gemischte Gesellschaft die Hauptstadt. Ohne Rücksicht auf die Gegenwart der Gattin und Augusta Lucilla brachte er seine Geliebte Panthea mit nach Rom; dazu begleitete ihn eine Anzahl prominenter Schauspieler, unter ihnen zwei im ganzen Reich bekannte Stars, Paris (eigentlich Maximinus) und Apolaustus, allerhand Musiker und so weiter, „so dass er keinen Parther-, sondern einen Artistenkrieg beendet zu haben schien". Überhaupt, „jede Art Sklavenpack" dieses Kalibers habe er aus dem Orient mitgehen lassen, berichtet die *Historia Augusta,* ein so standesvergessener Mensch, dass er sich zu allen Feiertagen sogar die Gesellschaft seiner Haussklaven habe gefallen lassen, als wären es ewige Saturnalien. Dieser Mann musste folglich am Eindringen all der Freigelassenen schuld sein, die Marcus, als er endlich wieder allein regierte, mühsam aus dem Palast wegloben musste. Lucius habe die Witwe desselben Annius Libo, dessen Tod man ihm in die Schuhe schob, in die Ehe mit dem Freigelassenen Agaclytus gepresst und nicht einmal registriert, dass Marcus bei der Schandhochzeit fehlte, Marcus, welcher von all den Bösen allein Eclectus behalten habe, „der später seinen Sohn Commodus tötete". Für diese saubere Gesellschaft und sein Lotterleben habe Lucius sich im Nordwesten Roms eine Villa an der Via Clodia erbauen lassen – und noch die Stirn besessen, Marcus dorthin einzuladen. Der kam aus Gutherzigkeit, blieb fünf Tage, ignorierte pointiert das Treiben um ihn herum und bearbeitete Akten, so die entrüstete Pointe.[7]

Mit spürbarem Genuss wird ausgemalt, wie sich der „größte Partherbezwinger“ der Hauptstadt fortan präsentierte. Seine Vita bedient sich bei Suetons *Nero*, um all die angeblichen Würdelosigkeiten ins rechte Licht zu setzen: protzige Gastmähler, Schlägereien in und vor Roms zahlreichen Kneipen – als originelles Extra dichtete man ihm an, einen Teil seines Palasts in eine Kaschemme (*popina*) verwandelt zu haben, um auf dem Weg von Marcus' freudlosen Banketten ins verlotterte Nachtleben Zeit zu sparen. Frei nach Suetons *Caligula* favorisierte Lucius angeblich unverblümt die Wagenlenker der grünen Circus-„Partei“, und hatte Caligula den vierbeinigen Star Incitatus zum ersten Consul mit Hufen designiert, so überschüttete Verus den jetzigen Liebling der Grünen, Volucer, mit Gold und ließ ihm Pinienkerne in die Krippe füllen, bis die Anhänger der Blauen diesen Kaiser selbst in Marcus' Gegenwart beschimpften. Begraben habe man das Ausnahmepferd auf den Vatikanischen Feldern, also unweit des Hadriansmausoleums mit den Gräbern der Dynastie. Verschüttet unter diesen Histörchen liegt vermutlich ein ‚Rückfall' in hellenistische Verhaltensmuster, deren Missbilligung in Rom und in Teilen der griechischen Literatur längst Tradition war. Das antirepublikanische Verhalten von einst wurde unter den Kaisern jedoch nicht mehr politisch im engeren Sinne wahrgenommen; die Feindschaft äußerte sich als Feststellen persönlicher Mängel wie Verfressenheit und Verschwendungssucht.[8]

Wenn hinter all dem ein wahrer Kern steckt, dann der, dass Lucius seine eigene Rolle suchte und behauptete. Er hatte vor 161 nichts mit der Herrschaft zu tun gehabt; ein besonderer Zuständigkeitsbereich war ihm aus seiner Feldherrnzeit offenbar nicht geblieben, und er war auch jetzt vorwiegend Repräsentativkaiser. So *wollte* er wenigstens repräsentieren, statt sich wie sein mächtiger Herr Bruder der großen Gesten zu entäußern, den „die Kaiserwürde zu keiner einzigen Anmaßung hinriss“. Er war nichts als ein Patrizier erster Klasse, also wollte er wenigstens standesgemäß in großem Stil leben. Dass dies nach außen in der Tat als Monarchenwillkür wahrgenommen werden musste (Rom hatte Könige und ihr Verhalten nie geliebt), brauchte ihn nicht zu sorgen. Die knappe Beschreibung Eutrops weist in diese Richtung: „Ein Mann von wenig bürgernahem Charakter, doch tat er aus Respekt vor seinem Bruder nie etwas Grausames.“ Ein Herrscher hatte aus ‚bürgerferner' Sicht Glanz und Gnaden zu verbreiten; an Fronto ist ein Dankbrief Lucius' für die Zurückhaltung des Redners in einem Prozess überliefert, der den Adressaten bestürmt, doch bloß irgendein Amt oder Geschenk von ihm zu verlangen – die feine römische Art wäre es gewesen, auf eine Bitte zu warten.[9]

Der Kontrast zum *senior Augustus*, wie die Spätantike ein solches Rangverhältnis bezeichnen sollte, war zweifellos gewollt. Lucius suchte sich ein Gebiet zu erschließen, das Marcus demonstrativ als nebensächlich behandelte. Der Ältere empfand Antoninus wie in so vielen Dingen auch darin als vorbildlich, dass sein Verhältnis zu den kaiserlichen Vertrauten aller Abstufungen freundlich, aber distanziert gewesen war. Niemand habe sich verpflichtet gefühlt, unbedingt an jedem Gastmahl teilzunehmen oder den Kaiser auf seinen durchweg kurzen Reisen zu begleiten, Anlässe, zu denen die ‚Freunde' besonders stark als Höflinge erscheinen konnten. Marcus' eigenes Ideal im Umgang mit diesen oberen Ständen verlangte von ihm, die Gesellschaft einzelner *amici* weder satt zu bekommen noch sich für andere besonders zu begeistern – eine Haltung, die einem Senator unter Senatoren wie einem ‚höflichen' Monarchen gleich gut stand.[10]

Die Triumphstimmung währte nicht lange. Im Norden hatte bereits der nächste Krieg begonnen und weckte weniger Hoffnungen als der Sieg über die Parther. Aus weitem Abstand feierte die *Historia Augusta* die Klugheit aller Beteiligten, die den Konflikt mit den Germanen bis über das Ende des Partherkrieges hinausgezögert habe. So war es nicht. Die ersten Katastrophen hatten sich längst ereignet, und der Hauptgrund, den Krieg noch nicht für eröffnet zu erklären, war die Wirkung der anstehenden Feier auf die Bevölkerung, verglichen mit dem bedrohlichen Gefühl zweier großer Konflikte. Wie 161/62 im Osten gab es, solange die von Rhein und Donau abgezogenen Truppenteile nicht wieder verfügbar waren, wenig oder keinen Spielraum über eine bestmögliche Defensive hinaus. Eine Reihe fremder Stämme hatte schon Antoninus angeboten, sich Rom zu unterwerfen, doch der Kaiser hatte dies abgelehnt. Es ist gut möglich, dass aus ihnen in der Zeit nach 161 nun jene zehn Stämme im Donauraum geworden waren, die geschlossen auf römisches Gebiet zu wechseln wünschten. „Überlegene Barbaren" hätten sie vertrieben, wusste die *Historia Augusta*, und auf römischem Provinzboden hätten sie Zuflucht gesucht, entweder friedlich oder mit Gewalt. Um 400 war das eine bestens bekannte Geschichte, die man verstehen konnte, nicht aber um 160. Hier schlug die erste große Welle jener Vorgänge, die wir ‚Völkerwanderung' nennen, an die Reichsgrenzen.[11]

Wo genau sich die Bittsteller aufhielten – wohl nahe den großen Völkern der Markomannen und Quaden, wenn nicht gar in deren Gebiet – ist unsicher. Roms Lage wurde dadurch nicht besser, dass die Germanen selber in Not waren. Es gab keine klare Antwort auf ihr Gesuch; anscheinend hielten die örtlichen Statthalter ihre Gesprächspartner in der Hoffnung hin, dass diese entweder aufgeben würden oder sich vertrösten ließen, bis die Provinzarmeen wieder volle Stärke erreichten. An eine Zustimmung war nicht zu denken; Rom wünschte keine nennenswerte germanische Einwanderung, schon gar nicht in kompletten Stämmen. Barbaren als geschlossene Einheit ins Land zu lassen widersprach allen Grundsätzen der Grenzpolitik seit anderthalb Jahrhunderten; die Donauprovinzen hätten mit der Kontrolle und oberflächlichen Romanisierung einer solchen Anzahl bedrohlich viel zu tun gehabt. Umgekehrt sahen sich die bedrängten, schlecht versorgten Germanen und ihre unfreiwilligen Gastgeber in höchster Gefahr, zwischen einem ablehnenden und dabei zeitweise geschwächten Rom und den Völkern in ihrem Rücken aufgerieben zu werden. Nichts lag näher, als sofort anzugreifen, solange das Kräfteverhältnis noch günstig war.[12]

So kam es, wohl im Winter 166/67, zur Krise. 6000 Langobarden und Obier, nur ein Teil der Wanderbereiten, wollten nicht länger warten und setzten über die Donau, um wenigstens Beute zu machen. Orte wurden geplündert, während aus den römischen Garnisonen hastig Auxiliartruppen, dann eine volle Legion aufgeboten wurden. Nach der Flucht der Eindringlinge trat zunächst wieder Ruhe ein. Unter Begleitung des Markomannenfürsten Ballomarius erschienen eilig Gesandte aller zehn Stämme beim Statthalter von Pannonia superior, Iallius Bassus, und beschworen den Frieden, den Ballomarius garantierte; Bassus nahm ihn bereitwillig an. Alle Beteiligten gewannen Zeit – doch sie nutzten sie nicht. Im Gegenteil, nach und nach stellte sich beiderseits der Donau offenbar die Gewissheit ein, dass es zum großen Krieg kommen musste: Rom war entschlossener denn je, niemanden auf sein Gebiet zu lassen. Ballomarius, der von den Zuwanderern wohl als römischer Handlanger attackiert wurde, während das Reich ihn mit dem Problem allein ließ und kein ehrliches Spiel trieb, hatte gute Gründe, allmählich seinerseits feindselig zu werden.[13]

Die drohende Haltung auf germanischer Seite, ermutigt durch die Wirkung der Epidemie unter den römischen Truppen, trieb Marcus zu Rüstungen, die einen Krieg im Grunde schon als Tatsache voraussetzten. Zwei neue Legionen wurden etwa 165 mit den programmatischen Namen *II* und *III Italica* aufgestellt, die wohl die Herkunft der Rekruten der ersten Stunde festhalten sollten; bald sollte die sehr unfreiwillige Bedeutungsverschiebung eintreten, dass Italien selbst in Gefahr geriet. Zusätzlich zu den Heimkehrern aus dem Partherkrieg wurden nun umgekehrt Teile der Provinzarmeen des Ostens an der Donau konzentriert. Im Frühjahr 168 war der Krieg wenn nicht schon ausgebrochen, so doch fest beschlossene

Sache. Wer die Feindseligkeiten wann eröffnete, ist nicht mehr zu klären. Binnen kurzem standen nicht nur die frisch zugewanderten Stämme in der geographisch ‚zweiten Reihe', sondern vor allem Roms stärkste Nachbarvölker entlang der Donau allesamt im gegnerischen Lager. Sie sollten beweisen, dass sie ihren Krieg lang und beängstigend koordiniert zu führen verstanden.[14]

Noch vor Ausbruch des Krieges war die „Pest" über Rom gekommen. Spätestens die Generation nach Marcus empfand im Rückblick jenes Gefühl des ‚Auch das noch', der unverdienten Komplikation, das in vielen modernen Darstellungen durchscheint. Frevel und göttliche Strafen wurden zur Erklärung bemüht: Ein Soldat des Avidius Cassius habe raubgierig ein Goldkästchen im Apollotempel zu Seleukeia geöffnet, worauf der Gott bewies, dass seine Pestpfeile noch immer wie zur Zeit Homers trafen. Cassius aber habe zuvor sein Wort gebrochen und die Stadt stürmen lassen, die sich ihm anschließen wollte. Mit Lucius' Truppen trat die Seuche 166 ihren fatalen Zug ins Herz des Imperiums an. Diagnoseversuche anhand der Schriften Galens sehen hinter der Epidemie mal einen besonders virulenten Pockenstamm, mal Pest oder Fleckfieber. Der Erreger grassierte ausgerechnet in jenen Jahren im Partherreich und bekam nun die ungeahnte Chance, weitere Millionen zu befallen. Die aus Mangel geborene römische Praxis, zu Feldzügen Kontingente quer durchs Reich zu verlegen, brachte eine monatelange Wanderung Zehntausender entlang der wichtigsten Straßen mit sich. Fatal wirkte sich aus, dass sich die „Pest" hierbei „bis an den Rhein und nach Gallien" festsetzte; noch auf dem Totenbett soll Marcus ihr Wüten beklagt haben, und die Vermutung blieb nicht aus, er selbst sei ihr Opfer geworden. Sogar eine Epidemie von 189 in Rom wird meistens noch als Ausläufer jener „Antoninischen Pest" gezählt.[15]

Mit den Truppen, die zum Parthertriumph am 12. 10. 166 die Hauptstadt erreichten, kam auch die Krankheit an „und verzehrte viele Tausende und viele unter den Vornehmen". Der große Modearzt Galen, Mediziner der Wahl für die Behandlung teurer Gladiatoren, hatte sich seit 162 nicht allein mit publikumswirksamen Sektionen einen Namen gemacht, sondern nebenher auch als Philosoph geglänzt und eine Verteidigung Epiktets geschrieben, obwohl er aus anatomischen Gründen gegen die stoische Ansicht für die dreigeteilte Seele Platons eintrat. Um 166 floh der talentierte Opportunist, sei es vor der „Pest" oder aus dunkleren Motiven, in seine Heimat Pergamon. Wo Galen den Kranken nahe genug war, verzeichnete er schwarze, oft eitrige Ausschläge und Bläschen am ganzen Körper der Kranken. Für seine eigene Zeit behauptete Cassius Dio, in Rom seien an den schlimmsten Tagen bis zu 2000 Menschen gestorben; das liefe auf mehrere zehntausend Tote in der Millionenstadt hinaus, einige Prozent der Gesamtbevölkerung. Als Ursachen nannte Marcus selbst „eine ungünstige Mischung und Veränderung der umgebenden Luft“, als er über die wahre Seuche meditierte, vor der man fliehen müsse: die Schlechtigkeit. Leichenzüge mit feierlich geschulterten Totenbahren gab es nicht mehr, man lud die Toten auf Baufahrzeuge und leere Marktkarren. Wer keine Angehörigen hatte oder nur ein Sklave war, wurde achtlos auf die Straße geworfen. Das Massensterben ließ die Kaiser befürchten, herumliegende Leichen könnten neben dem Zorn der Götter noch weitere Seuchen nach sich ziehen. Aus Furcht vor Unreinheit im doppelten Sinn entstanden einerseits striktere Begräbnisvorschriften, die angeblich noch im 4. Jahrhundert galten; andererseits bezahlte Marcus die Armenbegräbnisse dieser Zeit aus öffentlichen Geldern.[16]

Rom hungerte, als der Kaiser vor den Senat trat, um den nächsten Feldzug anzukündigen. Diesmal würden Marcus und Lucius zusammen ausziehen – wieso, ist eine interessante Frage. Die berüchtigte *luxuria* des Jüngeren, sein ausschweifender Lebensstil, ist keine hinreichende Erklärung. Der Kriegsschauplatz, dem sie sich zuwandten, verlangte keineswegs zwei voneinander unabhängige Hauptquartiere; tatsächlich blieben beide Augusti beieinander. Aus Verwaltungsaspekten wäre es praktisch gewesen, wie zuvor einen Kaiser in Rom zu belassen. Doch wer sollte das sein? Wäre Lucius geblieben, hätte das all seinen so planmäßig aufgebauten Kriegsruhm untergraben, da er als inkompetent dagestanden hätte; die Wiederholung des alten Musters andererseits hätte den Jüngeren als Marcus' untergebenen Laufburschen erscheinen lassen können. Ein praktisches Problem stellte die Gefahr selbst dar; nichts wies darauf hin, dass sich Lucius für eine direktere Steuerung der Operationen qualifiziert hatte. Dazu war es für die Stabilität der geteilten Herrschaft auf lange Sicht gefährlich, sollte nur *einer* den engen Kontakt zur Armee pflegen, und sei es in einem Etappenleben nach dem Muster von Antiochia. So blieb Marcus nur die Erklärung, „beide Kaiser seien für den Germanenkrieg nötig“, und der Entschluss, die Staatsgeschäfte zum ersten Mal seit dreißig Jahren vom Rand des Imperiums aus zu führen.[17]

Unter den Lebenden spielten sich bedrückende Szenen ab. Angeblich grassierte wie die Furcht vor der Pest auch die vor dem neuen Krieg. Es lag nahe, im Einfall der Germanen nur eine weitere Strafe der Götter zu sehen. Wenn Marcus das nicht selbst glaubte, was durchaus möglich ist, ging er zumindest keinerlei religiöses Risiko ein – „von überall rief Antoninus Priester her, ließ fremde Riten durchführen und entsühnte Rom auf jegliche Weise", um keine verärgerte Gottheit auszulassen. Die Opferaltäre rauchten, man schlachtete inmitten der Hungersnot in Massen ausgesuchte Tiere. Das stärkste Indiz für die an Panik grenzende Krisenstimmung ist der Rückgriff auf eins der letzten kultischen Hilfsmittel, ein *lectisternium*: Gleich eine Woche lang wurden die Statuen der Götter als Festgäste mit Köstlichkeiten bewirtet und zugleich um Erbarmen angefleht. Es war auch ein Triumph des Vergangenheitskultes – so hatten die Frauen Roms die Himmlischen bestürmt, als Hannibal in Italien stand und ihre Männer und Söhne erschlug. Mit den Kriegsvisionen mischten sich die Schrecken der Epidemie so extrem, dass prominente Seuchenopfer Statuen erhielten, wie es bei gefallenen Feldherren üblich war. Das Inflationäre an diesen Mitteln, sich zu beruhigen und am Gedanken der einst überwundenen Nöte der Republik aufzurichten, wirkte zweifellos tröstlich. Bis auf Menschenopfer, von denen zumindest nichts berichtet wird, hatte man sich mit den unbeugsam entschlossenen Römern der Schreckensjahre 217 und 216 v. Chr. gleichgesetzt. Doch der allgemeinen Panik war damit nicht die Spitze genommen. Marcus begnadigte einen Scharlatan, der das Ende der Welt in Feuerfluten vom Himmel angekündigt und ein passendes Vorzeichen gleich mitgeliefert hatte; der Prophet und seine Spießgesellen hatten gehofft, damit Entsetzen auszulösen und im folgenden Chaos die Stadt zu plündern.[18]

So zog nun auch der ältere Augustus mit seinen Truppen ins Feld, nicht zum letzten Mal. Zusammen mit Lucius' erneutem feierlichen Aufbruch in den Krieg entwickelte dies eine ungeplante Nebenwirkung: Rom wurde daran erinnert, dass es eine Militärmonarchie war. Spätestens seit Hadrians – angezweifelter – Teilnahme am Zweiten Jüdischen Krieg um 134, wahrscheinlicher aber seit der Aufgabe des von Traian verlorenen Partherkrieges 117 hatte sich kein Kaiser an die Spitze der Armee gestellt, und Antoninus war eher nebenberuflich deren Oberbefehlshaber gewesen. Jetzt wurde die Abhängigkeit vom Heer mit Macht wieder offensichtlich, ebenso die Notwendigkeit, sich energisch und siegreich zu zeigen. In den Folgejahren sollte das Schicksal von Kaiser und Imperium noch ganz anders von den Waffen abhängen; erst nach Marcus' Tod würde sich herausstellen, wie endgültig die Rückkehr dieser Seite des Principats war.

Noch zu Marcus' Lebzeiten hatte sich selbst die Sprache militarisiert. Kurz vor ihrem Tod sollte Kaiserin Faustina, die Marcus für einen unbekannten Zeitraum „bei sich im Sommerlager gehabt hatte", außer dem *Augusta*-Titel einen weiteren erhalten, *mater castrorum*, die „Mutter des Lagers" – eine Neuerfindung, nicht inhaltlich, aber formal ein Pendant zum *pater patriae* mit seinen zivilen Beiklängen (und seiner kriegerischen Vorgeschichte). Womöglich stieg damit die Rolle der Augusta im offiziellen Kult der Armee; jedenfalls stellte der Titel das Heer fortan ideell unter den Schutz der Kaiserin … oder vielleicht auch umgekehrt. Eine andere Neuerung jener Jahre trat schon kurz nach den ersten erschreckenden Invasionen ein. Marcus errichtete zeitweise einen besonderen Militärbezirk im bedrohten Nordostitalien und den Julischen Alpen. Praktisch wurde das Stammland des Reiches, in dem bereits vier Funktionäre gleich Provinzstatthaltern Recht sprachen, damit vorübergehend auch wie eine Provinz verteidigt, wohl von mindestens zwei Legionen. Der gewählte Begriff *praetentura Italiae et Alpium* ist auf seine Weise verräterisch. *praetentura* ist im Feldlager der römischen Armee diejenige Hälfte, die vor dem Zelt des Feldherrn liegt und der Seite mit der größten Angriffsgefahr zugekehrt ist. Implizit war damit ganz Italien für diesmal zum Heerlager geworden. Zwei Jahrzehnte später sollte es dauerhaft mit Legionen besetzt werden.[19]

Ohne dass es jemand aussprach, lag in all diesen Veränderungen eine Niederlage. Der Griff zu Sonderkommandos wie der *praetentura* war nach römischen Begriffen etwas Unschönes, hastig und ohne Vorbild geschaffen. Das fast zum Prinzip aufgestiegene Phänomen des ortsfesten Kaisers war zumindest vorerst gescheitert. Die Zeitdistanz zwischen den Kriegsschauplätzen und Rom wog zu schwer; beim Entscheid über eine Grundsatzfrage der Vormundschaft konnte der Kaiser ruhig vier Wochen durch die Übermittlung verlieren, bei der Verlegung größerer Truppenkontingente gegen einen Angriff nicht. An die gefährlicheren Ereignisse, wenn sie denn länger dauerten und den üblichen Aufgabenbereich eines Statthalters überschritten, musste er näher heran. Um eine andere Gefahr – ob die Eigenmächtigkeit eines fernen Statthalters mit großem Entscheidungsspielraum in einer Usurpation gipfeln konnte – sorgte er sich wohl noch nicht.

Marcus selbst war mit dem sehr privaten Versuch gescheitert, sich persönlich aus dem Militärischen herauszuhalten. Lucius' Aufbruch in den Partherkrieg hatte in seiner Weise der Entsendung manches früheren Mitglieds einer Dynastie als Unterfeldherr entsprochen – doch erst nach einigen Rückschlägen war ein halbwegs glanzvoller, von wenig Land- oder Goldgewinnen gekrönter Sieg herausgekommen, und Lucius konnte, wollte oder durfte nicht dauerhaft die militärische Kompetenz im Gespann der Herrscher übernehmen, da sie nun zur Hauptsache wurde.

Das Kriegsgeschehen der Folgejahre sollte nichts dazu beitragen, das Hannibal-Gefühl der Zeitgenossen etwas herabzustimmen. Nicht allein die Überhöhung der eigenen Lage spricht daraus, auch die Tiefe der Wunden, die das Zusammentreffen von Schlachten und Seuche den Städten und Familien des Imperiums schlug. Ohne die Adoptionspraxis wären zweifellos viele Familien des Senatoren- und Ritterstandes verschwunden. Am meisten traf es aber, was gern übersehen wird, sicher die Soldaten der Legionen und mehr noch der für den Kleinkrieg zuständigen Auxiliarverbände. In einem normalen Dienstjahr musste eine Legion rein rechnerisch 5% ihrer zwanzig Jahre dienenden Soldaten ersetzen; tatsächlich lag die Zahl durch Unfälle, Tod nach Krankheit und das Ausscheiden Invalider höher. Wenn man nun die „Pest", die in Garnisonen und Marschlagern im Kriegsgebiet beste Bedingungen vorfand, sowie den Anstieg der Toten- und Invalidenzahlen durch das Kampfgeschehen an der Donau hinzurechnet, so erhöhte sich die gesamte Verlustziffer einer Legion auf über 20% pro Jahr. Die Gegenrechnung konnten sich die Soldaten leicht aufmachen und werden es auch getan haben: Je länger der Krieg dauerte, desto sicherer war, dass sie höchstens als Krüppel das Ende ihrer Dienstzeit erleben würden. Und die Kämpfe sollten erst 175 beendet sein – für ganze zwei Jahre.[20]

Die Wirkung auf das Imperium, seine Städte und Provinzen konnte nicht ausbleiben. Der Personalbedarf der Armee pro Jahr explodierte in einer Zeit, da in Stadt und Land selber Seuchen wüteten, die die Zahl waffenfähiger junger Männer reduzierten; kein sicheres Einkommen mit gelegentlichen Sonderzahlungen, sondern die Germanen warteten auf den Ausgehobenen. Nur zwei Prozent Seuchenopfer unter der Reichsbevölkerung insgesamt hätten über eine Million Tote bedeutet; alle Zahlenangaben sind moderne Vermutungen, aber sehr wenige bekannte Krankheiten lassen es bei so niedrigen Verlusten.[21]

Was die senatorische Oberschicht, voran das Kaiserhaus, in dieser bitteren Zeit am meisten bestürzen mochte, war das Hinschwinden ihrer Mitglieder. Ein erster großer Schatten fiel auf das System, jungen Senatoren mit noch nicht zwanzig den zweithöchsten Posten einer Legion, mit etwas über dreißig deren Kommando oder den Befehl über eine kleinere Provinz anzuvertrauen. Gestandene Exconsuln, die selbst dieses Stadium ein Jahrzehnt hinter sich hatten, verloren Schlacht und Leben. Die fortwährende Seuche riss weitere Lücken in den kleinen Kreis der Qualifizierten. Erstaunliche oder, je nach Standpunkt, monströse Aufstiegsgeschichten waren die Antwort auf diese Notlage.

Zunächst aber schien die dramatische Geste, dass „beide Kaiser im Feldherrnmantel aufbrachen“, belohnt zu werden. Als Marcus, Lucius und ihr Gefolge die Festungsstadt Aquileia erreichten, das Zentrum der Sicherung Oberitaliens gegen neue Einfälle, sah es nach einem fast unblutigen Sieg aus. „Zahlreiche Könige“ leiteten einen Rückzug ein oder wurden von friedenswilligen Rivalen ermordet; vielleicht sprang nun auch die Epidemie auf die Angreifer über. So kam von den Quaden, deren König tot war, die versöhnliche Geste, Rom möge wie in Antoninus' Tagen den gewählten Nachfolger bestätigen. Ein Friedensschluss war verlockend, doch er hätte Gesichtsverlust für Rom bedeutet, auch wenn die Stämme sich zurückgezogen hätten. Eine neue Katastrophe hatte sich 168 ereignet: Kein Geringerer als der Prätorianerpräfekt Furius Victorinus war in einen Hinterhalt geraten; mit ihm starb „ein Teil seines Heeres“, vielleicht auch einige Kohorten der Garde. Ohne Vergeltung vor dem Ende der Kämpfe würden die Kaiser als halb Besiegte dastehen.[22]

Noch jemand suchte angeblich den Feldzug zu beenden, ehe er richtig begonnen hatte: Lucius Verus. Behauptet wird, er habe zum einen gedrängt, die Friedenswünsche beim Wort zu nehmen, zum anderen auf die hohen Verluste hingewiesen, alles aus egoistischer Bequemlichkeit. Marcus habe den Kampf bis zum vollständigen Sieg durchgesetzt: Die Barbaren wollten Rom in Sicherheit wiegen und täten alles, damit die Verstärkungen der Kaiser nicht gegen sie geworfen würden – „man müsse den Druck aufrechterhalten, meinte er“. Die Auseinandersetzung scheint aus den späteren Ereignissen konstruiert, zeigt aber, wie man die Rollen beider Brüder verteilt sah. Das Gefolge wurde für einen längeren Aufenthalt komplettiert: Galen erschien Ende 168 weisungsgemäß im Winterlager, wenig erbaut, womöglich an die Front mitreisen zu müssen; er hatte auf Kontakte zu den Kaisern eifrig hingearbeitet, aber nicht mit diesem Ziel.[23]

Die kaiserliche Armee brach nach Nordosten auf und überschritt die Julischen Alpen. Hier lag die Region, deren Verteidigung fester stehen musste, um Invasionen Italiens zu vermeiden und einer Unterbrechung der Landverbindungen zur Osthälfte des Reiches in Dalmatien vorzubeugen; Barbaren an der Adria fehlten gerade noch. Der Ausbau verschiedener Befestigungen an Pässen und Stadtmauern war aber nicht über Nacht zu beenden; die Arbeiten zogen sich mindestens bis 171 hin. Sobald die nötigsten Maßnahmen getroffen waren, wurde der Plan geändert: Ein Brief beider Brüder an den Senat – von Aquileia aus? – kündigte für Anfang 169 die Heimkehr Lucius' nach Rom an; Marcus würde nahe der Grenze bleiben und die Operationen leiten. Wieder heißt es, Lucius selbst habe darauf gedrängt. Ob nun mit vertauschten Rollen der Jüngere die Lasten der Verwaltung schultern sollte, wird nicht berichtet. Es ist vermutet worden, dass der Hof in Wahrheit vor der „Pest“ floh, die sich dem Winterquartier näherte; der Zeuge dieser Behauptung – Galen, der in Aquileia blieb – klagte später, unter den Zurückgelassenen habe die Seuche furchtbare Ernte gehalten.[24]

Wie beim Aufbruch gegen die Parther wollte Marcus seinen Bruder einige Tagereisen weit begleiten, vielleicht bis an die Grenzen des italischen Kernlandes. Zwei Tage hinter Aquileia erlitt Lucius, als er mit Marcus auf dem Weg von Concordia nach Altinum im Reisewagen saß, einen Schlaganfall und verlor das Sprachvermögen. Der Aderlass eines Arztes, Posidippus, zeigte keine Wirkung; der jüngere Augustus starb drei Tage darauf im Alter von nicht einmal vierzig Jahren.[25]

„Nach Verus’ Tod hatte allein Marcus Antoninus den Staat in der Hand“, bemerkt die *Historia Augusta* kühl mit den Worten Eutrops und fügt an: „um vieles besser und ertragreicher an guten Eigenschaften, weil er ja weder länger mit Verus’ Fehlern zu kämpfen hatte, die ihn aus List Strenge vortäuschen ließen – einer von Verus’ angeborenen Mängeln –, noch mit den Eigenarten und Gewohnheiten eines verdorbenen Charakters, die Marcus Antoninus schon von klein auf ganz besonders missfallen hatten.“ Dies sei so befreiend erschienen, dass ein Gerücht aufgekommen sei, Marcus habe seinen Bruder wegen Verschwörungsplänen, die bald nach 200 als sichere Tatsache galten, oder „aus Neid auf dessen Erfolge“ beseitigt, indem er – wie die böse Königin den Apfel in *Schneewittchen* – mit einer halbseitig vergifteten Klinge eine Delikatesse, die Gebärmutter einer Sau, zwischen ihnen aufgeteilt habe. Nun erst habe die Tugendherrschaft des von keinem Schicksalsschlag gerührten Marcus wirklich begonnen. Als Alternative wird angeboten, Kaiserin Faustina habe ihren Schwiegersohn vergiften lassen – weil er einen Inzest mit ihr ausgeplaudert habe oder zusammen mit seiner Schwester Fabia auf Marcus’ Beseitigung aus gewesen sei: Grund genug für die trotz allem loyale Augusta, Lucius mit verdorbenen Austern zu füttern. Nur ein Wort unter dieser Aburteilung des Nebenkaisers Verus verdient Beachtung: Marcus war wieder allein.[26]

Alleinherrschaft

7. Die zweite Lehrzeit

> Einem sanften, ruhigen König sind seine Helfer treu, setzt er sie doch für das Wohl aller ein, und der Soldat – stolz, da er sieht, dass er sich zur Sicherheit des Staates anstrengt – erträgt willig jede Mühe …
>
> Sen. clem. 1,13,1

Die Geschichte des *bellum Germanicum et Sarmaticum*, des sogenannten Ersten Markomannenkrieges, ist in desolatem Zustand. Aus den Resten Cassius Dios, dessen Darstellung einmal säuberlich Jahr für Jahr geordnet war, und weiteren Anhaltspunkten ergeben sich Ansätze, die um bis zu fünf Jahre voneinander abweichen, wie die rekonstruierte Haltung einer nur in Splittern erhaltenen Statue, und öfters sieht man sich gezwungen, die Bestandteile wieder einmal auseinanderzuschrauben und einige Winkel zu verändern. Zwischen 168 und 175 wird den Historikern die Zeit lang.

Selbst Marcus' Vita rettet sich nach Lucius' Tod in den Kunstgriff, für den Verwaisten die Jahre schneller vergehen zu lassen, und springt zu jenem Jahr 177, als der Philosophenkaiser abermals einen Augustus an seine Seite erhob – einen Halbwüchsigen, Commodus, „den Verruchten und Unreinen". In Wirklichkeit blieb das Alleinsein mit der Verantwortung für acht lange Jahre Marcus' Begleiter, bevor er es zum frühestmöglichen Termin abschüttelte, nicht unbedingt mit den besten Gründen.[1]

Aus dem kurzen Geleit für den lebenden Juniorkollegen war eine Überführung in Staatstrauer geworden. Marcus kehrte mit den Überresten des *Parthicus maximus* in die Hauptstadt zurück und verbrachte dort einige Monate. Viel Zeit nahm abermals die Religion in Anspruch, Lebensversicherung des durch Götterfurcht groß gewordenen Reiches. „Die Verehrung der Götter erneuerte er mit äußerster Sorgfalt."[2]

Für Lucius standen die weiteren Stationen fest: Einäscherung in möglichst würdigem Rahmen am Sterbeort, dann Überführung der Urne nach Rom, Beisetzung in Hadrians Mausoleum, Aufnahme unter die Götter und Einrichtung eines Staatskultes. Wenn die Verehrung des Toten neben dem üblich gewordenen Spezialpriester, dem *flamen*, an das bestehende Kollegium für Antoninus verwiesen wurde, lag darin Familiensinn: Für

Marcus selbst war diese enge Verbindung mit dem geliebten Vater, der Lucius kaltgestellt hatte, eine Ehre. Es gab Opfer, zweifellos auch Leichenspiele; was es nicht gab, war die Errichtung eines Tempels für den Staatsgott Verus, und während dem forciert unkriegerischen Antoninus eine Säule erbaut worden war, als wäre er ein zweiter Traian, geschah für den Parthersieger nichts dergleichen.[3]

In die Trauerzeremonien mischt die Überlieferung einen hässlichen Zug. Marcus habe dem Senat in der Dankrede für Lucius' Konsekration zu verstehen gegeben, alle Kriegspläne seien in Wahrheit sein, des Älteren, Werk gewesen, und nun werde oder könne er ganz von vorn anfangen. Hierzu wäre die Behauptung zu rechnen, dass Marcus sich fortan nur noch *Germanicus*, Germanensieger, nennen ließ und die Ehrentitel der Orientfeldzüge nicht mehr führte. Das Gefühl einer Zäsur ging zweifellos tief – ob der Eindruck der Erleichterung zutraf, ist eine andere Frage. Marcus atmete durch, nicht unbedingt auf. Der Philosophenkaiser fand an seinem Bruder genau zwei Dinge zu loben: dass Lucius „mich durch sein Verhalten" – oder „seinen Charakter" – „zur Aufmerksamkeit mir selbst gegenüber aufrütteln konnte, mich aber gleichzeitig durch seinen Respekt und seine Liebe zu mir erfreute". In einem Satz reduzierte er damit die gesamte Bedeutung des Mitherrschers auf eine Rolle als mahnendes Exempel; immerhin war dem enttäuschenden Bruder lobend anzurechnen, dass er Marcus für so überlegen genommen hatte, wie er nach eigenem Wissen war.[4]

Schwestern und Tanten des Vergöttlichten waren und blieben Teil der Dynastie. Die für sie ausgesetzten „Ehren und Apanagen" könnten bedeuten, dass Marcus wenig tat, um sie zu verheiraten, oder dass er zu neuen Verbindungen gar entmutigte. Lucilla, die Witwe, fiel an ihn als den Vater zurück; ihre einzelne Tochter von Lucius zählte wenig. Der Anteil der Ceionii an der Herrschaft über Rom, den sie 136 erhalten hatten, war zu Ende. Für Lucilla fand sich noch mitten in der Trauerzeit ein verdienter Gatte; dass er standesgemäß gewesen wäre, wagte niemand zu behaupten. Claudius Pompeianus, eben noch römischer Ritter aus einer nicht einmal sehr vornehmen Familie der syrischen Metropole Antiochia, war ein Kind der neuen Zeit – ein schon etwas älteres. Er gehörte zu den Männern, die gerade mit Marcus das Reich retteten, was laut *Historia Augusta* zwar dankenswert war, aber nicht genug für die Heirat mit einer Augusta schien. Lucilla und ihre Mutter Faustina sträubten sich angeblich gegen die Verbindung, aus begreiflichen Gründen. Als Schwager des Thronerben war Pompeianus in all der Macht seines Kommandos nun doppelt zur Loyalität gehalten, während er zugleich eine Frau ‚band', die in anderer Ehe selbst einen Thronanspruch hätte begründen können, während er wegen seiner eigenen Herkunft praktisch keine Chancen auf den Purpur hatte oder vererben konnte. Die später unterstellte Symbolik einer Wahl „nicht von Patriziern aus altem Haus oder für ihr Sammeln von Reichtümern bekannten Leuten, sondern von Männern mit geordnetem und nüchternem Lebensstil“ schadete zumindest nicht.[5]

An Marcus’ Aufenthalt in Rom knüpft sich eine Wanderanekdote, die von mehreren guten Kaisern erzählt worden ist. Die öffentlichen Kassen seien vom Krieg so erschöpft gewesen, dass der Augustus zwei volle Monate lang die Schätze seiner Paläste bis hin zur Kleidung versteigern ließ. Nach dem Sieg habe es dann Geld genug gegeben, und so sei Marcus später an den Rückkauf der Kostbarkeiten gegangen, ohne denen zu grollen, die das kaiserliche Eigentum behalten wollten. Ein komplexes Symbol: für Roms letztendlich grenzenlosen Reichtum, für das Vertrauen auf die Zukunft, der man den Luxus der Gegenwart opfert, und die Selbstlosigkeit eines wahren Princeps, der weiß, dass er nur für Senat und Volk da ist.[6]

Der Krieg rief ihn bald zurück, schon in den letzten Monaten des Jahres 169. Neue Reisevorbereitungen wurden getroffen; die Münzen sprachen von Aufbruch und Sieg. In einer Audienz gelang es dem nach wie vor unbegeisterten Galen, sich aus den Plänen herauszureden: Asklepios habe ihm im Traum den Feldzug verboten. Marcus, der viel auf Träume und wenig auf widerwillige Helfer gab, stimmte zu, bat Galen, sich in Rom für den kleinen Commodus als Arzt bereitzuhalten, und soll erklärt haben, er selbst werde bald zurück sein. Der entzückte Heiler zählte fortan zu den offiziellen Hofärzten, ohne seine vornehmen Patienten oder die Schriftstellerei aufgeben zu müssen. Am 13. September war Marcus noch in Italien, dann verließ er das vertraute Land für viele Jahre.[7]

Er ging jedoch mit einem neuen Schmerz: Verus Caesar, sein Sohn, litt an einem Geschwür unterhalb des Ohres; die Ärzte beschlossen, den Tumor zu entfernen, doch der Junge starb an den Folgen der Operation. „Ihn betrauerte er nicht länger als fünf Tage, tröstete dabei sogar noch die Ärzte und widmete sich dann wieder den Staatsangelegenheiten.“ Der Tod des kleinen Caesars fiel mit dem Nahen feierlicher Circusspiele zusammen, und eine förmliche Staatstrauer hätte deren Absage erzwungen. Marcus verbot den Akt; aus einer öffentlichen Totenklage in den Krieg abzumarschieren wäre ein fürchterliches Omen gewesen, wenn dafür Iuppiter selbst auf seine Spiele hätte verzichten müssen. Verus erhielt Ehrenstatuen, einen Platz in den Festprozessionen durch den Circus und im Festlied der Salii; das musste genügen. Geburt, Krankheit und Tod von

Kindern begegnen in den *Selbstbetrachtungen* öfter als Beispiel menschlicher Kurzlebigkeit, aber Namen nannte der Verfasser nicht. Marcus, dessen Briefe von Nachrichten über die Gesundheit seiner Kinder wimmeln, hatte für schlimme Stunden eine Gedankenübung: Nach Epiktets Rat behandelte er die noch lebenden wie Tote. Bleibenden Schmerz oder Besuche an den Gräbern erklärte er für „lächerlich“; die Toten hätten ja nichts davon. Tiefer lässt die Betrachtung blicken, wie man beten soll. „Ein anderer: ‚Wie (mache ich's), dass ich mein Kindchen nicht verliere?‘ Du: ‚Wie, dass ich den Verlust nicht fürchte?‘ Kurz, richte all deine Bitten so aus und beobachte, was geschieht.“ Die Bitte um Freiheit von Furcht setzt die Furcht voraus.[8]

Nach den Zwillingen und dem etwa 162 geborenen Verus Caesar kam nur noch ein bekanntes Kind von Marcus und Faustina zur Welt. Die um 170 geborene Vibia Aurelia Sabina war womöglich ein letzter Versuch, für den 169 gestorbenen kleinen Verus einen Nachfolger als Commodus' Ersatz zu finden. Dass es keine weiteren Kinder gab, mag an der sinkenden Fruchtbarkeit des Kaiserpaares oder an Fehlgeburten gelegen haben, vielleicht auch an den längeren Trennungen der beiden und möglicherweise an einer gewissen Resignation.[9]

Angeblich brachte es Faustina statt dessen zu einer Serie von Liebhabern, worüber die Schauspieler im Theater ihre Witze rissen; weil Commodus später als Gladiator auftrat, suchte der Klatsch seinen wahren Vater in diesem Milieu. Sollte Faustina zwischen oder nach all ihren endlosen Schwangerschaften und Begräbnissen wirklich die Energie zu einigen Affären gefunden haben, fiele es schwer, sich zu empören. Die Römer kommentierten das Eheleben des Kaiserpaares noch aufmerksamer und offenbar frecher als das anderer Herrscher. Warum nur? Mitgefühl mit dem armen Marcus wäre eine Erklärung, Begeisterung für eine Schwäche des sonst so unmenschlich Vollkommenen eine andere.

Dazu unterstellt die Tradition seine naive oder vorsätzliche Duldung der Vorgänge; angeblich erwischte er Faustina und einen ihrer Liebhaber, Tertullus, beim Mittagessen. Die Gerüchte betrafen Männer aus guten Familien. Ein Privatmann hätte sich, wäre er so tatenlos geblieben wie sein Kaiser, der Kuppelei schuldig gemacht und Tod oder Verbannung riskiert. Doch selbst unter ‚einfachen‘ Senatoren war die Unmoral, ja sogar die Scheidung komplizierter geworden als in der guten alten iulisch-claudischen Zeit. Die zur Prüderie übersteigerte Außendarstellung der Kaiserfamilie erzwang eine Kulisse der Harmonie. Kein guter Kaiser konnte Eheprobleme haben, nur ein Tyrann wie Domitian seine Frau wegen Ehebruchs verstoßen, schon wegen der drohenden Hinrichtung der Liebhaber.

Der Skandal fortwährender Liebschaften, und wären es ganze Orgien gewesen, war im Vergleich zu einem solchen Erdbeben harmlos.[10]

Marcus war nun häufiger und lange von Rom abwesend; das bedeutete für Faustina, schwanger oder nicht, dass sie viel Zeit für sich hatte, selbst wenn sie am selben Ort weilte und Marcus ‚nur' in Staatsgeschäfte vergraben war. In den *Selbstbetrachtungen* findet sich der überraschende Dank an die Götter, „dass meine Frau so war, wie sie war, so folgsam, so liebevoll, so schlicht". In allen entscheidenden Stücken gehorchte Faustina demnach dem Willen ihres Gatten, wenn wir dem Buchstaben des Textes folgen. Die Zeugung legitimer Kinder hatte die Augusta nie verhindert, ganz im Gegenteil. Eine Verdammnis hätte Marcus zwar nicht in das durchaus testamentartige erste Buch seiner Notizen aufgenommen. Offene Heuchelei und das Formulieren einer bewusst falschen Unschuldserklärung war andererseits gegen seine Prinzipien; er war auch der Kaiser, der die Strafe von Ehemännern minderte, die im Zorn den Liebhaber ihrer Frau oder sie selbst getötet hatten.[11]

Statt betrübter Nachsicht oder gewollter Blindheit ist damit wohl an Marcus' Maxime zu denken, niemandem wegen persönlicher Fehler ein Amt zu entziehen, der seine Amtstätigkeit gut ausführte. Wenn Gehorsam in entscheidenden Fragen, Liebe und ein unkomplizierter Charakter die Pflichten einer Kaiserin charakterisierten, dann ließen sie sich unter Umständen mit einer Serie halbwegs diskreter Ehebrüche vereinbaren – erst recht, da der Kaiser sexuelle Wünsche zumindest theoretisch mit Unbehagen sah und sich das Ausleben der eigenen schwer machte. Auch hatte Epiktet ein asymmetrisches Verhalten gegenüber unwürdigen Verwandten gefordert: „Sieh nicht darauf, was er tut, sondern was deine moralische Position sein muss, damit du der Natur gemäß handelst."[12]

So mochte Marcus stillschweigend akzeptieren, dass seine Frau mehr brauchte, als für die Kinder zu sorgen oder ihre entnervend komplizierte Frisur zu erneuern. Physische Untreue hielt er für unwesentlich oder zwang sich zu dieser Ansicht; solange er auf Faustinas – damit durchaus vereinbare – Liebe und Ergebenheit in wesentlichen Dingen rechnen konnte, gab es dann keinen triftigen Grund zur Scheidung. Tiefe beiderseitige Zuneigung zwischen den Gatten schloss ein solches Arrangement übrigens nicht aus.

Nun gab er sich daran, allein seinen großen Krieg zu führen, „nur einen", kommentierte Eutrop, „aber einen, wie ihn niemand je erlebt hatte, sodass man ihn mit den Punischen vergleichen muss". Was in den Palastsekretariaten als Sammlung von Katastrophenmeldungen Angst auslösen mochte, war auf den Straßen Roms und in der Mehrzahl seiner Provinzen allenfalls ein sorgenvolles Kopfschütteln wert. Missernten, die Pest und ähnliche ‚kleine' Sorgen gingen anderswo weiter, es gab noch Ernten und Steuern, Hochzeiten und Karrieren zu bedenken. Selbst Heuschreckenplagen sind verzeichnet, von Erdbeben und Überschwemmungen abgesehen. In den bedrohten Regionen sah es natürlich ganz anders aus, doch vielleicht herrschte selbst an der ‚Front', die es in diesem Sinne nicht gab, bei den Armeen der fünf großen Kommandos von Pannonia superior bis Moesia inferior wie bei den bedrängten schwächeren Garnisonen in Raetia und Noricum, eine Art Routine des Chaos. Marcus und seine Umgebung saßen nahe der Hauptverbindung von West nach Ost, dank des stetig ausgebauten Straßennetzes keineswegs von der Welt abgeschnitten. Spätere Kaiser sollten noch oft entdecken, dass sich vom Donauraum aus ganz gut regieren ließ, mochte es auch bessere Residenzen geben.[13]

Der Verlauf dieser Kämpfe war das Ungewöhnliche. Von Obergermanien bis zur Donaumündung litten alle Provinzen Roms unter den Einfällen der Barbaren, der Osten Noricums und das westliche Pannonien wurden flächendeckend verwüstet. Die Zehntausende „Kriegsgefangene" der verbündeten Stämme waren hauptsächlich verschleppte Provinzbewohner; ihr Wissen in Handwerk und Ackerbau war für die Stammesfürsten enorm wertvoll – ‚Barbaren' wie die Markomannen, in deren Machtbereich die böhmischen Erzvorkommen lagen und erschlossen wurden, waren kultiviert genug, solche Zwangsuntertanen als Entwicklungshilfe zu würdigen. Außerordentlich waren zudem auch die Kriegsverluste. Schätzungen fallen schwer, doch vom gefallenen Legionär oder Stammeskrieger bis zum auf der Flucht erfrorenen Kind einer Quaden- oder Provinzialenfamilie muss die Zahl der Toten in die Hunderttausende gegangen sein, von Verwundeten und Flüchtlingen zu schweigen – die meisten Provinzen entlang der Donau und erst recht die Stammesterritorien wurden bis 180 gleich mehrfach heimgesucht, und noch in den letzten Kriegsjahren war Pannonia inferior anscheinend massiven Verheerungen ausgesetzt. Selbst im nur mäßig betroffenen Raetien durchdrangen Angreifer die Provinzverteidigung und bedrohten Augusta Vindelicum (Augsburg), das mit dem Bau einer Mauer begann.[14]

Carnuntum an der Donau war für lange Jahre notgedrungen das Verwaltungszentrum der römischen Welt – drei Jahre bis zum Kriegsende rechnete Eutrop, doch der Krieg dauerte länger. Im weiteren Verlauf der Kämpfe dürfte Sirmium Marcus' Stützpunkt gewesen sein, als es besonders gegen die sarmatischen Jazygen ging. Doch lange vorher hatte sich gezeigt, wie exponiert die dakischen Provinzen gleich aus drei Richtungen waren. Claudius Fronto, der Moesia superior kommandierte, die Landbrücke Dakiens zum Rest des Reiches, übernahm zusätzlich auch die zu einer Provinz wiedervereinigte Gefahrenzone.[15]

Umstritten sind vor allem Daten und Abstand zwischen dem ersten Einfall von Langobarden und Obiern (165 oder 166/67?) und dem nächsten, viel dramatischeren Moment. Vielleicht im Frühjahr 170, vielleicht schon davor kam es zur ersten großen Katastrophe. Mitten in einer römischen Offensive, die zwanzigtausend Tote gekostet haben soll, gelang es Quaden und Markomannen, die Donau zu überqueren. Die Legionen von Pannonia superior, die ihnen entgegengestellt wurden, existierten danach fast nicht mehr; vermutlich fiel auch ihr Statthalter. Auf einmal standen die Feinde in Oberitalien, plünderten das Städtchen Opitergium und begannen mit der Belagerung des befestigten Aquileia – hätten sie Erfolg gehabt oder wären weiter vorgedrungen, wären Schäden und Panik noch ganz anders ausgefallen. Claudius Pompeianus und sein Unterfeldherr Helvius Pertinax konnten endlich die Invasoren Italiens vertreiben; auch der junge *curator* der Stadt Ariminum, der schon zu Beginn des Krieges bewährte Macrinius Avitus, scheint eine Rolle gespielt zu haben. Falls der Sohn des Prätorianerpräfekten Vindex noch kein Senator gewesen war, wurde er es nach diesem Vorfall. Pompeianus, der Sieger, fand sich als Kommandeur beider pannonischer Provinzen mit dem Auftrag, die Scherben ihrer Verteidigung zusammenzusuchen, wieder.[16]

Wohl im Folgejahr (171?) kamen Dakien und Moesia superior an die Reihe. Die Jazygen und mehrere Germanenstämme griffen an, verwüsteten die Siedlungen, stellten sich Claudius Frontos Heer zur offenen Feldschlacht, die sie gewannen; unter den Opfern war der Legat. Wieder stand das Hinterland weit offen; plündernde Gruppen erschienen in den Provinzen des südlichen Balkans, die zum Teil seit Augustus' Zeiten keinen Feind mehr gesehen hatten, verheerten Thrakien und Makedonien. Am spektakulärsten war der Streifzug einer Gruppe von Kostoboken, die bis nach Achaia kamen, das Demeterheiligtum von Eleusis plünderten und Athen nur um Haaresbreite verschonten. Die Verheerung Raetiens, das bald stabilisiert werden konnte, verblasste daneben. Ein erfahrener Offizier, Vehilius Gratus, der sich schon in Verus' Partherkrieg ausgezeichnet und später in Noricum gekämpft hatte, wurde von seinen Pflichten an der Donau entbunden und den Invasoren entgegengeschickt.[17]

Überall brannte es. „Alle Völker von der illyrischen Grenze bis nach Gallien hatten sich verschworen." Unbeeindruckt von den jüngsten Siegen erneuerten britische Stämme ihre Angriffe. Mitten in der längst romanisierten Gallia Lugdunensis sah es „bei den Sequanern" nach Aufruhr aus. Avidius Cassius, Sieger über die Parther, wandte sich gegen Rebellen in Ägypten. Dabei musste er sich auch vor dem besiegten Feind in seinem Rücken hüten: „auch ein Partherkrieg drohte", vielleicht wegen Thronwirren in Armenien.[18]

Ein ganz anderes Format hatte die neue Gefahr im Südwesten des Imperiums. Die Mauren, seit je unruhige Nachbarn, überrannten die Grenzkastelle, besorgten sich an der afrikanischen Küste Schiffe und „verwüsteten die spanischen Provinzen fast ganz". Hastig improvisierte man Abwehrtruppen und bekämpfte Aufstände der Provinzbevölkerung; Marcus sandte 171 Frontos Schwiegersohn Aufidius Victorinus als Legaten gegen sie und beorderte Verbände unter dem geübten ‚Troubleshooter' Vehilius Gratus zu Hilfe, die gerade noch in Griechenland und Macedonia germanische Plünderer bekämpft hatten. Gut zwei Jahre lang blieb Südspanien, die Baetica, Kriegsgebiet.[19]

Zwölf von Roms 30 Legionen, Detachements (*vexillationes*) von zahlreichen weiteren und mindestens 130 Auxiliareinheiten zu Pferd und zu Fuß waren eingesetzt, einschließlich der beteiligten Flotten weit über 150000 Soldaten. Aber keine stolzen, wohlgeübten Traditionseinheiten bildeten die Manövriermasse dieser Armeen, die nach allen erreichbaren Rekruten griffen. Sie hatten Gesellschaft bekommen. Noch am präsentabelsten waren germanische Söldner, die beste Waffe gegen ihre feindlichen Verwandten. Andere Truppen sah man sich besser nicht näher an. Hier standen *voluntarii*, „Freiwillige", das waren Sklaven, denen ihre ‚Frontbewährung' die Freilassung eintragen würde, wenn sie überlebten. Dort hatte man den städtischen Ordnungsdienst griechischer Gemeinden eingezogen und mit Schwertern statt Knüppeln ausgerüstet. Nebenan dienten Räuber „aus Dalmatien und Dardanien", wie die Griechen sie vielleicht zuvor gejagt hatten. Unter dem Titel *obsequentes*, „Folgsame", verbargen sich Gladiatoren; hoffentlich erinnerten sie sich nicht an Spartacus. Ein Vehilius Gratus befehligte reihenweise derartige Aufgebote, an der Donau, in Griechenland, in Spanien; seine zeitweilige Ernennung zum Kommandeur der Schwarzmeerflotte änderte nur das Element, nicht den Auftrag, Barbaren von Vorstößen ins Hinterland des Reiches abzuhalten.[20]

Kein Athlet, kein Unverwundbarer führte diese verzweifelte Auseinandersetzung. Der Kriegsherr Marcus fror erbärmlich. Anfangs kam es vor, dass die Ansprachen vor Teilen der Armee unerwartet endeten: Die Truppe trat an, aber noch während der Einleitung drang die Herbst- und Winterkälte in die schwere Paraderüstung, dann in den mageren Körper, und die Soldaten sahen ihren Augustus im nächsten Gebäude verschwinden. Sein ganzer Lebensstil half dem gewohnten Raubbau an seinen Kräften nach. Während all dieser Zeit „ging es ihm an Magen und Brust nicht gut". Ein häufig hustender Feldherr ignorierte Schnupfen oder Halsschmerzen wie schon so oft in jüngeren Jahren und absolvierte sein Tagesprogramm trotz Kopfschmerzen und Atemnot, solange es nicht ganz schlimm kam. Der empfindliche Magen wiederum kann ebenso gut Ursache wie Folge der Gewohnheit gewesen sein, nur nachts und auch dann sehr spärlich zu essen. Die Bedürfnislosigkeit, die Marcus praktizierte, bekam ihm eindeutig nicht, schon gar nicht in der ungewohnten Kälte und Dunkelheit des pannonischen Winters, der er mit heißen Getränken und mehreren Stärkungen pro Tag besser beigekommen wäre. Doch wohlmeinende Diätvorschläge stimmten ihn nicht um.[21]

Wenig bis nichts ist über den ‚Führungsstil' des Kaisers gegenüber seiner engsten Umgebung bekannt, die Beteuerungen ungebrochener Freundlichkeit und Verbindlichkeit ausgenommen. Marcus' wiederholte Weisungen an sich selbst, Rat und Lehren dankbar anzunehmen, mögen auf eine gewisse Empfindlichkeit hinweisen, gerade weil er als Feldherr so ahnungslos war. Umgekehrt tat er sich auch mit der Kritik an anderen schwer. Ein Tadel des Kaisers, wie mild auch immer, konnte leicht erdrücken und geradezu kontraproduktiv wirken. „Das darfst du aber weder ironisch noch auf herabsetzende Weise tun, sondern deine Seele muss liebevoll sein und darf sich nicht verletzt fühlen; und nicht wie im Unterricht oder so, dass sich ein Anwesender seine Gedanken macht, sondern auf alle Fälle so, dass er allein es hört, auch wenn einige andere dabei sind."[22]

Wer wenig isst, kann dem Schlaf leichter widerstehen, so lautete offenbar eine medizinische Weisheit der Zeit. Marcus fand Nachahmer etwa im Senator Ulpius Marcellus, der sich steinhartes Brot aus Rom bringen ließ, um extra wenig herunterzubekommen. Auf die offenkundige Parallele ging der skeptische Cassius Dio, der Marcellus kritisierte, anscheinend nicht ein. Nur scheinbar beruhigt, was Galen über den berichtet, der „unter den Kaisern am eifrigsten auf die Sorge für seinen Körper bedacht war": Während der Wintertage sei Marcus am späten Nachmittag, zur neunten oder zehnten Stunde, stets auf die Palaestra gegangen, um seinen Begleitern Gelegenheit zum Sport zu geben, „sodass sie sich bei Sonnenuntergang schlafen legen konnten" … das wäre um fünf bis sieben Uhr unserer Zeit. Die Formulierung sagt aber nicht, dass der Kaiser selber trainierte oder schlief. Marcus hatte wenig Nachsicht mit sich, jetzt wie später. Andere hielten „dasselbe" zum Teil aus purer Dummheit aus, klagte er. „Es ist doch schrecklich, dass Unwissen und Eitelkeit stärker als die Einsicht sein sollen." „Kümmere dich nicht darum, ob du durchgefroren oder hitzeglühend deine Pflicht tust, ob vor Müdigkeit einnickend oder mit genug Schlaf, ob du Schlechtes von dir hörst oder in gutem Ruf stehst und ob du dabei stirbst oder es dir schlimm geht. Denn eine der Aufgaben unseres Lebens ist ja auch die, die wir erfüllen, indem wir sterben; es reicht also, auch in dieser Aufgabe das Anstehende gut zu erledigen." Frieren, Übermüdung und Verkanntwerden sind biographische, keine rhetorischen Beispiele, das letzte also sicher auch. Allerhand spricht dafür, dass Marcus sich als Sterbenden ansah.[23]

Der erste spektakuläre Erfolg im Norden war die Rückeroberung Pannoniens durch die „Auslöschung" der angreifenden Stämme, die sie überrollt hatten (171 oder 172?). Ein großes, mit Beute beladenes Kontingent der abziehenden Markomannen wurde im günstigsten Augenblick, beim Überqueren der Donau, vernichtend geschlagen. Von jenen, die sich ergeben hatten, wurden „sehr viele nach Italien überführt" – als Siedler, nicht als Sklaven. So erreichten diese Einzelnen zu einem hohen Preis doch noch ihr Ziel, auf römischem Boden sesshaft zu werden. Andere wurden summarisch hingerichtet; die Beteuerung, auch den Gefangenen gegenüber habe Marcus auf Angemessenheit des Vorgehens, *aequitas*, geachtet, schloss so etwas nicht aus. Wie den verpflanzten Markomannen ging es auch „unendlich vielen" Gefangenen anderer Stämme.[24]

Nach dem ersten „großen Sieg" wurde der Ruf nach einer Geldspende an die Soldaten laut; auf die Gefahr einer Meuterei hin schlug Marcus die Forderung jedoch aus und erklärte den Truppen, jede Extrazahlung käme aus dem Lebensblut ihrer Familien. Im Gegensatz dazu konnte es den Göttern gegenüber keine solche Sparsamkeit geben; ihre Hilfe war nur zu nötig, und Marcus tat alles, was die Tradition gebot, und überbot diese auch noch. Ein Spottvers, in dem Erleichterung mitklang, ließ die weißen Opferstiere frei nach König Pyrrhos von Epirus klagen, noch ein Sieg von Marcus und sie seien verloren. Ein eher unkonventionelles – oder leichtgläubiges – Experiment war zuvor spektakulär gescheitert. Der ‚heilige Mann' Alexander von Abonuteichos hatte geraten, zwei lebende Löwen und indische Gewürze in die Donau zu werfen; der Sieg werde dann nicht ausbleiben. Marcus gehorchte; die verblüfften Barbaren, zu denen die armen Tiere hinüberschwammen, schlugen sie tot, und angeblich folgte der Verlust der 20000 Römer und der Einfall in Italien auf dem Fuß.[25]

Jetzt aber baten die Quaden um Frieden. Der Stamm schwor, sein Territorium den Markomannen und Jazygen zu verschließen; so würden die verbleibenden Hauptgegner getrennt sein. Den geschrumpften römischen

Truppen winkte die Verstärkung durch heimkehrende Kriegsgefangene und Deserteure, von denen gut 13000 sofort greifbar waren. Dazu wurde die Lieferung von Pferden und Vieh versprochen. Ein entsprechender Vertrag mit den benachbarten Kotinern scheiterte; Marcus' Sekretariatsleiter Taruttienus Paternus, der zu Verhandlungen anreiste, wurde übel behandelt, der kleinere Stamm blieb feindlich und ging später unter.[26]

Andere verhandelten aggressiver. Tarbos, Häuptling eines Stammes, der noch nicht in die Kämpfe verwickelt war, kam nach Dakien, um Subsidienzahlungen zu erpressen; der Statthalter Cornelius Clemens antwortete, indem er in ein Bündnis mehrerer anderer Stämme investierte, für die Battarios, ein Junge aus einer Königsfamilie, ‚sprach'. Tarbos' Racheangriff wurde abgeschlagen. Ähnlich nützlich machten sich zwei Völker, die später Teil des Stammesverbundes der Vandalen werden sollten. Die Häuptlinge der Asdingen boten sich Clemens gegen Hilfsgelder und Landzuweisungen an. Clemens machte anscheinend ein Gegenangebot: Frauen und Kinder des Stammes blieben unter römischem Schutz, während das Aufgebot der Asdingen sich Land von den Kostoboken, den Plünderern von Eleusis, eroberte. Doch sie bleiben unbequeme Nachbarn der Provinz, wohl weil der Boden kaum für sie reichte. So deutete Clemens – ein Meister des *divide et impera* – gegenüber den Lakringen an, eventuell müsse er ihr Land leider aufteilen: Ein Überraschungsangriff war die Folge, der den Asdingen die Kraft zu Raubzügen in Dakien nahm. Sie baten dringend um Roms Hilfe, erhielten Geld und wiederum Instruktionen, wen sie angreifen sollten, um mehr Land zu bekommen. Auch die Lakringen blieben gute Verbündete, wohl um in ihrem Landgewinn bestätigt zu werden. Marcus notierte in seinen *Selbstbetrachtungen*, über die Menschen lasse sich nur unter Berücksichtigung „des Irdischen" reden, etwa „unbesiedeltes Land, die vielfältigen" – oder „verschlagenen" – „Barbarenstämme, Feste, Trauerriten, Märkte – das Vermischte, die aus Gegensätzen zusammengesetzte Ordnung".[27]

Nicht allein aus dramaturgischen Gründen stellt Marcus' Biographie in der *Historia Augusta* seine Verwaltungs- und Rechtsakte in den Friedensjahren vor 168 dar. Doch im Krieg wurden seine Pflichten nur vermehrt, nicht ausgewechselt; obendrein soll er sich Zeit genommen haben, um in Ansprachen oder auch schriftlich auf kritische Bemerkungen etwa über seine strapaziöse Kriegführung zu antworten. Dennoch konnte er sich nicht mehr um alles kümmern; die Bedeutung der delegierten Macht, der Palastfunktionäre und Berater wuchs. Der Sophist Alexander, der einst mit Antoninus zusammengestoßen war, „wanderte zu den paionischen Stämmen" als Leiter der griechischsprachigen Korrespondenz des Kaisers und als Diplomat. Andere waren weniger reputierlich als er. „Unter Marcus und Verus hatten allerdings die Freigelassenen Geminus und Agaclytus viel Einfluss“, klagt die *Historia Augusta*. Tatsächlich blieben solche kaiserlichen *liberti* wie stets eine Stütze der Regierungsarbeit, ihre Möglichkeiten zur Protektion und Postenvermittlung eingeschlossen; das Vordringen der Ritter selbst in höchste Positionen war noch lange nicht vollendet. Als ‚Finanzminister' (*a rationibus*) amtierte zum Beispiel inmitten einer Abfolge römischer Ritter Marcus' Ex-Sklave Aurelius Cosmus.[28]

Es hatte lange gedauert, bis Marcus den Krieg ernsthaft in Feindesland auslagern konnte, und der Weg dorthin war voll bitterer Rückschläge. Bei einer Niederlage gegen die Markomannen verlor 171 oder 172 der Prätorianerpräfekt Macrinius Vindex das Leben. Der Kaiser ließ ihm gleich drei Ehrenstatuen setzen; Vindex' Sohn, der die Langobarden attackiert hatte, sollte wenig später zum Consul aufsteigen. Aber endlich war Rom in der Offensive und nun war die Zeit reif, den Sieg zu verkünden. Marcus ließ wissen, dass er bereit sei, einen eigenen Ruhmestitel zu empfangen. Wie ein Reisegeschenk des Vaters erreichte auch den elfjährigen Caesar Commodus die Verleihung des Titels *Germanicus* am 15. Oktober 172 durch den Senat. Münzen proklamierten zum Jahreswechsel 172/73 schon die Ankunft des Germanensiegers in Rom, doch die Stadt sollte den Kaiser noch lange nicht wiedersehen – der Heimweg war viel länger als vermutet.[29]

„Ich glaube, es ist göttlichem Wirken zuzuschreiben“, bemerkte der Autor der *Epitome de Caesaribus*, wenn zum Ausgleich für jenes unbekannte Naturgesetz, das Katastrophen über die Welt bringe, „sie doch durch den Rat ihrer Lenker wie durch die Arzneien der Heilkunst gelindert werden“. Cassius Dio bedauerte Marcus, der mit seinem schwachen Körper mitten in eine Vielzahl lebenslanger Gefahren gestürzt worden sei: „Aber ich bewundere ihn eben deswegen um so mehr, weil er unter außergewöhnlichen und unerhörten Bedingungen selbst aushielt und dabei das Reich rettete.“ Inmitten seiner Sorgen bat der Kaiser seine Umgebung, ihm unverblümt die Meinung zu sagen, „und besserte an sich, was ihm mit Recht getadelt schien“. Um 400, als diese Zeilen in die *Historia Augusta* wanderten, klangen sie – unabhängig von ihrer Authentizität – wie ein Märchen. Es ist bemerkenswert, wie neben dem durch viele Überlieferungsschichten fast übermalten Bild ein Dokument wahrer Schonungslosigkeit aus Marcus' eigener Hand steht, Zeugnis der täglichen Auseinandersetzung mit sich selber.[30]

8. Am falschen Platz das Richtige tun

Marcus, den Autor philosophischer Gedanken, erst als Nachtrag zum Leben des Kaisers vorzustellen liegt nahe. Doch dieses Verfahren erschwert die Frage, inwiefern Tätigkeit und Ansichten wirklich, wie die Stoa es von ihren Jüngern verlangte, eine Einheit bildeten. So bietet es sich an, sich von Kriegsgeschehen und Tagespflichten etwa zur gleichen Zeit abzuwenden, zu der die Hauptfigur dieser Geschichte offenbar damit begann, in geschriebenen Worten an sich und der Welt zu arbeiten.

„Vom Anfang seines Lebens an der Seelenruhigste, so sehr, dass er von klein auf auch sein Gesicht weder vor Freude noch vor Kummer verzog" – so erscheint Marc Aurel in der knappen Schilderung Eutrops. Ein anderer zeigt ihn in der Pose des Weisen, kurz bevor er in den Krieg wie zu einem Opfergang aufbricht: „Alle fürchteten, ihm könnte etwas geschehen, und so bat man ihn nicht aus Schmeichelei, sondern im Ernst, er möge seine philosophischen Grundsätze verkünden." Marcus aber ging hinaus und lehrte alles Volk: „und er fürchtete sich nicht, sondern entwickelte sie drei Tage lang entsprechend der Gliederung seiner *Parainesis* – das heißt, seiner Lehrsätze", hinter denen wohl das uns als *Selbstbetrachtungen* oder *An sich selbst* bekannte Werk steht. Oder zumindest bestürmten ihn die Berufsphilosophen angeblich, vor der Abreise 178 noch rasch „die strittigen und undurchschaubaren Punkte ihrer Sekten" zu klären. Beide Behauptungen sind reizvoll erfunden; denn so wäre nach der Interpretation der *Historia Augusta* Platons Wort erfüllt, dass es den Staaten erst gut ginge, wenn die Philosophen Könige, die Könige aber Philosophen wären. Marcus war, so wird es überliefert, von „solcher Heiligkeit", dass selbst Platon nicht wie er sein könne, falls er ins Leben zurückkehrte. Doch weder denkwürdige Aussprüche noch programmatische Abhandlungen blieben von dem Philosophenkaiser, geschweige denn Memoiren, sondern bloß ein ganz unsystematisches Notizbuch, in dem sich Satz für Satz Aphorismen, Lieblingszitate und dergleichen sammelten. Erst die Philosophiegeschichte gab sich die Mühe, ein System daraus zu rekonstruieren.[1]

Ausgerechnet die Marcusvita der *Historia Augusta*, deren Lob und Liebe kaum Grenzen kennt, konserviert die Äußerung einer Quelle, man habe Marcus postum kritisiert, weil er „verstellt (oder „falsch", *fictus*) gewesen sei und nicht so aus einem Guss, wie er schien oder wie Pius und auch Verus gewesen war". Eine sehr freie Übersetzung von *fictus* in moderne Begriffe wäre „gehemmt". Die Beobachtung korrespondiert mit einem Eindruck, den Marcus' eigene Schriften vermitteln: dass er sich anstrengen musste, um jenen Charakter hervorzubringen, den Antoninus sozusagen von Natur aus besessen hatte; die Tugenden des Sohnes waren seine *zweite* Natur, und er empfand dies spürbar als etwas Geringeres. Doppelbödigkeit war ein Hauptvorwurf an Hadrian mit seiner komplizierten Stimmungslage gewesen; Marcus fand in sich zumindest soviel Komplexität, dass er sich ständig mit sich auseinandersetzte – er hatte genug geistige Möglichkeiten mitbekommen, um sein erwähltes Ziel zu verfehlen. Wenn Cassius Dio ihn später pries, dass „er alles nicht aus Verstellung, sondern aus innerer Größe tat", „wahrhaftig ein guter Mann war und nichts Vorgetäuschtes an sich hatte", so ist nicht ganz klar, ob Dio auf die Kritik anderer reagierte oder auf das eigene Staunen über die Lebensleistung, ohne sichtbaren Bruch in Denken und Handeln besser regiert zu haben „als alle anderen, die je Macht besaßen".[2]

Die überlieferte Reihenfolge der *Selbstbetrachtungen* stellt fast unlösbare Probleme. Das Erste Buch ist eine Einheit für sich, mehr Testament als Innenschau; ob Buch 2 bis 12 wirklich in dieser Abfolge entstanden sind, bleibt strittig. So würde es sehr verwundern, wenn Marcus in den letzten Jahren vor seinem Tod noch einen Kinderwunsch verspürt hätte, wie er sich in 11,33 ausspricht; die Sorge in 11,34 wiederum, er könnte wieder einmal ein Kind verlieren, passt in jedes der dreißig letzten Jahre vor 180. Umgekehrt wird die Beschäftigung mit dem Tod in den letzten, also vielleicht doch späteren Büchern wichtiger denn je. Über Auffindung und Herausgabe der Gedanken wissen wir ganz und gar nichts; nur dass sie nicht oder nicht konsequent sortiert wurden, macht der Zustand der Sammlung deutlich.[3]

Schon die Ich-Form trennt das erste Buch ab; im Rest der *Selbstbetrachtungen* regiert das Du fast absolut. Das gerade ist es, was spätere Leser gern glauben ließ und lässt, eine Botschaft an sie persönlich vor sich zu haben. Der Eindruck wird durch den eindringlichen Ton, die herben und unbedingten Forderungen bestärkt. Viele der Inhalte erschienen den theologischen Interessenten und Kommentatoren sehr christlich interpretierbar: Es ließe sich leicht als ein stoisches Pendant oder Vorspiel zu Thomas von Kempens *Nachfolge Christi*, zu Mystikern oder Exerzitienlehrern lesen. Die Person, um die es geht, ist gleichwohl Marcus' eigene, niemand anders. Es ist seine Vernunft, die zur Seele spricht, um das ihr gemäße Leben durchzusetzen. Die Notizen folgen keinem Lehrplan für eventuelle Leser, achten nicht auf Repräsentativität der vertretenen Themen und berufen sich auf eigene Erfahrung, ohne darin Autorität gegenüber Dritten zu suchen.[4]

Abb. 10: Kaiser Marcus.

Ein Biograph sucht in dieser bewusst weit vom Augenblick getrennten Aphorismensammlung die Verbindungen zu Zeit und Person, im Vertrauen auf ihren Charakter als Selbstvergewisserung, ihr Kreisen um immer gleiche Probleme des Ausgangspunktes Marcus. Die methodische Schwierigkeit dabei liegt auf der Hand. Wenn sich Marcus befiehlt, sich darauf einzustellen, dass er morgen unter lauter Nervensägen geraten wird, steht dahinter heimlicher Unmut gegen bestimmte Personen oder nur eine Präventivmaßnahme? Sicher ist aber der wachsame *Verdacht* des Schreibenden gegen sich selbst, vielleicht wütend zu werden, die Suche nach solchen Gefahren im Innern. Wenige Stoiker können die Ansprüche an ihren Intellekt so hoch geschraubt haben wie er; der Preis für den erstrebten Einklang mit der Weltvernunft war eine ständige Distanz zu sich selber.

Auffällig ist weiterhin die relative Monotonie des Inhalts. Sprachliche Variationen verschleiern auf den ersten Blick Formeln, die wie Mantras anmuten: „lebe schlicht, bescheiden und freundlich", „wohlgesinnt, bescheiden und unverstellt", „wohlgesinnt, schlicht und bescheiden", „schlicht, frei und bescheiden" – die Unterschiede sind minimal, die Bedeutung praktisch konstant. Allenfalls Kürzungen oder Erweiterungen sind möglich: „Das Ergebnis der Philosophie ist schlicht und bescheiden", niemand „sei gemeinnütziger, bescheidener, fügsamer gegenüber dem Schicksal und wohlwollender". Ein Seneca tritt den Adressaten seiner Briefe und Dialoge mit der Haltung des Lehrers gegenüber, den nichts erschüttern kann, und will ihnen Gewissheit bringen; ähnlich Epiktet in seinen stilistisch verhalteneren, herberen Lehrvorträgen. Marcus hat kein Publikum, nur den lernbedürftigen, vergesslichen Teil seiner selbst, dem der nicht angefochtene zureden muss. Durch diese innere Schwäche bleibt er immer Schüler; für den Jünger der Stoa ein bitteres Gefühl, weil er sich anders als ein Christ in seine Unvollkommenheit genau in diesem Punkt *nicht* fügen kann: Er ist verpflichtet, seinen Widerstand gegen die Wahrheit auszuräumen, und weiß doch nicht, ob und wann er endlich mit sich im Einklang sein wird – oder für wie lange.[5]

Es ist eine gute Frage, wieso die *Selbstbetrachtungen* auf Griechisch entstanden. Sicher nicht aus Geheimhaltungsgründen; das hätte wenig geholfen. Griechisch war natürlich die Philosophensprache und stellte dem Kaiser die Kernbegriffe seiner Überzeugung bereit. Es stand in dieser Kriegszeit wie ein Symbol der Kultur der Kommandosprache Latein gegenüber, war also eine schöne Abwechslung. Wichtiger war vielleicht, dass Griechisch für Marcus, so versiert er darin war, doch noch eine Fremdsprache war, die ihn dazu zwang, in schärfer umrissenen, durchdachteren, sicherlich auch abstrakteren Begriffen zu denken. Falls er das wollte, führte ihn die Suche nach dem passenden Ausdruck wenn nicht tiefer in sich hinein, so doch weiter aus seiner Umgebung weg, etwa als hätte er einen Kopfhörer aufgesetzt.

Mindestens ebenso sinnvoll wäre die Frage, wieso es überhaupt zu solchen Notizen kam. Die Existenz eines Antoninus Pius sprach sich in seiner letzten Parole für die Prätorianer aus: *aequanimitas*. Gleich ihr würden die meisten Notizen *An sich selbst* bequem auf ein Täfelchen passen, wie es der Offizier vom Dienst mit der Losung bekam – das sagt nichts über ihre Entstehung und ‚Anwendungsweise', aber vielleicht etwas zu ihrer persönlichen Funktion. Wie eine Folge von Tagesbefehlen setzt das Werk in Buch 2 ein: „Morgens sich zuerst sagen“, auch wenn solche ‚Memos‘ des Kaisers immer wieder in Belehrung und Überzeugung eines Teils seiner selbst ausladen. Nie ist es platonischer Dialog mit knappen Antworten, selten eine Rede nach Epiktets Muster, mit drastischen oder wohlerwogenen Beispielen, oft genug ein Neubeginn beim Punkt Null, in ungeduldiger Eindringlichkeit auffahrend: „Wann endlich, o meine Seele, wirst du gut sein und schlicht und ein Ganzes und nackt, sichtbarer als der dich umgebende Körper?“[6]

Das beherrschende Thema ist die Kürze des Lebens, besser gesagt, die Irrelevanz seiner Länge. Epiktet schrieb regelmäßige Gedanken ans Sterben vor, doch die Allgegenwart des Todes hat bei Marcus etwas Insistierendes. Er wird erstens bald sterben, also muss er sich beeilen, etwas aus dem Leben zu machen, und hat keinen Grund, sich auf eine besondere Zeitspanne einzurichten; Leben wie Tod dienen zweitens der Weltharmonie, die ständige Verwandlungen aller Dinge fordert, aus allem auf rätselhafte, aber doch berechenbare Art etwas Neues macht. So verlangt er von sich, den Tod freudig und dankbar zu begrüßen, und inzwischen so zu leben, als wäre er eigentlich schon tot und verbrächte eine ‚Nachspielzeit‘. Die Zukunft steht nicht zur Verfügung, die augenblickliche Aufgabe allein zählt – in den Worten von Marcus' Leser Goethe „die Forderung des Tages“. Natürlich ist das Sterben also nicht schlimm und kommt immer zur rechten Zeit. Umgekehrt lohnt es sich nicht, auf Vergangenheit und Zukunft zu sehen – also auch nicht, länger zu leben. Wirklich Neues kann es nicht geben, und so versäumt man durch seinen Tod überhaupt nichts; nur die Namen der Akteure wechseln.[7]

Gleich danach rangiert an Häufigkeit die Beteuerung, *alles*, was geschehe, den Zufall eingeschlossen, sei tatsächlich Vorsehung – also Vernunft und Ordnung, also richtig. Mit großer Regelmäßigkeit tritt dazu eine förmliche Selbsterpressung: Entweder müsse Marcus das für wahr halten und danach leben oder es bleibe nur die Lehre Epikurs von einer Welt aus gleichgültigen, sinnlos durch die Leere stürzenden Atomen ohne bleibende Verbindung. Eine wirksame Drohung, verrät Marcus doch seine Faszination vom Gedanken der Allsympathie, der Harmonie der Dinge, des Kosmos als eines einzigen Stadtstaates. Für den Kosmopoliten heißt dies aber, dass es falsch, ja frevelhaft wäre, wie ein störrischer Sklave gegen die geringste Kleinigkeit am Schicksal zu revoltieren, und sei es im Stillen. Denn nichts bleibt fruchtlos; alles geschieht und an jedem geschieht es, wie und wann es soll, auch wenn das für den Einzelnen Schmerz und böse Erlebnisse bringt. Selbst das Hässliche in der Welt hat aus dem richtigen

Blickwinkel ästhetische Reize – beim vom Schönheitsideal überlagerten Tugendbegriff der griechischen Kultur ein wichtiges Argument, das allerdings dazu geeignet war, die Schönheit in ein problematisches Verhältnis zu den stoischen Kardinaltugenden zu setzen.[8]

„Hüte dich, dass du nicht verkaiserst, dass es nicht auf dich abfärbt: das gibt es nämlich" ist einer der bekanntesten Sätze Marcus' an sich selbst. Was das meint, scheint offensichtlich; dass er es sich immer wieder sagen zu müssen glaubt, gibt zu denken. Gemessen an seinem Vorbild Antoninus – der aus Marcus' Perspektive wie von selbst vor dem „Verkaisern" geschützt war – deutet der Appell darauf hin, dass er sich keineswegs für immun dagegen hielt. Aber der entscheidende Punkt ist, wie früh für ihn das „Verkaisern" anfing. Das begann kaum erst mit dem Entwickeln herrschertypischer Laster wie Hochmut, Misstrauen, Sprunghaftigkeit, kalte Distanz oder gar Willkür. Der Fehler war für ihn schon die Identifikation mit dem Amt, das Selbstverständnis, er sei „der Kaiser" – *irgendein* Kaiser, auf Zeit, vermutlich lebenslang, war alles, was man sein wollte und durfte. In einer sehr modernen Weise empfand der Einsame seine schwindelerregende Stellung buchstäblich als Rolle, wie die berühmte Schauspielermetapher am Ende der *Selbstbetrachtungen* zeigt. Um ein Mindestmaß an Distanz zu dieser Rolle und gegen die Verschmelzung mit ihr kämpfte er. Es ist wenig wahrscheinlich, dass je ein Kaiser vor ihm alles an eine solche Zweiteilung gesetzt hatte, statt sich der Stellung anzupassen oder sie sich zu unterwerfen – ihr und sich selber schlicht zu vertrauen. Nichts als der Kaiser wollte Marcus nicht sein, vielleicht weil er eigentlich nach wie vor gar nicht Kaiser sein wollte; Pflicht und Neigung einigten sich darauf, er müsse es wohl sein, aber nicht zu sehr und nicht zu leicht. Daraus resultierte die Liste der für einen unverkaiserten Kaiser nötigen Eigenschaften: „Halte dich dementsprechend schlicht, gut, ungeschminkt, ernst, ungekünstelt, gerechtigkeitsliebend, fromm, wohlwollend, liebevoll, zu deinen Pflichten entschlossen." Diese sollten aber stets nur das Vorletzte bleiben. „Nie im Leben vom Geschäft aufgefressen werden. Sie morden (dich), zerstückeln (dich), schleudern Flüche. Was tut das dagegen, dass die Vernunft rein, bedacht, klug und gerecht bleibt?" Die Theoretiker eines vergangenen Jahrhunderts, die sich für das Begehen unbefangener Taten berauschen konnten, wenn sie nur groß genug waren, haben an dieser unheroischen Perspektive geradezu gelitten; dem „strengen Pflichtgefühl" und „zäher Tatkraft" zum Trotz habe Marc Aurel „staatsbürgerliches Empfinden und philosophische Haltung" nicht mehr mit „Frische und Freudigkeit" vereinen können, klagte Max Pohlenz, der offenkundig die finsteren Kräfte der Degeneration am Werk sah: Marcus hätte doch auf „der einsamen Höhe des Weltregenten“ seine gesunde Lust am Regieren haben sollen.[9]

Aus der Schwere dieser Jahre floss einiges in die Bilder der Notizen ein. „Das Leben ist ein Krieg und ein Aufenthalt in der Fremde, der Nachruhm ist Vergessensein.“ So hatte er es an der Donau geschrieben; es war ein dunkler Trost, dass die ganze menschliche Existenz zum selben Heimweh führen müsse, wie das Fernsein vom vertrauten Leben, dem Frieden Italiens, es im vorher so sesshaften Marcus auslöste, den Staatsraison und Pflichtgefühl bis auf weiteres hierhin verbannt hatten. „Du hast einen Posten in der Hauptstadt“, dem Kosmos selbst, „und nicht in irgendeinem schäbigen Nest“, konnte er bei Epiktet lesen; „nicht auf kurze Zeit, sondern du bist lebenslang Senator. Weißt du nicht, dass so ein Mann nur wenig Zeit für sein Haus haben darf, die meiste aber unterwegs ist …? Da willst du nur wie eine Pflanze immer am gleichen Ort hängen und Wurzeln schlagen? ‚Es ist doch so schön.‘ Wer sagt was anderes? Aber Suppe ist auch schön und eine hübsche Frau ist etwas Schönes. Was sonst sagen *die* Leute, die sich die Lust zum Ziel machen?“ Auch der Wunsch „nach Ruhe, Freizeit, Urlaubsreisen und Studien“ sei nur Sklaverei. Marcus’ Vergangenheit erschien in seiner Rechenschaft nur in Form weniger Personennamen, häufig genug – den liebend verehrten Antoninus ausgenommen – als Beispiele müßigen oder gar verwerflichen Tuns. Sie war wie abgeschlossen. Mit der Anwendbarkeit der Philosophie auf seine Gegenwart stand es ganz anders; viel war gewonnen, wenn Marcus glauben konnte, das augenfällige Unglück rund um ihn sei in Wahrheit keins.[10]

Eine Ermahnung korrespondierte genau mit dem Verhalten, das der Kaiser zeigte: seine Nachsicht für „die Vergehen anderer und besonders die seiner Frau“, solange solche Mängel nichts an den entscheidenden Qualitäten, an der Hauptaufgabe änderten. „Denn er sagte, dass es einem Mann unmöglich ist, die Menschen so zu machen, wie er sie haben wolle, und dass er gut daran tut, die tatsächlichen Menschen dafür zu verwenden, worin jeder von ihnen der Gemeinschaft irgendwie nützlich sein kann.“ Das Zweckdenken dieser Passage hebt die sympathischen Auswirkungen einigermaßen auf. Die Pendants finden sich in den *Selbstbetrachtungen* mit einem kühlen Beiklang: „Vergeude das noch übrige Stück Leben nicht mit Gedanken an andere, sofern das nicht eine Beziehung zum Gemeinwohl hat.“ Woanders klingt derselbe Gedanke milder: Jeder Mensch ist ein Freund, aber die meisten dieser Freunde wissen nicht, was „naturgemäß“ für sie ist. „Aber ich weiß das sehr wohl; deshalb gehe ich entsprechend dem naturgegebenen Gesetz der Gemeinschaft mit ihm um, wohlwollend und gerecht.“ Das selten gewählte „Ich“ ist besonders markant. „Was dem Staat nicht schädlich ist, schadet auch dem Bürger nicht." Das bedeutet Toleranz für die rein persönliche Schlechtigkeit anderer, solange sie nützlich sind, nicht zuletzt, weil sie ein Opfer der Umstände sein könnten.[11]

Dahinter steht ein Gemisch aus Idealismus und Resignation. Für Marcus sind alle Menschen füreinander geboren und miteinander verwandt, schon weil sie dieselbe Vernunft als gemeinsame Anlage mitbringen; selbst wenn sie sich gegen die Gemeinschaft wehren, existiert sie. So muss man ihnen Wohlwollen entgegenbringen, und Feindschaft selbst gegen Einzelne, die den Namen „Unmenschen" verdienen, ist in jeder Form unnatürlich, ebenso Zorn und Unwille. Böses soll man weder nachtragen noch mit Bösem vergelten. Man sollte sie stattdessen belehren, wenn das ohne Zwang möglich ist, bei Bedarf durch heilsame Strafen – eigener Ärger würde das nur erschweren. Jedoch fällt auf, wie unablässig sich Marcus schon beim Aufstehen zuredet, dass Charakterfehler den Zorn nicht wert sind, dass die Unwissenheit des Schlechten an Körperbehinderung grenze und dass den Guten seine klare Sicht der Dinge vor dem Laster schütze. Der Kosmos müsse das Böse in sich doch auch irgendwo loswerden können – und so weiter. Ein pessimistisches, enttäuschtes Menschenbild zu diagnostizieren ist erlaubt; dass man an Undank leide, komme durch den Fehler, von einem anderen zuviel erwartet zu haben, hielt sich Marcus vor. Sich räumlich von den anderen zurückziehen zu wollen, zeige nur, dass man noch nicht verstehe, sich in sich selbst einzuschließen, und überhaupt sei die äußere Selbstisolation eine Perversion, die bleibende Schäden hinterlasse. Die Überzahl der schlechten Menschen steht für ihn aber fest.[12]

Verdächtig oft schärfte er sich mit diesem Argument ein, wie müßig und vergänglich der Ruhm zu Lebzeiten und hinterher doch sei. Denn das Lob der Mitwelt hänge von deren getrübtem Urteilsvermögen ab, zähle also nichts – und sei zudem oft geheuchelt. Und würde man auch gelobt, sogar zu Recht, so würde man über den Sorgen der künftigen Generationen doch bald vergessen werden. Marcus war jedoch Erbe einer Senatsfamilie, die sich an genau diesem abgewerteten Ansehen zu messen gelernt hatte; sein Amt war trotz aller Macht an Zustimmung und Wertmaßstäbe der römischen Gesellschaft gebunden, er selbst Kind einer Kultur, die seit Homer vom Gedanken des Ruhmes über den Tod hinaus besessen war. In diesen Kategorien erschien die Absage an den Ruhm geradezu unnatürlich für Marcus, der nach anderen Quellen sehr wohl auf sein Bild in der Öffentlichkeit achtete. Ein Schlupfloch blieb: die Hochachtung vernunftgelenkter Geistesverwandter. Aber davon gab es nur so wenige. Daher lag die Wahrheit, die Rettung letzten Endes doch nur im Innern. Sollten die anderen reden, was sie wollten, solange Marcus nicht verächtlich *war*. Ob wohl der legendäre Sohn des Weisheitslehrers und Religionsstifters Pythagoras, Telauges, der später zur ungewaschenen Witzfigur abgestempelt worden war, nicht am Ende besser gewesen war als Sokrates selbst, nur dass es ihm niemand angemerkt hatte?[13]

Nach innen hin regiert eine markante Unerbittlichkeit die Notizen. Vor allem hätte man sich für Marcus gewünscht, dass ihm jemand die unorthodoxen Ansichten eines Panaitios oder Poseidonios nahegebracht hätte, wonach der Besitz eines Körpers in gutem Zustand das Glück sicher nicht bedingte, wohl aber abrunden half und die Triebe notwendig, nicht bedenklich waren, solange der Verstand ihnen die Form gab. Schließlich hatte er sich auch von Poseidonios' Begriff der Allsympathie anstecken lassen. Doch solche Daseinserleichterungen passten nicht zu den rigiden Vorschriften der Jüngeren Stoa, ihrem Ruf nach Selbstkontrolle. Jeden Abend, erklärte Seneca, trete er selbst vor seinen inneren Censor, um alle Taten, ja bloße Gedanken und Wünsche des Tages prüfen zu lassen; Epiktet riet dazu für jede einsame Stunde. „Entspannt sei nüchtern", gebot sich Marcus und machte aus der Entspannung so eine weitere Dienstzeit. „Alles ist zu etwas da: ein Pferd, ein Weinstock. Was staunst du? Auch die Sonne sagt ‚Für eine Aufgabe bin ich da', auch die anderen Götter. Und wozu bist du da? Zum Spaß? Sieh zu, ob dir das in den Kopf will."[14]

Wie viel Hilfe er von anderen annehmen dürfe, hatte Marcus alles andere als systematisch entschieden. „Also, man muss einer sein, der steht, nicht einer, der zum Stehen gebracht wird", „ein Bettler, wer einen anderen braucht", statt selbst für seine Vernunft zu sorgen. Aber trotzdem dürfe man sich nie zu schade sein, von anderen etwas anzunehmen, besonders gute Beispiele. Am Ende dachte er wohl, dass einem in der Hauptsache niemand helfen konnte, ja durfte; dass Hilfsbedürftigkeit ein Zeichen sei, man selber sei nicht klug genug. „Sie wissen nicht, was gemeint ist mit Stehlen, Säen, Kaufen, Ausruhen, Sehen dessen, was man tun muss – ein Sehen, das nicht mit den Augen, sondern mit einem anderen Blick geschieht." Auch Marcus' soziale Ausnahmestellung hinterließ ihre Spuren: dass ein anderer *ihm* im Interesse aller assistieren konnte, war für ihn vorstellbar, er selbst in der Rolle eines Zuarbeiters anderer dagegen nicht. [15]

Das Scheitern am Ideal war Teil der Selbsterziehung. „Ein Theaterstück, ein Krieg, Bestürzung, Trägheit, Sklavengesinnung können dir täglich jene heiligen Lehren wieder entreißen." Trostworte, wenn wieder einmal der Anspruch nicht erreicht worden war, sind selten. „Sich nicht ekeln, nicht aufgeben, den Mut nicht verlieren ...; sondern nach dem Abkommen vom Weg wieder anfangen und zufrieden sein, wenn das meiste menschenwürdiger war, und das lieben, wozu du zurückkehrst", auf das schon Erreichte blicken, mit kleinen Fortschritten zufrieden sein, sich nicht durch das Aufzählen aller nur möglichen Hindernisse deprimieren. Doch der Aufruf, sich etwas nachzusehen, war so berechtigt wie rar. Schon der Trost, es werde nichts Unmögliches verlangt, ist zweischneidig: Dann scheitert es ja am durchaus Möglichen. Die Regel bildete eher die Erinnerung, wie sehr sogar der Jünger der Vernunft „einer von den Schlechten" sei: „Und wenn du dich einiger Vergehen enthältst, hast du doch die Anlage, die zu ihnen führt." Haupthindernis ist die Seele. Sie sieht sich ausgeschimpft wie ein uneinsichtiges Kind, muss sie doch für alle unwillkommenen Wünsche des ganzen Menschen Marcus geradestehen. „Wirst du endlich einmal den Zustand auskosten, zu lieben und fürsorglich zu sein? Wirst du endlich einmal erfüllt sein, bedürfnislos, nach nichts verlangend, nicht begierig nach Lebendigem oder Leblosem, des Genusses von Lüsten wegen, auch nicht nach Zeit für noch längere Genüsse, nach einem Ort, einer Gegend, bekömmlichem Klima oder verträglichen Menschen?"[16]

Marcus' Feind ist der Körper, die Seele bildet dessen fehlgeleitete Verbündete gegen die Vernunft. Die Leibfeindlichkeit, die Epiktet bereits nahegelegt hatte, erreicht hier einen neuen Gipfel. Für das Verächtliche und Vergängliche seines Körpers, für das Ekelhafte aller Vorgänge, die mit ihm zusammenhängen, findet er eifrig Worte; von hier aus überträgt sich der Gedanke allgegenwärtiger Fäulnis auf alles Materielle schlechthin, den „Erdenschmutz", von dem erst der Tod reinigen wird. Umso weniger dürfen die vom Körper ausgehenden Triebe die Vernunft „versklaven", den Menschen entwürdigen, zum Rebellen, ja Wahnsinnigen machen; notorische Fälle von Perversion werden zur Abschreckung aufgeführt, und sogar die *bête noire* der antiken Mehrheitsphilosophie, Epikur, habe sich über Lust, Schmerz und Tod erhaben gezeigt. Dabei ist sich die Seele allerdings im Weg, trieb- und täuschungsanfällig, wie sie ist. Vom Ignorieren abgesehen ist *jede* Reaktion auf Triebe wie Schmerz oder Lust – unter die neben sexuellen Wünschen auch Essen und Trinken zu fallen scheinen – ein Fehler, denn der Mensch ist nur so viel wert wie das, worum er sich sorgt. Irrwege, die die Seele zur „Eiterbeule", zum „Geschwür" in der Weltordnung machen, gibt es viele: Unzufriedenheit mit dem Schicksal, Kapitulation vor Schmerz oder Lust, Lüge und Wortbruch,

Misstrauen und Verstellung, Suche nach Reichtum als Selbstzweck. Die Hauptsorge Marcus' gilt aber der Versuchung, zu heucheln, einer typischen Hofkrankheit; auch das bloße Wahren äußerer Formen zählt dazu. So ist der vollkommene Mensch für ihn, wer zeitlebens nie log, heuchelte, ein Wohlleben führte oder sich etwas einbildete – der schon erwähnte, formelhaft „schlichte" Charakter – und der zweite Platz gebührt dem, der wie Marcus all dies hasst.[17]

Die Vernunft, die Verbindung des Menschen mit dem Göttlichen, reinigt ihn und nähert ihn allein durch ihre Betätigung den Göttern an, die ihn auf diese Weise von innen her führen. Was draußen liegt, geht einen nichts an. Der Verstand ist, indem er der wahren, eigentlichen Natur folgt, jeder Lage gewachsen – er kann stets frei tun, was er soll – und ist über sinnliche Erregung erhaben, eine unbezwingbare Festung. Im besten Fall kann sogar etwas von der inneren Festigkeit des Vernünftigen auf den Leib übergehen. Mag auch die kleinste Konzession an die Reize niederer Güter vom Weg abbringen, schon die eigene Selbstliebe und -achtung gebietet, an sich zu arbeiten. Draußen in der Welt warten die Gegenstände, an denen sich Urteilskraft und Unterscheidungsvermögen schärfen lassen, und man kann nichts Besseres tun als dieses ständige Training, über Ursachen, Motive, Brauchbarkeit nachzudenken und so den spezifischen Wert jedes Dinges zu entdecken. Ein Weiser ist imstande, all das, was den Unverständigen verwirrt, für sich wirken zu lassen, wie der Ringer die Kraft des Gegners ausnutzt. So kommt die Tugend auch auf Umwegen immer zum Ziel. Erziehung im eigentlichen Sinn ist Konzentration auf das Wesentliche. Das naturgemäße Leben verlangt in Marcus' Augen eben auch das Sammeln aller Sachinformationen.[18]

Es war deshalb ein neues Leben, weil es alles mit neuen Augen sah. Dies war die einzige wirklich gute Tat, die man sich erweisen konnte. So ließ sich ein gutes Gewissen, der einzige Garant innerer Ruhe, erreichen. Das hieß ‚gut leben' und zugleich seinen eigenen Lebenssinn erfüllen, indem man stets im richtigen Moment, stets aktiv das tat, was man eigentlich tun sollte. Der Weg dazu, beruhigte sich der Kaiser, sei ganz einfach; niemand könne ihn hindern. Nur durfte er nicht unruhig werden, niemals überstürzt oder ohne klar definierten Sinn und Zweck handeln, aus Aktionismus – ohne Ziel in jedem Detail drohte der Kontrollverlust und späte, ohnmächtige Reue über das Getane. Ein Freud-Schüler würde ein pathologisch starkes Über-Ich diagnostizieren.[19]

Das letzte Ziel jeder Tat wiederum hatte das Wohl aller zu sein, das zugleich ja stets im eigenen Interesse lag; wer praktischen Gewinn von der Philosophie verlangte, ging irre, denn den Philosophen hatte das bloße Tun und Denken des Guten und nur des Guten, der Pflicht, glücklich zu machen. Dies erforderte eine Art Dauerverhör der Seele, ob man etwa unvermerkt das Opfer von Dummheit, Selbstisolation oder Sinnlichkeit geworden sei; so war es eine Pflicht und die Garantie für ein glückliches Leben, sich zu erforschen und somit permanent zu erziehen.[20]

Beim immer neuen Gang vor diesen Richter war es verhängnisvoll für Marcus, dass er sich hauptsächlich von Epiktet hatte leiten lassen. Die Klarheit der Lehre des Ex-Sklaven war nämlich auf den ersten Blick so imposant, wie sie auf den zweiten Blick belastete. Ein Unterschied allein bestimmte die maßgebliche Aufteilung aller Dinge in der Welt: Alles, das wahrhaft wichtig ist, das Tugendhafte, steht *per definitionem* in unserer Macht, wir können und müssen es tun, und so werden wir frei. Was unserer freien Verfügung entzogen ist – der eigene Körper und sein Tod, der Besitz wie überhaupt alles Materielle, das persönliche Ansehen und so weiter –, muss uns fremd sein. Wenn wir danach greifen, dann als Folge eines Fehlurteils unserer Vernunft. Wissen wir, dass wir diese Äußerlichkeiten nicht beeinflussen können, so sind wir nicht länger zu Meinungen über sie, ja überhaupt zum Erfolg verdammt, und nun erst können wir paradoxerweise die bisher gefährlichen Dinge mit gutem Erfolg handhaben, ja herbeiwünschen, solange wir bedürfnislos bleiben.[21]

Die Konsequenz dieser Lehre ist, dass, wer zu kurz greift, den Gleichmut verliert und ein Opfer seiner Triebe, Ängste und so weiter wird, aus einer an sich vermeidbaren *Schwäche* fehlgeht – mit allen Vorwürfen, die man daran binden kann: Man kann stets tun, was man soll, also ist es freiwillig und damit doppelt verwerflich, seiner Lust zu folgen, erklärte Marcus. Eine weitere Folge war, dass man sich zwar um die Bändigung des Körpers, aber wegen dessen Gleichgültigkeit nicht um den Körper selbst zu kümmern habe. Ihn sauberzuhalten reichte, fand Epiktet; lästig genug, dass er nötig sei und seine Ansprüche stelle. Wer sich hieran hielt, war schlecht gerüstet, auf lange Sicht human mit seiner materiellen Seite umzugehen. Für Unvollkommenheit gab es keine Ausrede, auch nicht für Erschöpfung.[22]

Hilfe von außen gab es kaum. Damit scheint sich Marcus aber nie ganz abgefunden zu haben, und in einem Fall rechnete er damit, der Schmerz über fehlende Anerkennung werde sein erster Gedanke beim Aufwachen sein: „Sich fragen, sobald man aus dem Schlaf erwacht: geht es dich etwas an, wenn das Gerechte und Gute von einem anderen getadelt wird?“ Gelegentlich schien das trotz allem so. „Für ein Gemeinschaftswesen, sagst du, ist es ja charakteristisch, zu spüren, dass man für das Gemeinwohl wirkt, und bei Zeus auch zu wollen, dass der Mitmensch es spürt.“ Dennoch, realistischer war es, sich auf den Heroismus der Verkanntheit zurückzuziehen: „Es ist nur zu möglich, ein göttlicher Mann (*theĩos anẽr*) zu werden und von niemandem erkannt zu werden.“ „Auch lobt keiner den Kaiser“, so Epiktet, „es sei denn, der wäre irgendwie einer, der es sehr verdient hat.“[23]

Der Kontakt zum anderen Menschen war so zwingend wie problematisch. Glück, Ruhe oder Lebenshilfe war dort nicht zu finden: „Wenn du etwas Gutes wünschst, nimm es von dir selbst.“ Um das Denken der Übrigen hatte er sich nicht zu kümmern, das stand für Marcus fest – der gegensätzliche Rat, sich möglichst in sie hineinzuversetzen, ist ein Einzelfall. Andererseits waren die Menschen zur Zusammenarbeit berufen, und eine der eigenen Pflichten lag darin, der Seelenverwandtschaft nachzuspüren. Die Begegnung stellte er sich auf sehr abstrakter, nur-vernünftiger Ebene vor, weder isoliert noch invasiv: „In jedermanns herrschenden Teil (*hēgemonikón*, die Vernunft) hineingehen, aber auch jeden anderen in den eigenen hineingehen lassen.“ Aber das war für den theoretischen Fall, dass er einmal seinesgleichen fände. Erdrückende Einsamkeit spricht aus dem Argument, die menschliche Alltagserfahrung müsse geradezu Vorfreude auf den Tod bewirken. „Bedenke doch, dass es für dich keine Trennung von gleichdenkenden Menschen sein wird. Das allein, wenn überhaupt, könnte uns ja zurückreißen und im Leben aufhalten, wenn es möglich wäre, mit Menschen zusammenzuleben, die zu denselben Ansichten gekommen sind. Aber jetzt siehst du doch, wie viel Mühsal im Durcheinander des Zusammenlebens steckt, so dass man sagen muss: ‚Komm rasch, Tod, dass nicht auch noch ich mich vergesse.‘“[24]

Es ist beinahe empörend, wie sehr man Marcus’ guten Willen für die Tat genommen hat. „Die Anfechtungen des Leibes hat M. Aurel leicht überwunden“, die Enthaltsamkeit von Genüssen und Übergriffen aller Art „wurde ihm nach seinem Wesen leicht“, so eine moderne Stimme – wohl deswegen zerbrach er sich pausenlos den Kopf darüber? Theoretisch waren die Prioritäten klar geregelt: die niederen Teile der eigenen „Natur“ durften in engen Grenzen bekommen, was sie wollten, solange der höhere, die „Natur eines vernünftigen Lebewesens“, der ein jeder zu folgen hatte, nicht litt. Doch die Vernunft forderte eben viel; schon Epiktet hatte betont, ein wirklicher Mensch sein zu wollen, geschweige denn ein Philosoph, heiße sich systematisch selbst überfordern. Auf ihre Weise rührend ist die Notkonstruktion, mit welcher der ach so leicht Entsagende den Fall bedachte, dass „die sanfte oder grobe Bewegung im Fleisch" sich von seiner Vernunft nicht ignorieren ließen, sondern Triebe „kraft der anderweitigen Sympathie in die Gesinnung eindringen wie in den Körper": „Dann nicht versuchen, gegen ein Gefühl, das offenbar natürlich ist, anzukämpfen; da soll der herrschende Teil von sich aus nicht noch das Fehlurteil hinzufügen, hier gehe es um Gut und Böse." Die Ausrede ist so verständlich, wie sie gegenüber dem Gefühl der Demütigung nutzlos gewesen sein dürfte. Ob sich Marcus selbst glauben konnte, dass Triebe, die stärker als seine Kontrollwünsche waren, keine Niederlage für ihn waren, darf bezweifelt werden. Alles, um glücklich zu sein und ‚der Natur gemäß zu leben', lag für ihn bereit, „und wenn ich dahinter um einiges zurückbleibe, dann durch meine Schuld und die mangelnde Aufmerksamkeit auf die Erinnerungen, ja beinahe Unterrichtungen durch die Götter". Und jedes Scheitern auf dem Weg, so konnte er bei Epiktet nachlesen, hinterließ Wunden und die Anlage zu neuem Scheitern.[25]

Der Tod beherrscht, wie schon gezeigt, die Seiten des schmalen Buches. Was nach dem Tod kam, hatten die Begründer der Stoa sehr flüchtig behandelt, auffällig vage im Verhältnis zu ihrer Pflichtenlehre und dem Dogma, alles geschehe zu Recht – sie wollten etwas lehren, womit sich gut leben und sterben ließ, aber die Frage eines Weiterlebens ging nur den göttlichen Weltplan an. Auch Marcus wagte die persönliche Unsterblichkeit nicht fest zu erwarten. Versuchsweise zitiert er Poseidonios' Lehre, wonach die Seelen eine Zeitlang im Weltraum fortexistieren, ehe sie wieder im göttlichen Ganzen aufgehen und das Einzeldasein ein Ende hat. Ähnlich hatte schon Seneca zwischen Unsterblichkeitsvisionen und Epikurs Versicherung eines unmerklichen Endes geschwankt – auch Marcus griff zu diesem Gedanken. Dass es ein Ende gab, war natürlich und demnach wünschenswert, das allein zählte; danach kam ein „Auslöschen" oder aber eine „Versetzung" an einen höheren Ort, und beides musste gut sein. Die Natur des Menschen würde der Tod nicht verändern können.[26]

Nur der Gottesbegriff ist noch schwankender. Die *Selbstbetrachtungen* sprechen von – und anfangs auch einmal zu – „den Göttern", so ehrfürchtig, wie Marcus der tradierten Religion folgte; ihn kümmert die Frage ihrer Gegenwart und wie er sich am besten in ihren Willen fügen kann, doch zu verstehen sucht er sie nicht. Ihre Existenz war sicher, denn sie zeigten ihre Macht und hatten sich ihm mitgeteilt; sie offenbarten sich ständig in Traum und Zeichen, sogar den Dummen; auch die Alternative, es existierten keine Götter, war zu schrecklich. Wenn es keine Götter gäbe, wäre es immer noch notwendig, so zu leben, als gäbe es sie – „aber es gibt sie und ihnen liegt an den Angelegenheiten der Menschen". Völlig glücklich war er nicht mit dem Warten auf die volle Wahrheit, und andere Möglichkeiten scheinen nicht allein der Vollständigkeit halber erwähnt. Sosehr sich ein wahrer Stoiker sorgen darf, sorgte Marcus sich um diese und andere Fragen, weit entfernt von der endgültigen Seelenruhe. Zeitweise rang er mit sich, ob es überhaupt noch richtig sei, ein besonders enges Verhältnis in Gebeten und dergleichen zu suchen, da sich der göttliche Wille ja in Gestalt der Vernunft zeige. Wie göttlich auch Marcus' Vernunft der Lehre nach für ihn war, er lebte dem Gefühl nach, allen Anzeichen überirdischer Hilfe zum Trotz, doch anscheinend in einer Fernbeziehung mit dem oder den Himmlischen; jenes Gefühl der Geborgenheit, das Epiktet immer aufs neue triumphieren ließ und ihn antrieb, unbekümmert Du zum Gott zu sagen, der die Welt lenkte, es zeigte sich bei Marcus nicht.[27]

Die Hauptsorge war, sich den Weg bis zum Tod leichter zu machen; von da an würden nach jeder der gängigen Vorstellungen alle Schwierigkeiten aufhören. „Klein ist dein Lebensrest. Lebe wie auf einer Reise." „Entweder lebst du weiter und bist schon daran gewöhnt, oder du ziehst dich (durch Selbstmord) zurück und wolltest das, oder du stirbst und bist von deinen Pflichten entbunden; andere Möglichkeiten gibt es nicht. Also Kopf hoch." Die Option, sich das Leben zu nehmen, nahm Marcus nicht wahr, aber er trug sie als Beruhigung bei sich – und einmal setzte er sie als politisches Druckmittel ein. „Das jedoch freiwillig, so dass es vom ureigensten Entschluss herkommt, nicht aber aus einer dürftigen Vorbereitung" – die Worte können ebenso „eine Schlachtordnung aus lauter Leichtbewaffneten", also logischen Unsinn, bedeuten. „Wie die Christen", steht in den Handschriften, vielleicht als eine spätere Glosse. Würdig, nicht trotzig und pompös hatte das Abschütteln des Lebens zu geschehen.[28]

9. Zeichen und Wunder

> Und es ist keine Selbsterniedrigung, auch kein Wahnsinn, dass so viele Tausende sich für *einen* Kopf in einen Schwerthieb werfen und mit vielfachem Tod nur ein Leben erkaufen, manchmal das eines Greises, eines Schwachen.
>
> Sen. clem. 1,3,4

Die Erinnerungen halfen Marc Aurel, die Jahre im Norden zu überstehen; er glaubte, dass nur dank göttlicher Gnade „mein bisschen Körper", wie er mit Epiktet gern sagte, „bis zu diesem Grad diese Lebensweise ausgehalten hat". Es gab aber auch weitere Hilfsmittel, die Marcus in den Ruf der Rauschgiftsucht gebracht haben. Er aß tagsüber „nichts außer der Medizin namens Theriak". Das nun, versichert Cassius Dio, habe der Kaiser nicht eingenommen, „weil er etwas fürchtete", denn Theriak war als phantasievolles Gegengift erfunden worden. Vielmehr habe Marcus hierdurch seine Magen- und Brustbeschwerden zur Erträglichkeit gebändigt.[1]

Galen erzählte später nicht ohne Eitelkeit, gerade dieses Universalmittel – das außer gegen Tiergifte zusätzlich gegen menschliche Giftanschläge und die Folgen falscher Ernährung sichern sollte – habe Marcus belastet, als man mit dem Mohnanteil an der komplizierten Rezeptur experimentierte: Marcus wurde tagsüber zu schläfrig, also ließ man den Mohnsaft weg, worauf er nachts keinen Schlaf fand. Bis der Kaiser optimal ‚eingestellt' war, indem er mohnhaltiges, aber nicht so frisches Theriak erhielt, habe er sehr darunter gelitten. Galen rühmte sich, das Befinden seines Patienten sehr verbessert zu haben, seit er die Festlegung der Medikation – die er in Rom mischte und dann ins Feld sandte – übernommen hatte. Unter den kaiserlichen Hofärzten wurden anscheinend geradezu Talentproben des Präparats eingesammelt, ehe die Wahl auf den selbstsicheren Pergamener fiel.[2]

Mancher wollte die *Selbstbetrachtungen* vor diesem Hintergrund als Dokument der chemischen Flucht vor dem Alltag lesen. Marcus war jedoch eher im Arbeits- als im Opiumrausch. Körperliche Abhängigkeit hätte ihn bei seiner Lebensweise schnell ruiniert. Wohl gibt der berichtete Schlafmangel zu denken, doch wäre er zu erklären, indem Marcus wusste, dass er jetzt Theriak ohne Mohn bekam, dessen schlaffördernde Wirkung ihm natürlich wohlbekannt war, und den Schlaf allein aus Angst um den Schlaf verlor. Von dem konzentrierten Präparat nahm der Kaiser täglich die „Größe einer ägyptischen Bohne" ein; die geringe enthaltene Menge Mohnsaft ist annähernd bekannt, auch wenn manche der vielen Zutaten sie verstärkt haben könnten und Marcus zugleich wohl ein, zwei weitere Antidote in unbekannten Mengen einnahm, darunter eines mit einem noch kleineren Anteil Mohn. Außer Schlaflosigkeit, Magenirritationen und Schmerzempfindlichkeit dämpft Opium den Hustenreiz und das Hungergefühl, alles interessante Punkte für Marcus, sofern er eine wirksame Menge erhielt.

Zur – schwer einschätzbaren – physiologischen Wirkung der ‚Wunderdroge' kam aber die psychologische. Ein Medikament, das einer Ersatznahrung objektiv gesehen zum Verwechseln ähnlich sah – das Theriak wurde mit reichlich Honig in einer Flüssigkeit verrührt – ‚durfte' Marcus tagsüber einnehmen, auch wenn er sich das ‚richtige' Essen verbot. Nebenbei war er auf diese Weise auch ‚gezwungen', eines der teuersten bekannten Luxusgüter zu konsumieren, das er so erst in Mode brachte. An der *subjektiven* Unentbehrlichkeit der Medikamente, für die sich Marcus bei Gelegenheit förmlich begeisterte – so probierte er sofort eine Charge, für deren Zubereitung Galen besonders guten Zimt aufgetrieben hatte – besteht kaum Zweifel; in einem seiner stillschweigend begrabenen Siegestitel, *Medicus*, liegt eine subtile Ironie. Psychisch abhängig war er wohl durchaus.[3]

Angesichts des befremdlichen Lobes für die gute Verdauung des Vorgängers ist die Annahme zulässig, dass Marcus selber wenig Glück mit dem aus Prinzip verachteten Körper hatte, dessen Forderungen er entkommen wollte. Durchfallerkrankungen aller Art begleiteten Feldzüge mit ihren Menschenansammlungen regelmäßig; obendrein war Marcus' Gewohnheit, tagsüber nichts zu essen, nur Theriak in Honig mit einem verstopfungsfördernden Opiatanteil einzunehmen, der beste Weg zu Verdauungsstörungen aller Art. Die Appelle, tatendurstig zu erwachen, sind mit vollem Recht als Zeugnis gelesen worden, dass er sich aus dem Bett quälen musste. Die Vernunft hatte für Marcus zu bestimmen, wie hoch das Schlafbedürfnis war; „die Grenze ist offenkundig, sie ist es auch bei Essen und Trinken, und trotzdem überschreitest du das, was ausreicht?" Der Schluss drängt sich auf, dass er sich zu wenig in all diesen Kategorien zugestand – und es ahnte: jeder simple Besessene, so die Begründung, wolle „weder lieber essen noch lieber schlafen", sondern folge seiner Passion; wie viel mehr sollte das der Vernünftige. Schmerz sei nur für den Körper etwas Schlechtes, „also soll der sich dazu äußern"; zu denken gibt, dass ausgerechnet Epikur, der alte Widersacher der Stoa, mehrmals wie eine letzte Tröstung gegen den Schmerz auftritt – mit dem Ausspruch, unerträgliche Schmerzen könne es nie geben, denn die töteten ja zum Glück.[4]

Die ersten Bücher der *Selbstbetrachtungen* entstanden in jenen Jahren, als der äußere Druck auf Marcus mit den Kriegserfolgen ein wenig abnahm; zwischen Buch 1 und 2 steht der Vermerk „bei den Quaden am Granua(s)", zwischen 2 und 3 „in Carnuntum". Was immer der erste Anstoß zu den Notizen war, als Zeichen oder selbst als Mittel innerer Entspannung sind sie nicht zu verstehen. „Du bist ein alter Mann", tadelt sich Marcus schon früh, womit er das Erreichen einer geistigen Reife meint. „Denke zu jeder Stunde daran, fest wie ein Römer und ein Mann die Forderung des Tages mit gründlichem, schlichtem Ernst, mit Menschenliebe, Freimut und Gerechtigkeit zu erfüllen und ihr dein Freisein von allen anderen Vorstellungen zu verschaffen." Freizeit gab es da nicht.[5]

Einen flüchtigen Blick in ganz private Zukunftswünsche erlaubt eine Niederschrift, die sie für erledigt erklärt: „Führ dich nicht mehr in die Irre, denn du wirst weder deine paar Notizen lesen noch die Geschichte der alten Römer und Griechen und die Literaturauszüge, die du dir für deine alten Tage bereitgelegt hast: Jetzt eile ans Ziel, lass die eitlen Hoffnungen fahren und hilf dir selbst, solange es noch geht, wenn dir etwas an dir liegt." Laut Epiktet war es geradezu unethisch, sich Leseferien zu wünschen. Die „paar Notizen", wie Marcus im Stil seines Meisters schrieb, verkörperten vermutlich einen ganz traditionellen Ehrgeiz: Politiker schrieben mit Hilfe ihrer Aufzeichnungen Geschichtswerke, und wenigstens als junger Caesar hatte Marcus unter Frontos Anleitung die Klassiker des Genres studiert. Vorbei – es würde keine Zeit der Besinnung geben, nur das Jetzt, solange es dauerte. Dieselbe Abfuhr erteilte der innere Richter seiner Sehnsucht nach einem Leben in Zurückgezogenheit: „Das alles ist der größte Unsinn", die einzig wahre Ruhe warte jederzeit drinnen auf ihn.[6]

So völlig glücklich, wie er es sich immer wieder vorsprach, war er mit seiner Philosophie anscheinend nicht. Mit Blick auf die dramatischen Armutsgesten manches Kynikers kommentierte Marcus zweideutig: „Und ich erst – ich beziehe von den Weisheitslehren nicht einmal meine Nahrung und halte trotzdem daran fest." Der Spott zielt vielleicht nicht nur auf die Hungerkünstler in zerrissenen Mänteln; wenn die stoische Lehre ihn selbst nicht nährte, was dann?[7]

Gegen 172 gelang es Rom endlich, seine Gegner mit Macht im eigenen Land anzugreifen. Der kurzlebige Friede mit den Quaden machte Kräfte gegen die Markomannen frei, und von Carnuntum aus stießen die Legionen den Lauf der heutigen March (Morava) entlang nach Norden vor. Luftbilder haben mehr als zwei Dutzend Lager in Mähren aufgedeckt; in der Gegend von Mušov südlich von Brünn (Brno), wo eine ganze An-

Abb. 11: Die römische Armee überquert die Donau.
Szene der Marc-Aurel-Säule in Rom.

sammlung von Befestigungen entstand, wird die zentrale Operationsbasis für die Feldzüge ins umliegende Markomannengebiet gesucht. Zur Errichtung der Lager zerstörte man systematisch Siedlungen an den besten Positionen; die Einwohner wurden wahrscheinlich an andere Wohnorte verschleppt, soweit man sie nicht ohne Vorräte in die Wildnis trieb. Der Hungertod und das Schwert drohten den Germanen natürlich nicht nur in der Nähe der Provinzgrenzen oder permanenter Stützpunkte: Bis 130 km nördlich der Donau sind mittlerweile Feld- und Marschlager der Armee nachgewiesen.[8]

Der Krieg hatte auch das Innere des Imperiums verändert. Die Tage waren vorbei, in denen Gefangene als Rohstoff für die Sklavenmärkte galten. Deserteure und Gefangene fanden sich in eben den Gebieten angesiedelt, wohin es sie sowieso gezogen hatte: den germanischen Provinzen, den beiden Pannonien, Dakien und Moesien, doch anfangs auch in jenen Nordostregionen Italiens um Aquileia, die der erste Kriegssturm verheert hatte. Dieses Experiment scheiterte anscheinend wegen des Wohlstandsgefälles. Eine Anzahl Germanen nahe Ravenna besetzte kurzerhand die

Stadt. Marcus mochte gehofft haben, dass er so die chronische Knappheit Italiens an freier Bevölkerung, die seit Traian bestand, lindern könnte, aber bald schon war ihm diese Art der Romanisierung zu riskant.[9]

Die Wende des Germanenkrieges gestaltete sich mühseliger als gedacht. Markomannen und Jazygen kämpften verbissen weiter, und mit der Trennung dieser Hauptfeinde durch die neutralisierten Quaden war es nicht weit her, im Gegenteil. Die Quaden ließen Krieger beider Stämme durch ihr Gebiet und handhabten auch die Rückgabe ihrer Gefangenen so schleppend wie schlau. Römische Soldaten und Provinzbewohner waren wertvolle ‚Technologieträger'. Kranke und Schwache wurden sofort freigelassen; andere verkaufte man teils an Nachbarstämme weiter, teils entließen die Quaden nur einzelne Mitglieder ganzer Familien, damit unter dem Druck der Trennung „auch jene zu ihnen überliefen". Noch bitterer war, dass der von Marcus anerkannte König – bei Cassius Dio erscheint er als „Furtius" – gestürzt wurde, offenbar wegen zu großer Romfreundlichkeit. Jetzt installierte der Stamm einen neuen König, Ariogaisus, ohne auch nur beim nahen Kaiser anzufragen. Marcus reagierte mit Schärfe: Die Anerkennung wurde verweigert, der Friedensvertrag nicht erneuert. Quadisches Werben mit der Rückgabe aller Gefangenen (inzwischen gaben sie 50000 zu) nutzte nichts mehr, aber auch mit Marcus' geplanter Heimkehr nach Rom war es vorbei. Zwischen 172 und 175 hielt er sich eventuell längere Zeit in Viminacium auf, wie zwei Brieffragmente belegen.[10]

Neue Brandherde kamen hinzu. In Ägypten erhoben sich wohl ausgerechnet 172, im Jahr des Umschwungs der Germanenfeldzüge, die Bukolen, die „Rinderhirten" im Nildelta. Der *praefectus Aegypti* schickte den Rebellen vergeblich Teile seiner Armee entgegen; die Zahl der Unterstützer wuchs, ein Abfall aller, die sich als autochthone Ägypter betrachteten, war zu befürchten, und Rom drohte das Ausbleiben des ägyptischen Getreides. Marcus griff zu einer extremen Notmaßnahme: Nach Ägypten, das kein Senator ohne Erlaubnis des Kaisers betreten durfte, wurde Avidius Cassius mit der syrischen Provinzarmee entsandt. Spätestens jetzt erhielt der Legat Sondervollmachten über die östlichen Provinzen, die er drei Jahre später auf unvorhergesehene Weise nutzen sollte. Wenn Cassius Dio zu trauen ist, war Alexandria bei Avidius' Eintreffen praktisch eine belagerte Stadt. Statt die Feldschlacht zu suchen, schürte der Statthalter Zwietracht unter den Bukolen, die offenbar in Banden einzelnen Anführern folgten, und zerschlug die verfeindeten Gruppen nacheinander. Bei den Alexandrinern blieb Cassius in bester Erinnerung, wie sie 175 zu Marcus' Schrecken beweisen sollten.[11]

Eine Krise, die Armenien erschütterte, war schneller behoben. Tiridates, ein Arsakidenprinz, hatte es mit Hilfe der partherfreundlichen Adelspartei geschafft, Roms Vasallenkönig Sohaemus zu verjagen. Obendrein griff der neue Machthaber das romtreue Kleinkönigreich der Heniocher an. Martius Verus sandte einen Mahnbrief oder traf Tiridates sogar selbst, dieser jedoch „erhob das Schwert gegen ihn“, der Legat marschierte abermals in Armenien ein und führte Sohaemus auf den Thron zurück. Tiridates geriet in römische Gefangenschaft. Die Klugheit gebot, Armenier und Parther nicht durch die Exekution eines Mitglieds der Herrscherdynastie aufzubringen, und so ließ Marcus ihn – was als Menschenfreundlichkeit gepriesen wurde – ins herbe Klima Britanniens verbannen, ans andere Ende der antiken Welt.[12]

Entlang der Donau führte Rom wieder mit allen drei Hauptfeinden Krieg. Die Quaden unter Ariogaisus griffen energisch in die Kämpfe ein; so verlagerte sich das hauptsächliche Kriegsgeschehen um 173 in die Region zwischen den Flüssen Waag und Gran, dem „Granua“ der *Selbstbetrachtungen*. Marcus gab sich dem ungewohnten Luxus hin, etwas Persönliches in die Feindschaft mit dem Germanen zu tragen, und setzte ein Kopfgeld auf Ariogaisus aus – fünfhundert Goldstücke (50 000 Sesterzen) tot oder das Doppelte lebendig. Zweifellos plante er den Quaden vor Gericht zu stellen und hinzurichten oder aber für einen Triumphzug aufzuheben.[13]

Auf dem Traiansforum in Rom, erbaut als Ausdruck militärischer Größe, wuchs mittlerweile ein kleiner Statuenwald aller im Krieg gefallenen *nobiles* heran. Die Karrieremuster ihrer Nachfolger waren so spektakulär wie atypisch. Auch hier galt offenkundig Marcus’ Maxime, wer eine nützliche Qualität zeige, an dessen sonstigem Leben dürfe er sich nicht stören. Es ist vermutet worden, dass mit diesen kriegsgeborenen Männern das Verblassen des Ideals vom Kaiser, der ‚wie ein Bürger‘ auftrat, erst begann.[14]

Ein Beispiel war Bassaeus Rufus, jetzt Prätorianerpräfekt, einst ein einfacher Soldat, laut Überlieferung mehr Naturbursche als jener Typus des halben Juristen, den dieses Amt in Friedenszeiten ausgebildet hatte. Was er nicht verstand, hielt er angeblich grundsätzlich für Griechisch. Ein Heldenepos eigener Art ließe sich um Valerius Maximianus aus Poetovio in Pannonien schreiben. Der außergewöhnliche Ritter hatte als junger Militärtribun die Nachschublinien des Partherfeldzugs gesichert, später die Transporte, die donauabwärts zur pannonischen Armee gingen. Anschließend tötete er, während seine Reiter Invasoren aus Noricum und Raetien vertrieben, eigenhändig Valao, den Anführer des Germanenstammes der Naristen. Marcus sollte ihn noch als Prokurator der Finanzen für mehrere Donauprovinzen nacheinander einsetzen und in den Senat aufnehmen; ehe die Herrschaftszeit endete, kommandierte Maximianus eine Serie von Legionen auf dem altvertrauten Kriegsschauplatz. 185 wurde er Consul.[15]

Ähnlich spektakulär erschien Claudius Pompeianus aus Antiochia, Retter der Donaufront. 173 war er schon das zweite Mal Consul, dazu kaiserlicher Schwiegersohn, ganz wie sein Kollege Claudius Severus. Er war die Seele des Krieges entlang der Donau, vielleicht mit dem Oberbefehl über die restlichen Statthalter.[16]

Dann war da Helvius Pertinax, Jahrgang 126, Sohn eines freigelassenen Wollhändlers, der sich der Offizierslaufbahn zugewandt und den Ritterrang erhalten hatte. Dienst in Syrien während der Partheroffensive, in Britannien während der Aufstände, Kommandeur der Rheinflotte mit Sitz bei Köln, Prokurator der Finanzen Dakiens mitten im Germanenkrieg – die Liste aufreibender Militär- und Zivilstellen schien endlos. Vorübergehend fiel er bei Marcus angeblich in Ungnade, doch in der schlimmsten Zeit der Kämpfe bekam Pertinax unter Claudius Pompeianus seine eigene improvisierte Truppe und schlug sich so gut, dass Marcus ihn noch während der Kämpfe in den Senatorenstand erhob, dann in die Rangklasse der Praetorier einsortierte und an die Spitze einer Legion stellte. Gleich darauf setzte er Pertinax auf die Wahlliste der Consuln für 175; es heißt, ein boshaftes Tragikerzitat habe dies unter die Kriegsgreuel gerechnet. Bis zu Marcus' Tod verwaltete der Sklavensohn noch vier wichtige Provinzen, und wer sich über ihn entsetzte, sollte um diese so unwürdigen Schultern gar noch den Kaiserpurpur sehen. Zu den Göttern erhoben wurde Pertinax am Ende auch noch.[17]

Die meisten Senatskarrieren streifte der Krieg. Aufidius Victorinus, Frontos Schwiegersohn, hatte gleich nach Marcus' Thronbesteigung mit den Chatten und der Korruption zu kämpfen, als er Statthalter von Germania superior war. Die unzertrennlichen Quintilii, die Brüder Maximus und Condianus, brachten gemeinsam die verwüstete Provinz Achaia wieder in ruhige Bahnen, während ihre Söhne als Statthalter der zwei pannonischen Provinzen Hand in Hand arbeiteten. Didius Iulianus, ein junger Senator mit eher durchwachsenen Aussichten, verwaltete die friedliche Belgica; als plündernde Chauken und später die Chatten ins Hinterland der Rheinprovinzen einfielen, sah sich Iulianus genötigt, mit seinen wenigen Soldaten und eilig ausgehobenen Anwohnern in den Kampf zu ziehen. Ähnliches Ungemach traf ihn als Statthalter von Dalmatia. Um 180 nahm sein Leben eine Wendung zum Ruhigeren, aber Iulianus sollte als

Sechzigjähriger Kaiser werden, indem er – wie es später ausgemalt wurde – eine Auktion um das Imperium gewann. Und doch unterlag er dabei einem noch Jüngeren, den das Kampfgeschehen kaum gestreift hatte, Septimius Severus, Jahrgang 145 – dessen wichtigste Lektion aus den Tumulten, in denen er aufwuchs, gewesen sein mag, wie schwankend alle sozialen Standards geworden waren. Severus erlebte diese Zeit angeblich als Teil einer leicht verlotterten Jugend, die sich mit Ehebruch vergnügte, jedenfalls aber als Beobachter der Veränderungen, die das politische Rom fast im Monatstakt durchlief.[18]

Die Akteure noch späterer Thronwirren waren bereits geboren, aber als Marcus starb, waren sie noch Jugendliche oder gar Kinder. Jedenfalls existierten die nötigen Personen und Einflüsse schon, die ein kriegerisches, kargeres Zeitalter heraufbringen sollten. Es ist angedeutet worden, dass Marc Aurel seinen Beitrag dazu leistete – mit seiner aus Menschenmangel diktierten Personalpolitik, dem hastigen Ersatz vieler toter und einiger inkompetenter Anführer, aber vielleicht auch durch seine Abneigung gegen die „scharfen oder auf Absicherung bedachten oder aufgeblasenen" Intellektuellen seiner Jugendjahre, die bis in die *Selbstbetrachtungen* drang; Bildung war gegenüber der Brauchbarkeit merklich im Kurs gesunken. Hier war Marcus vom pfleglichen Umgangsstil seines Adoptivvaters mit den Größen seiner Zeit um einiges abgekommen.[19]

Wie die Zukunft werden würde, wusste aber noch keiner. Commodus, der absehbare Erbe, zeigte angeblich schon übelste Anlagen. Was sein ferner Vater in pädagogischer Hinsicht für ihn tun konnte, geschah: Namhafte Grammatiker hatten sich um seine Elementarbildung gekümmert, der Prokurator Aius Sanctus, der unter Marcus noch bis zum Präfekten von Ägypten aufstieg, um seine Redegabe; sein Überleben lag in der Hand der Ärzte, die Galen beaufsichtigte. Dieser rühmte sich, frühzeitig eine fiebrige Mandelentzündung des Erben beseitigt zu haben. Marcus' Cousine Annia Fundania Faustina sah damals mit einiger Verzögerung nach dem Jungen; sonst war anscheinend niemand aus der engeren Familie anwesend.[20]

Etwa 172 gelangen zwei größere Siege über die Jazygen: Nach einer verlorenen Schlacht am Südufer der Donau flüchtete das Stammesheer über den zugefrorenen Strom, von den nachdrängenden Römern bis aufs Eis verfolgt. Hier erhofften sich die Sarmaten Vorteile, doch die Verfolger setzten sich im Handgemenge durch, meist durch bloßes Gewicht. Nicht viele ihrer Gegner entkamen. Nun baten die Jazygen um Frieden – erfolglos. Marcus vertrat die Meinung, auf Abkommen mit ihnen sei kein Verlass; später schrieb man seine Härte auch der Kehrtwendung der

Quaden zu. So oder so, „er wollte sie (die Jazygen) restlos ausrotten". Erst mit den Ereignissen des Jahres 175, als man sich wegen der Usurpation des Avidius Cassius in Ägypten schnell einigen musste, war der Genozid vom Tisch. Von analogen Absichten gegen die abgefallenen Quaden ist nicht die Rede; das lässt an sehr rationale Hintergedanken glauben. Als er über „den Tod eines ganzen Volkes" nachdenkt, verrät der Autor der *Selbstbetrachtungen* nebenbei nicht, dass er solch ein Zeichen der Vergänglichkeit in die Tat umzusetzen gedachte. Auch die Markomannen gerieten endlich ins Wanken. Es kam zu einem Waffenstillstand unter harten Bedingungen. Besonders mussten sie alle Siedlungen in einem zehn römische Meilen (15 km) tiefen Streifen entlang des Donauufers aufgeben. Bei gewissenhafter Erfüllung stellte Marcus offenbar eine Milderung in Aussicht.[21]

Es blieb vor allem der Krieg mit den Quaden. Von seinem Verlauf in den Erfolgsjahren (173–174?) ist wenig außer einer berühmten Episode bekannt. Marcus selbst, nach anderen Quellen Pertinax, führte eine Armee, die sich – anscheinend tief im Quadengebiet – in der heißen Jahreszeit umzingeln und von allen Wasserquellen abschneiden ließ. In dieser Not kam es zu einer dramatischen Wendung: Ein Sommergewitter brach Hitze und Dürre, gerade als die Quaden angriffen, und obendrein liefen die Stürmenden in einen schweren Hagelschlag. Teile der Angreifer kapitulierten, eine Legende war geboren, und dem „Regenwunder" schrieb zumindest Cassius Dio offenbar Marcus' „Milde" zu, was einen Friedensschluss mit den Quaden zu meinen scheint. Nun geriet auch Ariogaisus in die Gewalt der Römer; die kaiserliche Gnade verbannte den Germanen in die trockene Gluthitze Ägyptens.[22]

Sofort begann ein Streit über den Vorfall, der sich jahrhundertelang fortsetzte. Eine Version, wohl die älteste, suchte den Urheber des Mirakels in Arnuphis, einem „ägyptischen Magier" in Marcus' Gefolge; spätantike Texte zeigen Marcus selbst halb als Propheten, halb als Magier, während eine christliche Version von frommen Legionären sprach. Auf der Marcussäule wählten die Bildhauer den Kunstgriff, eine unbestimmte Gottheit oder Naturgewalt darzustellen, die sich in Regenschauern über die Legionen verströmt, während auf der Gegenseite Ross und Mann unter ihrer Linken stürzen. Das Bild lässt vermuten, dass Marcus selbst durchaus dazu neigte, diesen Sieg „als Gottesgeschenk" zu sehen. Für die neue, siebte Ausrufung zum *imperator* erwirkte er erstmals keinen Senatsbeschluss, sondern teilte den ‚Vätern' lediglich die Ausrufung als vollendete Tatsache mit. So machte ihn sein Erfolg eine Spur monarchischer.[23]

Fast hätte er ihn nicht lange überlebt. Ein von Dio überlieferter Bericht redet von einer beinahe tödlichen Krankheit, die den Kaiser befiel. Dieses schwere Leiden würde ausgezeichnet zu den Ereignissen passen, die sich nun im Orient anbahnten.[24]

Auch in den schlimmsten Zeiten zirkulierten Boten und Aktenstücke zwischen Rom, der Donau und den Provinzen des Reiches. Marcus war ein ausdauernder Richter und verlangte von anderen dasselbe, besonders in schweren Fällen. Die Gründlichkeit, mit der er vorging, war zum Verzweifeln, auch und gerade für die kaiserlichen *amici*, seine Beisitzer: Alles zog sich in die Länge, die Zeugenvernehmungen, die Voruntersuchung, die Plädoyers der trickreichen Anwälte. Der Adoptivsohn des Kümmelspalters Antoninus blieb nach mit Amtspflichten überfüllten Arbeitstagen mitunter noch nachts bei der Rechtsprechung, ein Unding für römische Verhältnisse. Wie das kam, lehren Szenen wie die Weigerung Marcus', in einer Erbschaftsfrage einfach den älteren Vorgaben zu folgen; er berief eigens seine Berater ein.[25]

So verbiss er sich „manchmal ganze Tage in eine Winzigkeit, denn er hielt es nicht für richtig, dass ein Kaiser etwas überfallartig schnell erledigte". Fremde Ansichten dazu sind nicht überliefert, wohl aber die Erklärung Cassius Dios: „Er meinte nämlich auch, dass er, sollte er etwas ganz Belangloses übersehen, damit einen Verdacht gegen all seine anderen Handlungen wecken werde." Es ist bezeichnend, wenn derselbe Marcus, der sich in den *Selbstbetrachtungen* dazu aufrief, nicht mehr an vergangene Fehler oder die Meinung anderer zu denken, im Tagesgeschäft Züge eines Perfektionisten hatte, über dem die Angst des Versagens schwebte.[26]

Für die Daheimgebliebenen gab es ein wenig öffentliche Moral; „er brachte die verkommenden Sitten der Ehefrauen und jungen Adligen in Ordnung" – mehr Senatoren als sonst waren im Krieg oder in den Provinzen, eine Gelegenheit für ungestörte Affären, wie sie so hartnäckig Marcus' eigener Frau nachgesagt wurden. Mitschuldig an einem anderen kleinen Problem war der Augustus selbst. Es war kein Geheimnis, dass er sich der Philosophie ergeben hatte. Im Fahrwasser dieser Mode versuchten Hochstapler ihr Glück, anscheinend als bezahlte Hausphilosophen oder steuerbegünstigte städtische Lehrer. „Das stellte er ab", wie, ist nicht überliefert. Skeptisch gegenüber der Behauptung stimmt, das Marcus selbst die Geduld des Antoninus mit Pseudophilosophen für ebenso vorbildlich erklärte wie dessen Respekt vor den wahren. Es ist möglich, dass sich nun – als Zeit zum vorsichtigen Aufatmen war – auch erste Kritik regte. Ein bleibender Tadel traf Marcus' Sparsamkeit. Cassius Dio verteidigte ihn aus dem Abstand von vierzig Jahren: Marcus habe nie die nötigen Kosten gescheut und sogar enorme Lasten zusätzlich geschultert, alles ohne die Einführung neuer Steuern.[27]

Neben dem Kriegsgeschehen galt es an die Fortexistenz der kaiserlichen Familie zu denken. Faustina war vielleicht über den Versuch, weitere Söhne zu gebären, hinaus. Wohl 174 erklärte man sie zur „Mutter des Feldlagers", *mater castrorum*. Zumindest in dieser Zeit war sie augenscheinlich im Norden, und es ist vermutet worden, während des gesamten Feldzuges habe sie Marcus begleitet. In diesem Fall wären gleich beide Eltern jahrelang von ihrem nun unersetzlichen Sohn Commodus in Rom getrennt gewesen; ein deutlicheres Symbol ehelicher Eintracht und freiwilliger Entbehrungen für das Staatswohl konnte man sich kaum denken.[28]

Noch verbot sich die Heimkehr, solange die Jazygen lebten und kämpften, aber für den vierzehnjährigen Commodus stand innerhalb der nächsten drei Jahre der Festakt der Mündigwerdung bevor. Am 20. Januar 175 war er bereits Mitglied sämtlicher Priesterkollegien geworden, ein Unterpfand seiner künftigen Rolle. Daher holte der Vater den jungen Caesar „an die Grenze", wohin Commodus am 19. Mai aufbrach, und ließ ihn dort am 7. Juli feierlich die Männertoga anlegen, eine erste Begegnung des künftigen Herrschers, die Commodus gleichzeitig der Armee empfahl. Eine Nachricht aus dem Osten warf jäh ein neues Licht auf diese Reise. Lange vor Commodus' Ankunft, etwa Mitte April, erreichte aus Cappadocia die Meldung das kaiserliche Hauptquartier in Sirmium, dass der Statthalter Syriens und Träger des Oberbefehls im Osten, C. Avidius Cassius, sich zum Kaiser ausgerufen hatte – voraussichtlich das Vorspiel zum ersten Bürgerkrieg seit über einem Jahrhundert.[29]

Innere und äußere Bedrohung

10. Was die Zukunft kostet

> Wie zu einem hellen, heilbringendem Stern eilen sie um die Wette zu ihm, vollauf bereit, sich für ihn den Dolchen seiner Widersacher entgegenzuwerfen und, wenn er durch ein Gemetzel den Weg zur Rettung bahnen muss, ihm ihre Leichen zu Füßen zu legen.
>
> Sen. clem. 1,3,2

Die Usurpation kam aus heiterem Himmel. Mit ihr beginnt für die *Historia Augusta* ein neuer Abschnitt von Marcus' Herrschaftszeit, der eine ausführliche chronologische Darstellung lohnte – länger als all die ermüdenden Kriege im Norden, dem traurigen Anlass zum Trotz. Die verschreckten Zeitgenossen rangen um Fassung und Verstehen.

Bis heute erscheint die antike Deutung plausibel, dass ein Missverständnis der Auslöser war. Kaiserin Faustina habe „die Hoffnung auf das Überleben ihres Mannes aufgegeben“ oder Avidius Cassius habe zumindest die Falschmeldung verbreitet, Marcus sei bereits tot. Dahinter stand nach diesen Vermutungen ein geheimer Notfallplan für die sehr reale Möglichkeit, der hinfällige Kaiser könnte seinen Anstrengungen erliegen. Faustinas Sohn Commodus war mit vierzehn noch nicht so weit, sich behaupten zu können. Aber Cassius hatte eigene Söhne und wäre insofern nicht die ideale Wahl gewesen. Cassius Dio suchte eine Lösung in Faustinas Machtwillen: Commodus sei ihr ohnehin als zu dumm erschienen, also habe sie wenigstens den eigenen Anteil an der Herrschaft sichern wollen.[1]

Nach Dios Modell hätte ein falsches Todesgerücht, erwachsen aus einer langen Krankheit des Kaisers, Avidius verführt, den vorbereiteten Staatsstreich durchzuführen. Der impulsive, herrische Avidius ließ seinen Plan durchführen, noch ehe er eine Bestätigung hatte – sie sollte nie eintreffen. Das Procedere lag fest: ein Wort der Trauer über Marcus' Tod, die Verkündung von Cassius' angeblicher Proklamation zum Kaiser durch die pannonischen Truppen, eine organisierte ‚spontane' Ausrufung zum Herrscher auch in Syrien, ein Brief an den Senat, schließlich die Reise nach Rom, alles unterstützt durch die Empfehlung der Augusta und wichtiger Ratgeber. Aber binnen kurzer Zeit erfuhr Cassius, dass Marcus sehr wohl noch lebte, was ihn zum Verräter und Rebellen machte.

Ein Usurpator konnte so wenig abdanken wie ein Kaiser; beides sollte erst viel später, 274 respektive 305, ‚erfunden' werden. Cassius blieb nur der Kampf bis zum Ende.[2]

An der Donau erkannte man sofort, wie gefährlich die Lage war. Seit Vespasians erfolgreicher Revolte von 69/70 lag das Drehbuch für genau diesen Fall vor. Cassius hatte die syrische Armee in zahlreiche Siege geführt; sein Nimbus konnte auch die umliegenden Heere zum Abfall bringen. Unmittelbar bedroht war Ägypten und damit die Kornversorgung der Hauptstadt. Nur der Legat von Cappadocia konnte, wenn er geschickt operierte, Cassius hindern, seinen Machtbereich um das reiche, kaum verteidigte Kleinasien zu erweitern. Mit einem hungernden Rom in Marcus' Flanke würde der Rebell einen neuen furchtbaren Aderlass erzwingen, einen Bürgerkrieg großen Maßstabs, der den Sieger, wie immer der hieße, auf Jahre verwundbar und geschwächt zurücklassen musste.

Die Prioritäten waren so schmerzlich wie augenfällig. Mit den Germanen und Sarmaten musste man sich rasch einigen; das würde Teile der Balkanarmeen freisetzen. „Ungern und nur gerade so" gab der Kaiser den Markomannen die Hälfte der geräumten Zehnmeilenzone zurück und stimmte der Wiedereinrichtung fester Märkte zu. Fast wie unter Gleichen wurden formell Geiseln ausgetauscht. Auch die Quaden schlossen spätestens jetzt zu ähnlichen Bedingungen Frieden. Die Jazygen schließlich waren nur zu bereit zur Versöhnung, hatten sie doch bislang offiziell nichts Besseres als ihren Untergang zu erwarten gehabt. Ihr Herrscher Zanticus warf sich vor Marcus persönlich nieder. Der Stamm akzeptierte die harte Auflage, zehn oder sogar zwanzig Meilen tief vom Donauufer zurückweichen zu müssen, und stellte achttausend Reiter, das Äquivalent von vollen 16 Alae Kavallerie, in römische Dienste. Noch wichtiger war die Rückgabe von hunderttausend verschleppten Römern, hauptsächlich Provinzbewohnern, die ebenso als moralischer Siegespreis wie als kostbare Reserve für den drohenden Bürgerkrieg dienen würden. Der Kaiser ließ sich den Titel *Sarmaticus* verleihen.[3]

Das tröstete Marcus nicht, der sich um seinen Sieg betrogen sah. Vor allem der Abschluss mit den Jazygen missfiel ihm sehr und führte zu einer kleinen Heimlichkeit: In seiner schriftlichen Mitteilung an den Senat, der den Frieden zu ratifizieren hatte, fehlten die Bedingungen. Noch dazu verstieß er zumindest gegen den Geist des Abkommens: Die Quaden, die so geschwächt aus dem Krieg hervorgegangen waren, wurden in einer Vereinbarung ermutigt, Land an den jazygischen Grenzen zu besiedeln – jene Strategie forcierter Konfliktpunkte, mit der Rom rund um Dakien so gut gefahren war.[4]

Abb. 12: Marcus begnadigt unterworfene Germanen.
Relief vom verlorenen Triumphbogen des Kaisers (Rom).

„Besonders aber, wenn du einem zürnst, weil er treulos und undankbar ist, blicke auf dich selbst zurück", befahl sich Marcus. „Eindeutig deines ist das Vergehen, weil du einem, der eine solche Anlage hat, vertrautest, er werde zu seinem Wort stehen …" Der Kaiser selbst zeigte sich furchtlos – und bemerkenswert ruhig, wenn die Rede auf seinen alten Helfer Cassius kam. Die schärfste Formulierung, die er wählte, war „Undank", und man registrierte mit Erstaunen, dass auch aus dem anderen Lager keine der üblichen Beschimpfungen kam; die Todfeinde rüsteten in wortloser Höflichkeit, was Spätere als Indiz nahmen, dass sie es beide bereuten. Während sich Prätorianer und Armee hastig marschbereit machten, um den Gegner so weit östlich wie möglich zu stellen, sammelte Valerius Maximianus, der Kavallerieführer und Häuptlingstöter, die germanischen Kontingente „zur Vergeltung für den Aufstand im Orient" und als Geiseln für das Wohlverhalten ihrer Stämme. Der Senat übernahm den protokollarischen Teil der Feindseligkeiten, erklärte Cassius zum Staatsfeind und beschlagnahmte angeblich sein Vermögen. Die Aufregung in Rom entlud sich in Unruhen – jemand hatte das Gerücht verbreitet, die Cassianer rückten auf die Stadt vor, wozu der Usurpator mindestens eine der zwei großen Flotten in Misenum und Ravenna benötigt hätte; von Sympathiekundgebungen ist jedoch nichts überliefert, ganz wie die Senatoren zum alten Princeps standen. Für alle Fälle beorderte der Kaiser Legionäre nach Italien.[5]

Die loyale Haltung des Martius Verus in Cappadocia verschloss Cassius zunächst einmal den Weg nach Kleinasien. Doch vorerst gehörte ihm „das ganze Gebiet südlich des Taurus". Ägypten war ebenfalls frühzeitig an Cassius gefallen; sein Sohn Avidius Maecianus traf in Alexandria ein. Die Bevölkerung der Großstädte Alexandria und Antiochia war begeistert oder nahm zumindest die Gelegenheit wahr, sich über den langweiligen Marcus lustig zu machen; den Alexandrinern kündigte Avidius „nach meiner Wahl zum Kaiser durch die hochedlen Soldaten" sein Erscheinen an, um dort „die Macht, Gutes zu tun", wohl die *tribunicia potestas*, formell zu übernehmen. Die Resonanz in anderen Regionen war keineswegs überragend. Wie andere vor und nach ihm stürzte Cassius sich in eine Briefkampagne und ließ Statthalter, Stadträte und Prominenz der Nachbarprovinzen seine Motive wissen. Berühmt wurde die Antwort des Herodes Atticus aus Athen, auf Eindeutigkeit berechnet: „Herodes an Cassius. Narr!"[6]

Bald sah die syrische Armee es ähnlich. Nicht lange, nachdem das Ende der Kämpfe an der Donau und der nahende Aufbruch des Kaisers gegen sie bekannt geworden waren, wurde Avidius Cassius wohl Anfang oder Mitte Juli 175 auf dem Marsch von Offizieren einer Reitereinheit angefallen und niedergestreckt. Die Mörder sandten den Kopf des Gescheiterten Marcus entgegen. „So wurde er denn nach drei Monaten seines Herrschertraums erschlagen." Kurz darauf ermordete die Garnison von Alexandria auch Maecianus. Der abgefallene Statthalter Ägyptens konnte sein Leben durch Unterwerfung oder in einem Versteck retten.[7]

Das Rätsel von 175 blieb bestehen. Für ihre Zeit blieb die Cassius-Affäre Episode, ihre Folgen gerade nicht. Angesichts der Vermutung, hier sei ein Plan zur Sicherung der Herrschaft von Marcus' Sohn zu früh angelaufen, hatte die Usurpation einen paradoxen Erfolg. Gerade sie gab dem Augustus den Anstoß, in fieberhafter Eile die Dynastie zu festigen. Commodus, der einzige in Frage kommende Erbe, wurde hastig durch die höchsten Ämter dirigiert und fungierte, ehe zwei Jahre seit der Revolte verstrichen waren, als Mitherrscher unter dem Titel eines Augustus.[8]

Zu blutigen Schlachten würde es nun nicht mehr kommen, doch zahllose Mitschuldige warteten bang auf den rechtmäßigen Kaiser, der seinen Anmarsch etwa im August begann und jeden Grund hatte, exemplarisch zu strafen. Marcus' Hauptmotiv, auch nach dem Ende der Gefahr, ohne das Gros der Armee, in den Orient zu ziehen, lag anderswo. Schon im Interesse seines Sohnes mussten er und vor allem Commodus sich gerade jetzt in Antiochia und Ägypten zeigen. Seit Hadrian hatte kein Princeps mehr das Nilland bereist, und ob Lucius' lässiges Kommando die Anhänglichkeit der Ostprovinzen an das Römische Reich verstärkt hatte, stand dahin.[9]

Seine erste Geste, als der Sieg feststand, gab den Ton des Eintreffens vor: Er befahl, Cassius' Kopf anständig zu begraben, ohne dass er ihn gesehen hatte. Dies erinnerte an die Szene, als Caesar bei seiner Ankunft in Ägypten das Haupt des Pompeius überreicht wurde. Das nächste Problem stellten die Anhänger dar. Unweigerlich belastet waren Cassius' Legionslegaten und deren Tribunen, die verschiedenen Prokuratoren und Präfekten. Martius Verus war aus seiner Provinz nach Syrien geeilt, um den Komplizen keine Gelegenheit zu geben, ihr ruhiges Verhalten zu ändern. Ein Blick in die Korrespondenz des Toten konnte noch viel mehr Mitverschwörer und Verdächtige zutage fördern; das Archiv eines engen Vertrauten fiel auch prompt in die Hände der Kaisertreuen. Marcus ließ die Briefe demonstrativ verbrennen, ungelesen und ohne Exzerpte, so wird versichert; schon Martius Verus soll ihm dies abgenommen haben.[10]

Hingerichtet wurde nach einer Quelle niemand, nach einer anderen mehrere Centurionen, hauptsächlich aus Syrien, zweifellos weil sie als Stimmungsmacher gedient hatten, als es an die Ausrufung zum Kaiser ging. Soweit die höheren Offiziere und Beamten die erste hastige ‚Selbstreinigung' überlebt hatten, wurden sie aus Standeserwägungen weit pfleglicher behandelt. Der Senat ging gegen einige Sündenböcke aus den eigenen Reihen vor, schon um die Schuld auf wenige zu konzentrieren, ohne dass die Angeklagten auch nur unter Arrest gestellt wurden; Marcus' Briefe untersagten dem Gremium praktisch ein Todesurteil, indem er den Vätern mit Selbstmord drohte. Es kam zu Deportationen; auch dies milderte der Kaiser später ab und „befahl, sie zurückzurufen", wahrscheinlich in eine mildere Form der Verbannung, die Relegation in einen vorgeschriebenen Wohnsitz. Härter traf es den ägyptischen Statthalter Calvisius Statianus, der angeblich über den Abfall hinaus Schuld auf sich geladen hatte.[11]

Weniger Milde gab es auch für die überlebenden Verwandten. Die Staatsraison verlangte Sicherheitsmaßnahmen. Marcus verfuhr etwa so strikt wie seine moderaten Vorgänger, als er Cassius' ältesten noch lebenden Sohn Heliodorus, wohl auf Senatsbeschluss, an einen abgelegenen Ort verbannte. In diesem Erben war die übrige Familie symbolisch mit getroffen, so dass Cassius' weitere Kinder ihren Aufenthaltsort außerhalb Italiens (und zweifellos ihrer syrischen Stammprovinz) frei wählen, fortan aber nicht mehr verlassen durften. Noch milder büßte eine Tochter des Verräters, Alexandria, die mit einem lykischen Senator, Claudius Dryantianus, verheiratet war. Beiden wurde „Bewegungsfreiheit" eingeräumt, „und sie wurden dem Mann der Tante anvertraut" – was bedeuten muss, dass dieser nächstverwandte Senator für beider Wohlverhalten bürgte. Für Dryantianus wie für Avidius' Söhne war es jedoch mit jeder öffentlichen Rolle vorbei, und diese Härte entsprach *nicht* unbedingt den Traditionen, die selbst nach dem Bürgerkrieg 68/69 gegolten hatten. Die überlebenden Söhne erhielten „mehr als die Hälfte ihres väterlichen Vermögens und wurden durch Gold und Silber unterstützt, die Frauen aber sogar durch Schmuck" – eine Nachricht von sehr gemischter Großzügigkeit. Die Kasse des Kaisers, der *fiscus*, beschlagnahmte häufig etwa das halbe Vermögen. Doch die Notiz könnte eine sehr ungleiche Teilung nahelegen: Verschont wurden offenbar Ländereien der Familie, die ein sicheres Einkommen boten, während der *fiscus* alle mobilen Werte inklusive des vorhandenen Bargeldes einzog. Die „Hilfe" schärfte den Angehörigen überdeutlich ein, wie vollständig sie auf Marcus' Gnade angewiesen waren, und entmündigte sie noch weiter. Mehrere Schreiben des Princeps verteidigten seine Maßnahmen. Sein Sohn Commodus, so wird behauptet, habe die Verschonten später ausgerottet, und Marcus' Befehl, die Güter eines als *Depitianus* überlieferten Senators nach dessen Tod wegen *maiestas*-Vergehen im Zusammenhang mit der Cassius-Usurpation zu konfiszieren, ist plausibel auf Dryantianus bezogen worden. Der *fiscus* holte sich langfristig somit doch das ganze Vermögen der Familie.[12]

Ein Sonderfall waren die beteiligten Städte und Provinzen. Steuern, Gebietsverkleinerungen, Aberkennung von Ehrenrechten – die Liste möglicher Sanktionen war lang. Anders als später ein Septimius Severus schöpfte Marcus sie nicht aus. Den meisten Städten verzieh er von vornherein. Kyrrhos, der Stammsitz von Avidius' Familie, hatte nach antiken Loyalitätsbegriffen kaum eine Wahl gehabt und musste lediglich auf die Freude eines Kaiserbesuches verzichten. Ernster traf es die Antiochener. Fürs Erste verbot der Augustus alle Schauspiele oder Zusammenkünfte der Provinzstände, überhaupt öffentliche Versammlungen jeder Art. Erst mit fühlbarer Verzögerung ließ er sich bereden, die aufsässige Metropole zu betreten. Außerdem schärfte ein Gesetz die alte Regel neu ein, Statthalter dürften nicht ihre Herkunftsprovinz verwalten.[13]

Wie alle reisenden Kaiser vor ihm traf auch Marcus mit den Fürsten der Klientelstaaten vom Kaukasus bis zum Euphrat zusammen, um sich förmlich ihrer Loyalität zu vergewissern. Die befürchtete Neuauflage des Partherkrieges war selbst in der eben überwundenen Krise vermieden worden, vielleicht auch aus innerer Schwäche des Gegners – die Herrschaft der Arsakiden sollte kein halbes Jahrhundert mehr dauern. Nach diesem diplomatischen Erfolg, auf syrischem oder vielleicht kappadokischem Boden nahe der Grenze, stand einer ausgiebigen, würdevoll langsamen Provinzreise nichts mehr im Wege. Marcus' Rückweg vom Fürstentreffen führte ihn durch das zuvor gemiedene Antiochia, dann ging es nach Süden. Die Juden soll er getadelt haben, Markomannen, Quaden und Sarmaten seien im Vergleich zu ihrer aufsässigen Art geradezu bieder – angeblich hatten die Überlebenden von Hadrians Krieg den Usurpator unterstützt. Für Ägyptens Wunder nahm er sich viel Zeit, ließ sich Tempel zeigen, „trat als Bürger und Philosoph auf" und zog daneben ohne viel Lärm seine personellen Konsequenzen aus der Usurpation. Als Vertrauensbeweis für die erleichterten Einwohner Ägyptens wurde es verstanden, dass eine Tochter des Augustus ihren Aufenthalt noch fortsetzte, als ihr Vater und Bruder sich bereits eingeschifft hatten. Der irregeleitete Osten gehörte wieder zur Familie.[14]

Über das glücklich unbelastete Griechenland führte der Weg zurück nach Rom. Einem Besuch in Athen konnte der Philosophenkaiser nicht widerstehen, ebenso – auf den Spuren des ungeliebten Hadrian – seiner und Commodus' Einweihung in die Eleusinischen Mysterien. Unbewacht betrat er wie alle anderen das vom Überfall der Kostoboken verwüstete

Heiligtum, dessen Kult persönliche Garantien für die Unsterblichkeit verhieß. Eleusis' Wiederaufbau begann mit Marcus' Finanzhilfe. Unter den Geschenken an Athen war die Einrichtung von Lehrstühlen auf Staatskosten für die vier Philosophenschulen, dann eines weiteren für Rhetorik, wie sie bisher nur in Rom existiert hatten. Die Heimkehr sollte ganz im Zeichen des Friedens und der Versöhnung stehen; nur die Elemente spielten nicht mit, die mit einem schweren Sturm die kaiserliche Flotte auf der Überfahrt nach Italien in Gefahr brachten. Wenigstens Marcus selbst landete jedoch wohlbehalten in Brundisium. Wenn die *Historia Augusta* keine eigenen Wunschvorstellungen einfließen lässt, befahl er den Prätorianern gleich hier, nicht erst an der Stadtgrenze Roms, ihre Soldatenmäntel und Rüstungen mit der Toga und reduzierter Bewaffnung zu vertauschen. Ganz Italien war das friedliche Herz eines befriedeten Reiches; kein Sieger, ein Bürger kehrte heim. Nicht einmal zwanzig Jahre später sollte Septimius Severus die Geste ins Gegenteil verkehren und mit voll bewaffneten Legionären drohend in Rom einziehen.[15]

Noch bevor Marcus Syrien erreichte, verlor er die Frau an seiner Seite. „An den Wurzeln des Taurusgebirges im Ort Halala" erkrankte Annia Galeria Faustina kurz und heftig; sie stand nicht mehr auf. Cassius Dio schwankte zwischen heimlichem Selbstmord als Komplizin des gescheiterten Avidius und der „Gicht in den Füßen", die die Mittvierzigerin zuvor gequält habe. Eine denkbare Ursache wäre ein nicht abgeheiltes Schwangerschaftsödem der „Mutter des Lagers" mit ihrem Dutzend Kinder. Marcus trauerte tief um sie. Ihre Verwicklung in die Usurpation gibt Rätsel auf. Falls Faustina wirklich mit Avidius Cassius kooperierte, wie Dio beschreibt, war der Ausgang der Revolte ein Unglück, über das sich mit Marcus nicht sprechen ließ und in dem sie sich nicht verteidigen konnte. Auch wenn Marcus ihre Motive verstand und wusste, dass sie ihn nicht hatte beseitigen wollen, wäre beider Ehe jetzt wirklich zerrüttet gewesen.[16]

Die Nachwelt kannte sie dank ihrer „Leichtlebigkeit" als Nymphomanin mit appetitlich monströsen Zügen: Faustina, die sich im Palast in Caieta die Matrosen und Gladiatoren aussuchte, von den Pantomimen in Rom zu schweigen; Faustina, deren Liebhaber Marcus „in verschiedene Ehrenämter erhob"; Faustina, die mit dem Blut eines Gladiators besudelt Commodus empfing. Die Neuzeit bescherte ihr das gelehrte, nun ausgestorbene Schimpfwort „Faustine" für besonders hemmungslose Schlampen und die kaum verdiente Apotheose als Inbegriff konsequenter, blutgetränkter Wollust in A. C. Swinburnes gleichnamigem Gedicht. Selbst ihre feierliche Ehrenrettung durch einen deutschen Altertumsfreund ging nicht ohne Augenzwinkern ab. Ritterlicher war 1867 der große Ernest Renan, dessen einzige Bosheit wohl in der Themenwahl lag: Natürlich dachte jeder an die delikate Ehe des Kaiserpaars Napoleon III. und Eugénie.[17]

Anders das offizielle Gedenken. Der verschlafene Sterbeort wurde zur Kolonie mit Stadtrecht erhoben, die Tote in Rom zur Göttin. Ihr Tempel überlebte nur wenige Jahrzehnte, bis Elagabal das Grundstück für das Heiligtum seines eigenen Gottes brauchte. Wie es sich zu Ehren der Kaiserinnen durchgesetzt hatte, erweiterte Marcus eine Alimentarstiftung für junge Mädchen, die Antoninus zum Gedächtnis der Mutter eingerichtet hatte. Spätestens postum wurde Faustinas Ehe mit Marcus zum Status der Heiligkeit überhöht; das Kaiserpaar erhielt silberne Statuen im Tempel der Venus und Roma, dazu einen Altar, vor dem die Brautpaare der Stadt künftig opfern sollten, zweifellos für eine ebenso glückliche Verbindung. Fast noch pikanter erschien den bösen Zungen Roms wohl die bildliche Verlängerung der Idealehe über den Tod hinaus: sooft Marcus künftig „im Theater" anwesend war, sollte eine Goldstatue der Göttin Faustina auf den angestammten Ehrenplatz der Lebenden getragen werden.[18]

Eine Frage blieb zu regeln. Wer sollte im Ehebett die Nachfolge antreten? Noch lebte anscheinend Ceionia Fabia, Marcus' Verlobte während Hadrians letzter Jahre, und sie soll sich erneut ins Gespräch gebracht haben. „Um so vielen Kindern keine Stiefmutter vor die Nase zu setzen" und zweifellos, um Commodus' Thronfolge nicht zu verkomplizieren, folgte der Kaiser wie so oft dem Beispiel seines Adoptivvaters. Die Tochter eines Freigelassenen Faustinas wurde als Konkubine ausgewählt, um den Trieben, über die sich der wahre Weise zu erheben hatte, geregelt ihr Recht werden zu lassen.[19]

Vermutlich im Spätherbst 176 setzte Marcus der Sturmgefahr zum Trotz über die Adria, landete in Brundisium und zog als großer, aber nicht strahlender Germanensieger in seine Hauptstadt ein. Sorgsam vermied er den Anschein, sich auch für den im Keim erstickten Bürgerkrieg feiern zu lassen, doch dieser zweite Triumphzug seines Lebens, der erste selbsterrungene, konnte nicht unterbleiben. Die Quellen behaupten, Commodus als Caesar habe die Ehre mit seinem Vater geteilt, und sie lassen den Augustus bescheiden zu Fuß in den Circus einziehen, während sein Sohn, der künftige Tyrann, im unverdienten Triumphwagen nebenher fuhr. Die Inschrift des Bogens, der lange an dieses Ereignis erinnerte, fiel euphorisch aus: „Senat und Volk von Rom dem Imperator Caesar … M. Aurelius Antoninus Augustus Germanicus Sarmaticus, Pontifex Maximus, im 30. Jahr seiner *tribunicia potestas*, achtfachem Imperator, dreifachem Konsul, Vater des Vaterlandes, weil er allen Ruhm all der größten Kaiser vor ihm überflügelt hat, nach Vernichtung oder Unterwerfung der kriegerischsten Völker."[20]

Marcus ließ eine Volksversammlung einberufen, vor der er sich nach vielen Jahren zurückmeldete – acht Jahre, zählten ihm die Anwesenden vor, und acht Aurei, 800 Sesterzen, ließ er den versorgungsberechtigten Bürgern als Geschenk auszahlen, das höchste seit Menschengedenken. Für alle gab es, der Geldnot zum Trotz, die Spiele, ohne die ein Triumph nicht vorstellbar war. Wohl am 27. November begannen die Feiern, die als fünftägige „Sarmatische Spiele" bis ins 5. Jahrhundert begangen werden sollten; für den Germanensieg gab es wahrscheinlich eigene Spiele (und einen eigenen Triumph?). Ob die Gesamtzahlen der aufgebotenen Tiere und Gladiatoren hinter früheren Kaisern zurückstanden, ist unbekannt; als Glanzpunkt überliefert wurde das Aufgebot von hundert Löwen. Schwer wog, dass Marcus sein eigenes Desinteresse an tödlichen Kämpfen weiterhin augenfällig machte und damit einen tiefen Graben zu fast all seinen Untertanen zog; in seiner Gegenwart verwendeten Gladiatoren nur stumpfe Waffen, und einen zum Menschenfressen trainierten Löwen ignorierte er gezielt – Sprechchöre im Amphitheater verlangten die Freilassung des Löwendresseurs, der Herold verkündete als Antwort, er habe dafür nichts Wertvolles getan.[21]

Nur Tage nach dem Triumph vom 23. Dezember 176 begann der fünfzehnjährige Commodus das neue Jahr als Konsul, in einem noch absurderen Alter als einst sein Vater. Der Vater hatte sich nach Lavinium in einen der zahlreichen Paläste vor Rom zurückgezogen, hielt sich so vielleicht aus Teilen der ihm gleichgültigen Spiele heraus und widmete sich einmal mehr Recht und Verwaltung. Eine Zeit der relativen Ruhe brach an, aus der wenig überliefert ist und wie Marcus sie seit Jahren nicht gekannt hatte. Zwei kostbare Winter verbrachte er im milden italischen Klima, in dem und für das er aufgewachsen war.[22]

Der Augustus litt kurz nach seiner Rückkehr an Fieber und Durchfall; nach genüsslichem Streit mit mehreren Kollegen erklärte ihm Galen – eher ein seltenes Gesicht unter den Titular-‚Oberärzten', die der Palast besoldete –, der Kaiser habe sich den Magen zu voll geschlagen. Marcus' heftige Zustimmung lässt denken, dass die Diagnose mehr psychologisch als medizinisch subtil war: „Dreimal nacheinander sagte er da: ‚Das ist es, genau das ist es, was du sagst; ich spüre nämlich, dass mich die Kälte des Essens bedrückt hat …'" Der Kämmerer trug dem geschmeichelten Galen später die Bemerkung zu: „Wir haben nur einen einzigen Arzt, und der ist völlig freimütig."[23]

Commodus, der auserwählte Erbe, dürfte nach wohlvertrautem Modell meist in Marcus' Nähe gewesen sein und rückte in eine Rolle ein, die ihm seit gut zwei Jahren mit spürbarer Ungeduld zugedacht war. Spätestens seit dem Juni 177 hatte das Reich wiederum zwei Augusti. Einen wichtigen Beistand konnte Marcus Commodus noch verschaffen, die Möglichkeit, mit einem eigenen Sohn im Rücken das Erbe anzutreten. Eine passende Braut wurde gefunden, Bruttia Crispina, die Tochter einer alten Stütze der Dynastie, Bruttius Praesens. Im Sommer 178 fand die Hochzeit statt, „im Maßstab von Privatleuten". Eine populäre Maßnahme begleitete sie, die Annullierung rückständiger Schulden bei den Kassen von Staat und Kaiser. Mit den Schuldtafeln, die auf dem Forum verbrannt wurden, verlor die öffentliche Hand hauptsächlich wohl Geld, das sie sowieso nicht mehr gesehen hätte, doch die Symbolwirkung übertraf diesen tatsächlichen Effekt: Wer so vorging, signalisierte Wohlstand oder zumindest geordnete Finanzen. Gleichwohl vermisste die Bevölkerung wahrscheinlich den Prunk.[24]

Die Zeitumstände empfahlen auch keinen übertriebenen Aufwand; schon stand fest, dass Roms Heere in den nächsten Germanenkrieg ziehen würden. Marcus sah es als Pflicht an, sie auch diesmal zu begleiten. Aus dem Spiegel blickte ihn ein Schatten des Mannes an, der zehn Jahre zuvor nach Norden gegangen war. Kein Beistand würde die Last dieser Zeit aufwiegen.[25]

11. Die verteidigte Welt

> Denn seht, der Kaiser scheint uns den großen Frieden zu verschaffen, so dass es keine Kriege mehr gibt, keine Schlachten, keine größeren Räubereien, keine Piraterie … Kann er uns aber auch Frieden vom Fieber geben oder auch vom Schiffbruch oder von Brand oder Blitzschlag? (…) Von keinem einzigen dieser Dinge.
>
> Epict. Diss. 3,13,9f.

Das Reich, das über die Germanen triumphierte, war erschöpft, aber nicht verarmt. Nach einem langen Krieg konnte Marcus den Römern noch über hundert Millionen Sesterzen schenken. Der „Senatsbeschluss zur Kürzung der Kosten für Gladiatorenspiele" aus dieser Spätzeit verzichtete auf Einnahmen der kaiserlichen Kasse, laut der Rede eines Senators 20–30 Millionen pro Jahr – die Gesamteinkünfte des Reiches betrugen nach einer Schätzung jährlich 800 Millionen. Provinzen wie die beiden Pannonien waren schwer verwüstet, aber der Krieg hatte die reichsten Gebiete – vor allem Asia, aber auch Africa – verschont, die Städte der Baetica und die dichtbesiedelten Teile Galliens nur gestreift. Von den zahlreichen Erbfällen durch Krieg und Krankheit dürften die verschiedenen öffentlichen Kassen für den Augenblick sogar profitiert haben. Doch der Krieg war teuer gewesen, die Beute klein und der Verlust an Menschen riesig. So begann vielleicht damals, was unter Commodus zur Teuerung und der Ausgabe schlechterer Münzen führte – der Silbergehalt der in Rom geprägten Denare sank noch zu Marcus' Lebzeiten, 179, markant. Eine andere, gern Marcus zugeschriebene und als Gefahrenzeichen gewertete Maßnahme war die Übernahme des Zollsystems auf dem nördlichen Balkan durch Prokuratoren statt privater Pächter, mit der Deutung, die Region hätte als Kriegsgebiet ihre Lukrativität verloren. Die Frage ist nicht abschließend geklärt.[1]

Dennoch war man nun mit einigen Gesten zurückhaltender. Zwischen 168 und 177 ist statt des sonst üblichen Stromes von Bronzediplomen, auf denen entlassenen Auxiliarsoldaten das Bürgerrecht bestätigt, Veteranen der Flotte und der Prätorianer ihre Privilegien verbrieft wurden, gerade ein Exemplar bekannt. Die Ausgabe billigerer Ersatzdokumente ist die beste Erklärung, verbunden mit dem Umstand, dass weniger Veteranen ihre Entlassung erlebten und ihre Dienstzeiten wahrscheinlich bedenkenlos verlängert wurden, um die Lücken zu füllen.[2]

Für die Bevölkerung Roms war gesorgt, auch während ihr Kaiser die Grenze verteidigte. Sie sah es nicht so; die Dienstverpflichtung von Gladiatoren war mehr als unbeliebt – so sollten sie wohl Geschmack am Philosophieren bekommen, wurde böse gespottet. Doch die Spiele selbst gingen weiter, in Ausmaß und Kosten allerdings begrenzt, und so froh Marcus persönlich war, keine Zeit mit ihnen zu vergeuden, so aufmerksam soll er besonders reiche Senatoren zu Spielgebern gemacht haben. Nur gab es gewisse Einsparungen: Die beliebten Aufführungen der Pantomimen wurden, „damit der Warenverkehr nicht leide", auf die Nachmittags- und Abendstunden beschränkt. Seine Motive erklärte der Kaiser in einem Brief, der öffentlich angeschlagen wurde. Auch eine Obergrenze für die Gagen der Schauspieler trat in Kraft; an die noch beliebteren, hochbezahlten Wagenlenker im Circus wagte man sich vielleicht nicht heran. Für alle aber gab sich Marcus weiterhin zugänglich, „ein milder und maßvoller Kaiser, der Bittsteller vorließ und nicht duldete, dass seine Leibgarde Leute verjagte, die sich näherten". Auch soll er „einige strengere Gesetze" durch Novellen entschärft haben.[3]

Als großer Gesetzgeber ging Marcus nicht in die römische Geschichte ein; doch war er so eifrig wie seine Vorgänger, und für die Genauigkeit seiner Verhandlungen erntete er von späteren Juristen großes Lob. Seine Reskripte, gesammelt von einem gewissen Papirius Iustus, umfassten zwanzig Buchrollen. Ihm fielen vor allem ‚Nachjustierungen' des Bestehenden zu; häufig entwickelte er Probleme weiter, die schon Hadrian und Antoninus ähnlich beschäftigt hatten, so auch die endlosen Fragen des komplizierten Erbrechts. 178, am Ende der kurzen Ruhejahre seit der Revolte, lag dem Senat ein Entwurf vor, der es Kindern ohne Testament verstorbener Mütter gestattete, deren Erbe anzutreten und die männlichen Verwandten aus der Familie der Mutter zu übergehen. Dieser Beschluss, der nach dem antragstellenden Consul *senatus consultum Orfitianum* benannt wurde, blieb Marcus' gründlichste Einzelreform. Hauptaufgabe des Kaisers als Gesetzgeber war jedoch die ‚Feinsteuerung': Die Anfrage des Statthalters von Africa von 169/70, wie er einen alten Beschluss zu interpretieren habe, war typischer als die Initiative im Senat.[4]

Unter den über 300 bekannten Verfügungen galten volle sechzig dem Umgang mit Sklaven und Freigelassenen. Ihre Rechte, die sich während des 2. Jahrhunderts stetig verbessert hatten, wurden noch einmal so sehr gestärkt, dass von einer Politik der Sklavenfreiheit um jeden Preis gesprochen worden ist. Von einer gezielten humanitären Vorgehensweise kann aber kaum die Rede sein. Die Gründe sind woanders zu suchen, langfristig im sehr begrenzten Import neuer Sklaven, der den Einzelnen vom Verbrauchsartikel zum Wertobjekt gemacht hatte, seit die Hauptquelle in den Nachkommen unfreier Eltern oder in ausgesetzten Kindern bestand. Jetzt, während der Kriegsjahre, erhielt der Gehorsam der Sklaven, ihr Selbstverständnis als Anwärter auf ein freies Bürgerleben und die Vollbürgerschaft ihrer Kinder eine größere Bedeutung denn je. Marcus ließ Sklaven zu Truppen formieren, ohne gegen mögliche Revolten eine Sicherheitsreserve zu haben; eine unausgesprochene Gegenleistung in Form pfleglicher Behandlung war ein Diktat reiner Klugheit, nicht philosophischer Grundsatztreue. Nutznießer war aber hauptsächlich jene Schicht der Sklaven in den Stadthäusern und in unmittelbarer Nähe ihrer Herren, die den Fortgang des Lebens daheim sichern halfen, die Inhaber von Vertrauenspositionen – kein Soldatenmaterial.[5]

Die Städte und Gemeinden des Reiches spürten die harten Zeiten. Wie stets konnten sie in Notfällen auf Reduktion oder Erlass ihrer Steuerpflichten, wenn nicht auf direkte Hilfe hoffen. Trotz knapper Finanzen griff Marcus nach einem Brand Karthagos offenbar auch mit Geldmitteln ein, und ebenso erging es Ephesos, Smyrna und Nikomedia – wie alle zwanzig, dreißig Jahre war der Westen Kleinasiens gegen Ende der 170er von einem verheerenden Erdbeben heimgesucht worden. Auf zehn Jahre wurden Smyrna die Abgaben erlassen. Man schrieb dies teils der herzzerreißenden Bittrede des Redners Aristides für jenen Ort zu, den Marcus kurz vorher besucht hatte. Marcus' und Commodus' Gladiatorenedikt von 177 suchte die Städte zu entlasten, indem es den Kaiser ärmer machte, und in einem Brief an Milet schimmerte die Sorge durch, andere Gemeinden könnten versucht sein, sich nach dem Vorbild der Milesier mit teuren Spielen zu belasten.[6]

Dennoch hatte die Präsenz der Kaiser in verschiedener Weise nachgelassen. So war Hadrian im ganzen Reich wiederholt zum obersten Beamten ehrenhalber in diversen Städten geworden. Schon für Antoninus sind weitaus weniger Ehrungen dieser Art sicher überliefert; Marcus und Lucius Verus brachten es, soweit wir wissen, auf genau eine – im dakischen Sarmizegetusa, das die Markomannen verwüstet hatten. Anders sah es mit der Fülle an Ehrenstatuen aus, die insbesondere nach den großen Siegen sicher in Mengen gestiftet wurden.[7]

Immerhin stand der Weg zum Kaiser weiterhin offen. Athens Bürger führten in jenen Jahren ein schwieriges Leben mit dem großen, enorm reichen Rhetor Herodes Atticus, dem Lehrer und Freund des Augustus. Die Streitigkeiten endeten etwa 173 oder 174 vor Marcus' Gericht in Sirmium, in einer jener berüchtigten Abendsitzungen vermutlich, und Herodes war über die bloße Tatsache, dass seine Gegner sprechen durften, so außer sich, dass die Fürsprache Faustinas und der kleinen Vibia Aurelia Sabina für die Athener ihn jede Kontrolle kostete: „*Das* ist der Dank für meine Gastfreundschaft für Lucius, den *du* mir schicktest! Und so richtest du, du wirfst mich einer Frau und einem Kind von drei Jahren als Geschenk hin …" Der Prätorianerpräfekt Bassaeus Rufus – auch für ihn war es schon ein langer Tag gewesen – bemerkte, Herodes sei offensichtlich lebensmüde, und wurde dafür „guter Mann" tituliert, ohne dass der Redner sich mäßigte. „Wir aber", bemerkt der Erzähler Philostratos, „dürfen auch Marcus' Verhalten in diesem Prozess zu seinen herausragend philosophischen Taten rechnen" – er beherrschte sich zunächst vollkommen, dann rissen die Wehklagen der athenischen Gesandten ihn zu Tränen hin. Statt Herodes direkt zu verurteilen, statuierte Marcus ein Exempel an den Mitschuldigen, dessen Freigelassenen. Das Rechtsempfinden und die sozialen Verhältnisse waren gewahrt. Herodes verbannte sich sozusagen selbst aus Athen, entlockte dem Kaiser jedoch kurz nach Faustinas Tod 176 einen langen, vordergründig schmeichelhaften Brief, der ihn zu einem

Treffen nach Eleusis bat – vielleicht als Test, ob Herodes sich wirklich schuldig am Tod seiner hochschwangeren Frau fühlte, die er hatte prügeln lassen. [8]

Noch vor der Usurpation des Avidius Cassius hatten die Athener ein langes, streckenweise trauriges Schreiben des Kaisers erhalten. Die Aristokratie prozessierte um Priesterämter und die Mitgliedschaft in den zwei bedeutendsten Gremien am Ort, dem Areopag und dem von Hadrian gestifteten Panhellenion, das die symbolische Gesamtvertretung aller Griechen hatte werden sollen. Unter den Panhellenen saß eine ganze Reihe Athener Areopagiten, längst nicht alle davon, wie es die Vorschrift wollte, Enkel freigeborener Großeltern. Es gab gar nicht mehr genug Vornehme, die keine Freigelassenen waren. „Und wenn es doch eine Fülle an berühmten Familien gäbe, damit es mir möglich wäre, selbst jetzt bei unserer Entscheidung zu bleiben“, seufzte Marcus und gab dann „in Anbetracht der vom Schicksal bewirkten Unglücksfälle“, Krankheit und Kostoboken, den Rat der Fünfhundert für jeden Freigeborenen, den Areopag für die Enkel ehemaliger Sklaven frei; selbst die Kinder von Freigelassenen, die sich schon eingeschmuggelt hatten, durften bleiben. Noch viele andere Städte, erwähnte er, hatten „sehr dringend Hilfe beantragt“. Aber Marcus' eigener Athenbesuch 176 sollte harmonisch verlaufen; er gründete an Ort und Stelle eine Gerusia, einen „Rat der Alten“, nach dem Muster vieler anderer griechischer Städte. Über Marcus' Tod hinaus gingen zahlreiche Schreiben zwischen Kaiser und Rat hin und her, zu Fragen von Mitgliedschaft und Vermögensverwaltung der Geronten, zur Anfertigung von Kaiserstatuen – Vater und Sohn erklärten, Bronze sei genug für sie – und zur Ausrichtung von Festen.[9]

Ähnlich, wenn auch nicht ganz so dicht liefen die Korrespondenzen nach allen Seiten weiter; leider sind die Dokumente gerade für Marcus' Zeit schlecht erhalten. Eine der Ausnahmen ist das Schreiben von Marcus und Commodus an Milet, das um die Aufwertung eines Stadtfestes, wohl zum Status eines gesamtgriechischen Agons, der Athleten aus dem ganzen Reich anzog, gebeten hatte. Die Kaiser leiteten das Gesuch an den Senat weiter, der formal nach wie vor für ‚Außenpolitik‘ mit einzelnen Städten zuständig war. Aber statt nach Marcus' Rede, die mehrere ähnliche Angelegenheiten bündelte, in eine Debatte einzutreten, stellte der erste befragte Redner das Einvernehmen des Hohen Hauses mit seinem Princeps fest und überließ unter Akklamationen, die ihn bestätigten, alles weitere dem Kaiser selbst. Die Kaiserrede ersetzte den Senatsbeschluss, wie sie es immer öfter tun sollte, schon deshalb, weil der Kaiser fern von

Rom war, ohne große Chance, würdigere Formen der Entscheidung zu wählen.[10]

Die Standesordnung blieb, wie sie war; nur die Gewichte verschoben sich unmerklich weiter. Als der Kaiser am 6. Juli 177 zu einer feierlichen Bürgerrechtsverleihung eine Sitzung seines *consilium* einberief, waren unter den zwölf Geladenen Senatoren, darunter Patrizier, auch aus alter Familie, ebenso wie römische Ritter, Inhaber der höchsten Verwaltungspositionen vom Prätorianerpräfekten abwärts – aber zwei Senatoren waren aus dem Ritterstand aufgestiegen, und es wäre kein Problem gewesen, die Runde mit lauter solchen Senatoren der ersten Generation zu besetzen. Die Fähigkeit des Senats, Neumitglieder zu Verfechtern der tradierten Standesideale und eines wachsamen Exklusivitätsdenkens zu machen, war hoch, aber nun stieß sie an ihre Grenzen, da nicht allein Neuzugänge aus Provinzen wie dem abgelegenen Cappadocia zu ‚assimilieren' waren, das unter Marcus seinen ersten Senator stellte. Selbst in Personalnöte kam man durch die Schaffung neuer Ämter und durch die Kriegsereignisse: Unter Marcus ‚produzierte' das Ämtersystem jährlich acht bis zehn Consuln, so viele wie selten zuvor, einfach um genügend hohe Funktionäre übrig zu behalten. Bald nach seinem Tod machte sich der Mangel sogar bei den Priesterämtern bemerkbar, die verringert und zentralisiert wurden.[11]

Hinzu kam das gestiegene Selbstbewusstsein der Elite von Rittern im kaiserlichen Dienst, vom Präfekten einer Auxiliartruppe bis hinauf zum *a rationibus*, dem Finanzminister, oder zum *praefectus praetorio*. Nicht zuletzt ist es am Erscheinen eigener Ehrentitel für die Ritter im Reichsdienst ablesbar, die spätestens unter Marcus neben den Senatorentitel *vir clarissimus* traten, ein Zeichen der engen sozialen Beziehungen beider Stände. Ebenso sprechend ist Marcus' Verfügung, wonach die hochrangigen Präfekten (*viri perfectissimi*), natürlich auch die Prätorianerpräfekten (*viri eminentissimi*), ihre Befreiung von entwürdigenden Strafen vererben konnten – ganz ähnlich wie ein Senator seine Standeszugehörigkeit.[12]

Die Laufbahn eines langdienenden Ritters war, in Zahl, Dauer und Vielfalt der durchlaufenen Ämter gemessen, anspruchsvoller als die des Durchschnittssenators, wenn auch weit entfernt von einem Berufsbeamtentum; gerade in Marcus' Zeit mehrten sich die Inschriften, die solche Karrieren stolz festhielten. Oberhalb der drei bis vier militärischen Eingangsfunktionen war diese Funktionselite mit schätzungsweise 135 Stellen um das Jahr 190 weit kleiner als der Senat, selbst als die etwa 160 jeweils aktiven Amtsträger unter dessen nominell etwa 600 Mitgliedern.

Zugleich zog eine beachtliche Gruppe von Rittern in den Senat ein. Teils handelte es sich um junge Honoratioren, vielfach aber um spät aufsteigende ‚Berufssoldaten', weshalb die Legionskommandos und Statthalterschaften militärisch geprägter Provinzen, die Praetoriern und Consularen vorbehalten waren, wie eine mögliche Verlängerung der ritterlichen Laufbahn wirken konnten. Der Weg bis zur Übertragung aller militärischen Rollen auf diese aufsteigende Elite des Ritterstandes und zum Schwinden der uralten Senatstradition in der Provinzverwaltung war noch lang, aber man kam auf ihm ein ganzes Stück voran, und ein Brief der Prätorianerpräfekten Bassaeus Rufus und Macrinius Vindex an die Gemeinde Saepinum zeigt die Ausweitung der Befugnisse dieses Amtes auf die Regionen Italiens.[13]

Unter Marcus' fünf Schwiegersöhnen waren nur zwei Senatoren aus altem Haus, der jüngere Claudius Severus, der durch seinen Vater noch mehr Anspruch auf Marcus' Gunst hatte, und Peducaeus Plautius Quintillus, ohnehin ein Verwandter. Petronius Sura Mamertinus war der Sohn des Prätorianerpräfekten von Marcus' Adoptivvater, Antistius Burrus Kind einer nordafrikanischen Honoratiorenfamilie – und Claudius Pompeianus hatte seine Karriere als römischer Ritter begonnen. Das vertretene soziale Spektrum war erstaunlich breit, die Vergabe der Kaisertöchter alles andere als exklusiv. Ein alltäglicheres Beispiel der neuen Verhältnisse und Sachzwänge war Marcus' verbürgte Zurückhaltung mit Geldgeschenken an die oberen Stände – wenngleich „gute Männer" immer noch auf so etwas hoffen durften, das Geld war knapper als zuvor. Dennoch „lebte er die meiste Zeit für die Freigebigkeit" und habe ihr sogar einen Tempel auf dem Kapitol errichtet.[14]

„Allen wurde ohne Unterschied das römische Bürgerrecht verliehen, viele Städte gegründet, als Kolonien eingerichtet, wiederhergestellt oder verschönert." Es gab Zonen relativer Ruhe inmitten der Gefahren; so ist für die reiche Provinz Africa und ihr militärisch geprägtes Westende keinerlei Unruhe oder Kriegstätigkeit bezeugt, dafür der Aufstieg des Städtchens Pheradi Maius zum Municipium. Aber auch im bedrängten Mauretanien nahm sich mitten im Krieg der Prokurator Vallius Maximianus Zeit, um einem romfreundlichen Stammesführer in Marcus' und Commodus' Auftrag feierlich das Bürgerrecht zu verleihen; die Kopie der Urkunde, die berühmte *Tabula Banasitana* von 177, ist ein Dokument für die Mühen der Synchronisation gerade solcher Grenzstämme mit den Sozial- und Rechtssystemen der verschiedenen Gesellschaften im Reichsinnern. Restlose Konsequenz war dabei nicht angestrebt: In Ägypten wurde die

Überlegenheit des römischen Bürgerrechts mit Vehemenz verteidigt, während Marcus die Berufung eines römischer Bürgers aus bester Athener Familie gegen Regeln des Athener Sakralrechts einfach abwies, als wäre ihm der begehrte Status eines *civis Romanus* nie verliehen worden.[15]

In Kleinasien gingen die alten Rangstreitigkeiten der großen Städte in eine neue Runde. Dort zankten sich die traditionellen Rivalinnen Ephesos und Smyrna, welche die „Erste Asiens“ sei; Smyrna gelang es, Ephesos’ Titel „Erste und größte Metropole in Asia“ in der Form „Erste in Asia an Schönheit und Größe“ kopieren zu dürfen, es nannte sich auf seinen Münzen gleich noch „Ruhm Ioniens“, und eine weitere Anwärterin auf den ersten Platz, Pergamon, blieb beim weniger glanzvollen Titel „Metropolis“ hängen. Solche Rangfragen waren, wie derselbe Streit unter Antoninus zeigt, tatsächlich ein Fall für den Kaiser. Auch die großen öffentlichen Bauten hielten an, die das Jahrhundert prägten. Doch selbst hier sammelte die Stadt Thyateira Geld, um sich gegen eine Invasion zu wappnen – der Ort weit im Hinterland der Westküste Kleinasiens rechnete ernsthaft mit einer Visite der Bastarner vom Donaudelta.[16]

Weitgehend im Schatten der großen Vorgänge blieben die christlichen Gemeinden. Für sie war es eine leidvolle Zeit. Zu Marcus’ Schaden gingen mehrere lokale Christenverfolgungen in die Kirchengeschichte ein, so das Martyrium von ein, zwei Dutzend Christen aus Lugdunum (Lyon) und Vienna im Jahre 177, deren Tod – teils unter Foltern im Gefängnis von Lugdunum, teils durch wilde Tiere im Amphitheater – mit der Gladiatorenknappheit in Verbindung gebracht worden ist: Ein Privileg für die Priester des Kaiserkults, zum Tod Verurteilte besonders billig für die Arena anzukaufen, war Teil des schon erwähnten Senatsbeschlusses. Der unbekannte Statthalter der Gallia Lugdunensis kam der Bevölkerung, die die Christen lautstark vor ihn schleppte, laut christlichen Quellen so weit entgegen, selbst römische Bürger gegen alles Recht „zu den wilden Tieren“ zu verurteilen statt enthaupten zu lassen; sogar die Abtrünnigen blieben unter diversen neuen Anklagen in Haft, bis ein Reskript des Kaisers ihre Freilassung befahl, indem es die übrigen Todesurteile bestätigte. Nur andeutungsweise wissen wir von gleichzeitigen Verfolgungen auch in weiteren Regionen des Reiches.[17]

Ein so rabiates Vorgehen war sonst eher für die Provinzen Kleinasiens typisch. Dort hatte eine Serie von Christenprozessen vor 161 Opfer wie den Bischof von Smyrna, Polykarp, gefordert; auch in Pergamon vollzog man noch zu Lucius Verus’ Lebzeiten mindestens drei Hinrichtungen, andere starben in Hierapolis. Möglicherweise war den Opfern ein Dekret der Kaiser Marcus und Lucius zum Verhängnis geworden, das zwischen

166 und 168 gegen die Germanengefahr und vielleicht auch die Epidemie dieselben Opfer und Göttermähler reichsweit vorschrieb, die beide Herrscher vor ihrem Aufbruch aus Rom vollzogen. Schon wenige Jahre später, wohl in der neuen Verfolgungswelle um 177, wagte es Bischof Meliton von Sardes jedoch, Marcus eine Schrift zukommen zu lassen – nur eine von einer ganzen Reihe christlicher Stimmen, die an der kaiserlichen Politik wenig änderten. Den Apologeten Justin hatte der Stadtpräfekt Iunius Rusticus, Marcus' stoischer Lehrer und Freund, gut ein Jahrzehnt früher in Rom abgeurteilt.[18]

Für den Bestand der Gemeinden war auf lange Sicht die zähe Auseinandersetzung der vielen innerchristlichen Strömungen bedrohlicher. Hieronymus' Bearbeitung der *Chronik* des Eusebius zählt mit einer gewissen Resignation Stichwörter auf: „Die Lügenprophezeiung, genannt ‚nach den Phrygern', nimmt ihren Anfang, ausgehend von Montanus und den wahnsinnigen Seherinnen Priscilla und Maximilla. Der Häretiker Tatianus wird bekannt, von dem die Enkratiten kommen. Bardesanes, Führer einer weiteren Häresie, macht sich einen Namen." Bis in Marcus' frühe Jahre stritt sich die Gemeinde der Hauptstadt obendrein um die Lehre des „Oberhäretikers" Valentinus. Den steigenden Einfluss Marcions, der das Christentum vor die Wahl stellen würde, sich der Gnosis zu verschreiben oder mit ihr zu brechen, verzeichnete nicht einmal der Chronist; sprechend ist der Fall eines Metrodoros, der von den Behörden in Smyrna für einen marcionitischen Priester gehalten und verbrannt wurde – Christ war Christ. Die Verfolgungen gaben neue Impulse für Apokalyptik und Endzeiterwartungen. In Alexandria gründete der Ex-Stoiker Pantainos etwa zu Marcus' Zeit jene christliche Schultradition, aus der ein Clemens und Origenes hervorgehen sollten. Dort war es wohl auch, wo etwa 176–180 der Philosoph Kelsos seinen „Wahren Bericht" gegen das Christentum verfasste, der zur Herausforderung für so viele christliche Denker werden sollte.[19]

Unter den Heiden war es die Zeit des Fronto-Schülers Gellius, einer dem Rhetor in der Liebe zu klingenden alten Wörtern verwandten Seele, die jedes antiquarische Detail in den Händen drehte und wendete, wie auch die Zeit Lukians, der freigebig Bosheiten an seine geistreichen oder -armen Mitmenschen austeilte, oder des Redners und Isisverehrers Apuleius. Sie schrieben Traditionen fort, die schon bestanden, und sind gelegentlich als symptomatisch unbedeutende Geister abqualifiziert worden. Noch vor zwanzig Jahren konnte für Marcus selbst die Behauptung aufgestellt werden, sowohl „politische Klugheit" wie „philosophische Ergebenheit in den Lauf der Dinge" hätten ihn von „einschneidenden Reformen“ absehen lassen – keine Zeit dafür neben Krieg, Pest und Geldsorgen, kein Bedarf angesichts der Hinfälligkeit alles Irdischen. Aber nach allem, was wir wissen, rechnete er fest mit einer Zukunft, für die zu sorgen sich lohnte.[20]

12. Über die eigene Kraft

> Was ist schöner … als dass, wenn die Gesundheit etwas schwächelt, nicht die Hoffnung der Menschen, sondern ihre Angst erregt wird?
>
> Sen. clem. 1,19,7

Die große Gefahr war vorbei. Doch selbst im Innern des Reiches ging es noch keineswegs friedlich zu; 177 setzten die Mauren erneut nach Spanien über, die Stadt Singilia Barba an der Straße von Malaca nach Italica wurde längere Zeit belagert, Italica selbst fühlte sich bedroht. Diesmal aber behandelte man den Einfall als Lokalereignis. Der Prokurator der Mauretania Tingitana, Vallius Maximianus, folgte ‚seinen‘ Barbaren nach Spanien und besiegte sie. Marcus wurde das neunte Mal zum *imperator* ausgerufen, sein Sohn und Mitherrscher das zweite.[1]

Die Ruhe an der Donau aber – besser gesagt, die im römischen Interesse dirigierte Mischung aus Stammeskonflikten – zerbrach unter ernsteren Vorzeichen. Die Söhne der unzertrennlichen Quintilii hatten erneut mit „dem Skythenkrieg“ zu kämpfen. Im Jahr 176 bereits wurde der Sohn des gefallenen Prätorianerpräfekten, Macrinius Avitus Catonius Vindex, der eben erst Statthalter von Moesia inferior geworden war, hastig durch Helvius Pertinax ersetzt – einiges deutet an, dass ihn das Schicksal seines Vaters getroffen hatte. Marcus schien entschlossen, diesmal nicht ohne kompletten Sieg heimzukehren.[2]

Wieder tat er alles, was ein traditionsbewusster Römer tun konnte, um reinen Herzens vor den Göttern dazustehen. Vor der Abreise griff er das halbvergessene Ritual der *Fetiales* auf, einer Priesterschaft, die in der frühen Republik zeremoniell Kriege eröffnet und beendet hatte: Er schleuderte einen blutigen Speer aus dem Tempel der Kriegsgöttin Bellona auf ein Stück Land, das er zuvor symbolisch zu Feindesgebiet erklärt hatte. Im Tempel des Iuppiter auf dem Kapitol schwor er – als hätte die förmliche Entsühnung der ganzen Armee nicht ausgereicht – einen Eid, nie sei mit seinem Wissen ein Senator getötet worden. Avidius Cassius hatte ihn daran gehindert, der ideale Senatskaiser ohne Einschränkungen zu werden. Überließ Marcus das letzte Urteil, ob er schuldlos war, Iuppiter? Mit Wohlwollen wurde eine Geste der Bescheidenheit vom Senat aufgenommen, die Bitte, Geld aus der Staatskasse für Kriegszwecke freizugeben; Marcus hätte ohne Weiteres darüber verfügen können. Die kaiserlichen Finanzen gehörten ja Senat und Volk, erklärte er vor dem Abschied.[3]

Mit ihm ging Commodus, der eben verheiratete junge Augustus; diesmal würde der Erbe nicht ohne Militärerfahrung bleiben. Die Nachwelt behauptete, er habe während seiner Zeit in Rom den Kaiserpalast wie sein Onkel Lucius Verus zur Kneipe, ja zum Bordell gemacht, alles dank Marcus' Gefügigkeit. Schon für diese Zeit wird ihm nachgesagt, er habe Rennpferde gehalten und Kontakt zu Gladiatoren gepflegt. 365 eigene Kämpfe habe er ausgefochten, was für einen Senatorensohn an sich nichts Besonderes war, aber aus der Rückschau zum warnenden Vorzeichen erklärt wurde – und „schon als Kind war er eine Naschkatze und verdorben". Am 3. August 178 brachen Vater und Sohn auf, mit ihnen Pompeianus, Commodus' neuer Schwiegervater Praesens und weitere hochrangige Begleiter; Senat, Volk und Götter waren informiert, der zweite Germanenfeldzug hatte offiziell begonnen.[4]

Wie in seinem ganzen früheren Leben fehlte Marcus auch in der oder den Residenzen dieser Jahre die Möglichkeit, sich für Augenblicke zu entspannen, indem er Vergessen suchte, der momentanen Verzweiflung oder Erschöpfung nachgab. Das alles waren für einen Stoiker streng verbotene Genüsse; Epiktet hatte ein unwillkürliches Stöhnen durchgehen lassen, nicht aber eines, das von Herzen kam. Marcus betrank sich nicht, wie es so viele seiner Vorgänger getan hatten, und fand vermutlich wenig Trost bei seiner offiziellen Konkubine. Abendgesellschaften mit Geplauder oder Rezitationen sind für ihn schwer vorstellbar. Sein Laster war gewissermaßen, bis zum Exzess frei von Lastern zu sein. Zeugnisse, wie er mit seinem Körper umging, fehlen; ebenso wichtig wäre, wie viel Zeit er mit Commodus verbrachte und ob er sie mehr als Pflicht ansah oder als Erholung in freie Momente verschob. Eine Zufallsnachricht erwähnt einen Ausritt der beiden, von dem nicht gesagt wird, ob er zum Vergnügen, vielleicht zur Jagd, oder etwa als Inspektion geschah. Dabei geriet Marcus in einen Sumpf, aus dem ihn Commodus befreite – so zumindest erzählte es der Erbe später vor den Senatoren.[5]

Commodus' Gegenwart erfüllte in vorerst sehr eingeschränkter Weise Marcus' altes Bedürfnis, die Bürde nicht allein tragen zu müssen. Nun hatte er formal wieder einen Kollegen, der ihm einmal nachfolgen würde. Insofern war das Ende seiner Wache in Sicht, die sich schon so lang anfühlte. Sollten in naher Zukunft die Kräfte versagen, dann war das nicht schlimm: sie durften es, zumindest schon bald. Der zweideutige Vorausblick auf den Tod, den die *Selbstbetrachtungen* verraten, kann wenig getan haben, Marcus' Lebenswillen zu erhöhen oder ihn von einem Sterben an lauter Pflichterfüllung – in dem ja die einzig erlaubte Verheißung eines Endes seiner Pflichten lag – abzubringen. Aus der Sicht seines letzten Sohnes stellte sich solche Selbstlosigkeit egoistischer dar. Commodus, nominal schon die Stütze seines Vaters, reifte um einige kostbare Jahre. 179 machte Marcus ihn erneut zum Konsul; sein Kollege war Martius Verus, Veteran aller Kriege seit 161, der durch seine prompte Warnung im Krisenjahr 175 Commodus' Erbfolge hatte sichern helfen. Spätestens jetzt stieg der loyale Helfer zum Patriziat auf.[6]

Die Last des Krieges halfen viele alte Vertraute tragen, so Bassaeus Rufus, der in der zweiten Jahreshälfte 177 Truppen an die Donau führte. Es bekam dem Prätorianerpräfekten nicht gut – vor 180 ließ der Senat ihm drei Ehrenstatuen setzen, die übliche Ausstattung für gestorbene Feldherren. Der erprobte Taruttienus Paternus übernahm eine Armee, Vehilius Gratus rückte aus seiner ersten zivilen Position seit Jahren ein weiteres Mal an die Spitze vermischter Truppenkontingente. Helvius Pertinax verwaltete seit 177 das wie stets bedrohte Dakien; zu seiner Rechten suchte Claudius Pompeianus den Druck von Moesia inferior zu nehmen, als sich Stämme wie die Alanen und Bastarner rührten.[7]

Die Überlieferung zu diesen Kriegsjahren ist abermals verwirrend. Wieder ragten die drei Hauptgegner des ersten Krieges unter den verschiedenen kleinen Stämmen hervor. Eine für Marcus sehr konstruktive Rolle spielten nun aber eben jene Jazygen, die er vor nicht langer Zeit hatte vernichten wollen. Der Stamm war diesmal neutral bis wohlwollend eingestellt, während Markomannen und Quaden ihre alten Angriffe wieder aufgenommen hatten. Nur waren die Jazygen misstrauisch, denn sie fürchteten eine Wiederholung von Roms Doppelspiel mit den Quaden, die Ansiedlung dieser feindlichen Nachbarn auf ihre Kosten. Dazu kamen die harten Friedensbedingungen, die tief ins Stammesleben eingriffen. Marcus kam ihnen entgegen, indem er sie lockerte, unter anderem offenbar das Siedlungsverbot in der Uferzone. Ein Privileg war, dass mit Zustimmung des Pertinax erlaubt wurde, quer durch Dakien Kontakte zum Bruderstamm der Roxolanen am unteren Donaulauf zu unterhalten – aus römischer Sicht kein ganz risikoloses Unterfangen, doch waren die Roxolanen seit etwa sechzig Jahren relativ ruhig geblieben, als Hadrian Ansprüche auf ihr Land zurückgezogen hatte. Jazygen und Buren willigten am Ende in einen Kriegseintritt auf Seiten Roms ein, nachdem Marcus ihnen geschworen hatte, den gemeinsamen Gegner so hart wie möglich zu treffen und ihnen nicht wieder in den Rücken zu fallen.[8]

Kleiner fiel diesmal die wirklich gefährdete Region entlang der Donau aus. Der Oberlauf war sicherer als zuvor: Marcus' neue *legio III Italica* bezog 179 einen festen Standort an der Stelle des heutigen Regensburg, wo sie künftigen Invasionen aus der Richtung der Markomannen den Weg verlegte. Damit würde der Legionslegat künftig Statthalter der Provinz Raetia sein. Eine der wichtigsten Schlachten, anscheinend unter Paternus gegen die Quaden, dauerte einen vollen Tag, ehe sie mit der Vernichtung der Gegner endete; Marcus wurde zum zehnten Mal von seinen Truppen zum *imperator* ausgerufen. Schneller als vor wenigen Jahren trug Rom diesmal den Krieg ins Feindesland; die schweren Verluste der größten Stämme machten sich bemerkbar, ein Vorteil für die Kampfmoral der Legionen und Auxiliarverbände, die auf einen schnellen Sieg mit geringeren Verlusten hoffen konnten, eine Wiederholung von Traians Zweitem Dakerkrieg. Von den Stellungen bei Mušov aus stießen die Römer diesmal die March hinauf bis Olmütz (Olomouc) vor, beinahe ans Nordende des markomannischen Siedlungsraumes; weiter östlich erscheint in Trenčin im Waagtal ein ähnlich weit vorgerücktes Kontingent, das 179/180 unter dem Kommando des unermüdlichen Valerius Maximianus überwinterte. Maximianus, jetzt Senator und Legat der *legio II Adiutrix*, muss seinen Männern mit seiner aberwitzigen Vita wie ein Glücksbringer erschienen sein.[9]

Markomannen und Quaden sahen sich bedrängt und versuchten zu verhandeln, als in einer fortgeschrittenen Phase des Feldzugs bereits je etwa 20000 Römer in mehreren Lagern quer über ihre Territorien verteilt waren. Für die Zerschlagung dieser Stützpunkte reichte die Kraft der Stämme nicht oder nicht mehr; immer wieder verließen römische Störtrupps die Forts und überfielen die Bevölkerung auf Feldern und Weiden. Ein dauernder Kräfteschwund war die Folge. Die quadischen Adligen folgerten aus dieser Strategie, sie solle den Weg zur Einverleibung ihres Landes ebnen, und entschlossen sich, ins Land der Semnonen auszuwandern, die zu dieser Zeit aus ihrem alten Gebiet zwischen Elbe und Oder anscheinend näher zur Donau gewandert waren. Den Weg durchs Markomannengebiet verlegte ihnen eine römische Armee; unabhängig oder als Provinzbewohner sollten die Quaden zu einem Frieden in Schwäche reif gehungert werden. Am besten aus römischer Sicht schien es, wenn die Stammesstruktur der Gegner zerbröckelte. So hielten beispielsweise die

Naristen dem Druck nicht mehr stand, und dreitausend Mann suchten Zuflucht auf römischer Seite.[10]

Immer ist ein Satz in Marcus' Schrift besonders beachtet worden. „Ein Spinnchen fängt eine Fliege und bildet sich etwas darauf ein, ein anderer ein Häschen, wieder einer eine Sardelle im Netz, noch einer ein Schweinchen, einer Bären, ein anderer Sarmaten. Wenn du nach den Meinungen fragst, sind sie nicht alle Räuber?" Darin liegt weniger Bescheidenheit oder gar Selbstironie als Resignation. In der Position eines Kaisers ist das Sarmatenfangen und -töten etwas sozusagen Natürliches; es hat aber Gemeinsamkeiten mit dem animalischen Verhalten jedes Beutetiers, und damit ist es definitionsgemäß ein vernunftwidriges Verhalten, notwendig oder nicht, etwas Erniedrigendes. Marcus war geistig beweglich genug, die Lehren Epiktets von der größtmöglichen Schonung jedes Schuldigen nicht auf die Einwohner des Römisches Reiches zu beschränken, auch wenn ein gejagter Ariogaisus, zum Tod vorgesehene Jazygen oder summarisch hingerichtete Gefangene ‚nur' Barbaren waren. Das Thema, wann man streng, wann gnädig verfahren solle, ist in den *Selbstbetrachtungen* außer der allgegenwärtigen Forderung, geduldig und mild zu allen zu sein, sozusagen unterrepräsentiert. Sicher ist, wie wenig Marcus der routinierte Umgang mit anderer Menschen Leben oder Tod als Tugend oder Charakterstärke galt.[11]

Auf die Gefahr hin, Marc Aurel durch den Vergleich herabzuwürdigen, sei daneben die Posener Rede eines Heinrich Himmler gestellt, der sich und der anwesenden SS-Führung mit dem Kompliment schmeichelte, trotz der persönlichen Unannehmlichkeit, massenhaft getötet und vor den resultierenden Leichenbergen gestanden zu haben, „dies durchgehalten zu haben und – abgesehen von Ausnahmen menschlicher Schwäche – anständig geblieben zu sein", wobei unter der „Schwäche" private Bereicherung und unsachliche Grausamkeit zu verstehen sind. Die besondere Auszeichnung lag für Himmler im Opfer der individuellen Gemütsruhe; alle anderen sprächen so leicht von und für Ausrottung, aber „keiner hat es durchgestanden" – wofür man sich offenkundig bedauern und zugleich bewundern konnte.[12]

Der Kontrast mit dem Kaiser ist lehrreich. Himmler klopft sich und den Seinen auf die Schultern, wie schön emotionslos sie doch geblieben seien, und bedauert sich gleichzeitig für das undankbare, schwere Geschäft, Menschen in Leichen und Rauch zu verwandeln – Glorifikation und Selbstmitleid in einem Atemzug. Marcus wäre nicht auf die monströse Idee gekommen, durch Gewaltausübung gewachsen zu sein; er geht geradezu systematisch der Gelegenheit aus dem Weg, sich zu verherrlichen

Abb. 13: Massenhinrichtung gefangener Germanen auf der Marc-Aurel-Säule (Rom).

oder auch nur zu exkulpieren. Aus der Methodik, mit der er den vermeintlichen Ruhm zerpflückt, Feinde erschlagen zu haben, spricht vielmehr am ehesten Enttäuschung über sich und andere. Der Verweis auf Alexander den Großen, Pompeius und Caesar – gerade nach dem Maßstab der Opferzahlen besonders mächtige und größenträchtige Gestalten – reduzierte sich bei ihm auf eine Kategorie: Wie alle, die sich mit Leben und Tod wie von einem Richterstuhl aus befasst hätten, Astrologen, Ärzte und Philosophen, so seien auch die, welche „so viele Male ganze Städte von Grund auf vernichteten und auf dem Schlachtfeld viele zehntausend Reiter und Fußsoldaten niedermachen ließen, irgendwann auch selbst aus dem Leben gegangen". Der Gedanke richtet sich von hier aus auf die eigene Kleinheit, das Fehlen des Besonderen und die Hoffnung, nach dem Leben etwas Besseres zu finden, zumindest Ruhe. Die zugrundeliegende Demut hätte auch kaum einen anderen Verlauf zugelassen. Und trotz dieser Demut befahl Marcus zu gegebener Zeit seine Schlachten und Hinrichtungen; sein unterdrücktes Grauen, „wenn du einmal eine abgeschlagene Hand oder einen Fuß oder einen abgeschnittenen Kopf vom übrigen Körper getrennt daliegen sahst", nahm er als Exempel für die Angst, sich durch seine Taten von der menschlichen Gemeinschaft zu isolieren.[13]

Ein hervorstechendes Merkmal von Epiktets Lehrvorträgen war es, das eigene Leben und das anderer zum Beispiel zu machen, häufig im Negativen. In den Aphorismen seines späten Schülers fehlt dergleichen weithin – abgesehen von der Dankbarkeit für das Vorleben so vieler anderer, die das erste Buch füllt. Bescheidenheit und Abstraktionsbedürfnis, vielleicht ein gewisser Abstraktionszwang wären mögliche Motive. Sein Anspruch an sich wäre ein anderes. Eine der vielen Ermahnungen behandelt Marcus' Leben kurzum als gescheitert: „Auch das ist ein Schlag gegen die Eitelkeit, dass du dein ganzes Leben lang ebenso wenig wie von klein auf als Philosoph hast leben können, sondern vielen anderen und auch dir selbst nur zu klar als fern von der Philosophie erschienen bist. Du bist also befleckt, so dass es dir nicht mehr leicht fallen wird, den Ruf eines Philosophen zu erwerben; auch die Umstände wirken dagegen." Ob „die Umstände" Krieg und Sorgen meinten oder das Kaisertum, die Bilanz war trostlos. Nur der feste Blick auf die stoischen Grundsätze konnte nun helfen. Oft genug hatte er sich ermahnt, nichts auf den „Ruf" zu geben; jetzt, da alle äußeren Motive wegfielen – voran der von Epiktet so gefürchtete Wunsch, bewundert zu werden – konnte er sich daran geben, vielleicht ein Philosoph zu sein.[14]

Aus den letzten Jahren gibt es keine ‚aktuellen' Statuenporträts von ihm. Das Bild des etwa Fünfzigjährigen, so stilisiert es ist, zeigt bereits einen merklich gealterten, vielleicht kranken Mann mit schärferen Wangenknochen und großen, weit vorstehenden Augen, die ein Familiencharakteristikum zu sein scheinen – sie finden sich auch bei Commodus.

Eine aufrüttelnde Nachricht steht in der *Historia Augusta* zu lesen: Der Kaiser habe, den Sieg vor Augen, schon die Errichtung zweier neuer Provinzen geplant, *Sarmatia* und *Marcomannia*. Nur die Cassius-Usurpation von 175 habe den Plan vereitelt. Für den zweiten Krieg folgt die Behauptung, er hätte aus „Markomannen, Hermunduren, Sarmaten und Quaden" Provinzen gemacht, „wenn er nur noch ein Jahr länger gelebt hätte". Cassius Dio dagegen setzt neben die Versicherung, Marcus hätte „alles Land dort annektiert" – oder nur „besiegt"? –, die Aussage, er habe wenigstens das Quadenland nicht als Provinz gewollt.[15]

Angesichts der enormen Kriegsschäden, des Bevölkerungsschwundes und der Kosten wäre eine Expansion solchen Maßstabs mehr als kühn gewesen. Ob der Plan je wirklich bestand, ist bis heute lebhaft umstritten; beide Seiten der Debatte haben sehr respektable Argumente gefunden. Das Jazygenland in der Theißebene (Sarmatia?) war insofern ein wertvoller Preis, als ein hinreichend starker oder beweglicher Gegner von hier aus schnell zur Adria und nach Italien vordringen konnte. Aber im Norden war die Ebene auf ‚natürliche' Weise kaum abgeschlossen; man hätte einen Festungsgürtel errichten müssen, quer zum Oberlauf der Theiß oder auf den Pässen der Tatra – zusätzlich zur Kontrolle der Einheimischen im Landesinnern durch weitere Streitkräfte, vom Schutz Noricums und Pannoniens zu schweigen. Noch 117/18 hatte Rom den Jazygen Land zurückgegeben, statt sich dauerhaft mit ihnen zu verfeinden. Auf der Ostseite Dakiens hatte Hadrian sogar die kurze, schnurgerade Linie zwischen Karpaten und Donaudelta verlassen und eine viermal längere Grenze hingenommen, weil er die Ebene zwischen Donau und Gebirge, das Gebiet der Roxolanen, für wertlos oder schwer kontrollierbar hielt. Im Winter 179/80, als Rom mit Macht bei den zwei anderen Gegnern präsent war, hätte es den Krieg in der Steppe erst neu beginnen müssen. In Mähren (und Böhmen?), der Marcomannia, boten die Gebirge mehr Hilfe und kostbare Bodenschätze, doch waren ihre Pässe leichter gegen ganze Armeen als gegen einfallende Plünderer zu sichern.[16]

Wer davon ausgeht, dass es ernsthafte Pläne zur Annexion gegeben habe, sieht darin den Versuch, Lektionen aus der Bedrohung in Marcus' Herrschaftszeit zu ziehen und Oberitalien ebenso wie die verletzliche Landverbindung zwischen den Reichshälften sicherer zu machen. Umgekehrt wäre durch zwei neue große Provinzen mit mindestens je zwei Legionen sowie starker Kavallerie für Sarmatia die Gefahr eines Bürgerkrieges eindeutig gestiegen. Für militärisch erfolgreiche, diplomatisch versierte Statthalter waren sie eine Einladung zur Usurpation. Allerdings fragt sich, ob Marcus es sich nach zwei schweren Kriegen überhaupt leisten konnte, die Heimat der Angreifer offiziell *nicht* als Provinz vorzusehen. Gegenüber einem theoretischen dritten Krieg in wenigen Jahren, falls die nächsten Zuwanderer die Region verunsicherten, erschienen zwei Extraprovinzen womöglich als das kleinere Übel, ob Marcus sie wollte oder nicht. Ein Symbol, dass er diesmal auf Eroberung auszog, war vielleicht der rituelle Speerwurf zu Feldzugsbeginn. Als letzter vor ihm hatte Augustus selbst das Zeremoniell verwendet, um seinen Krieg gegen Marcus Antonius, offiziell gegen Ägypten, zu eröffnen, und am Ende hatte die Annexion des Nillandes gestanden.[17]

Eine Entlastung hätte dieser Gewinn also auf Jahrzehnte hinaus kaum gebracht. Der theoretisch nächste Schritt – zu dem alle Mittel fehlten – wäre ein konzentrischer Angriff auf das freie Germanien gewesen, der mindestens bis zur Oder hätte führen müssen; die kürzeste Grenzlinie von der Ostsee zum Schwarzen Meer lief gar erst entlang der Flüsse Weichsel und Bug. Die Armeen, dieses Territorium zu besetzen, geschweige denn kostendeckend zu verwalten und auszubauen, gab es nicht. Mit dreißig Legionen war Rom finanziell wie personell am Limit; seine Ressourcen und die Bürgerkriegsgefahr erlaubten nicht einmal eine mobile Reserve von vier, fünf Legionen, die keine spezielle Provinz zu beschützen hatten. Das Vordringen der Germanen und das Ende des Weströmischen Reiches hätte selbst diese Entwicklung wohl nicht verhindert. Wenn Rom beispielsweise um 220 das Territorium der Goten, die sich seit etwa 160 östlich der Weichsel ansiedelten, oder – viel realistischer – das rechte Rheinufer massiv angegriffen hätte, so hätte es später theoretisch keine Goten- oder Frankengefahr gegeben. Aber hinter diesen Stämmen standen genug andere. Exponierte Provinzen mit einer noch kaum romanisierten Bevölkerung im Innern hätten sich vor Angreifern wie den Hunnen vielleicht noch schneller aufgelöst als die römische Rhein- und Donaugrenze der Spätantike, die wir kennen.[18]

Keine dieser Fragen sollte sich Marcus jemals stellen. „Der Beendigung des Krieges zugewandt starb er beim Lenken dieses Krieges, während der Lebenswandel seines Sohnes schon von seinen Lehren abwich.“[19]

Tod und Verklärung

13. „Geh heiter"

Die lange Todesangst des Marc Aurel verrät sich unfreiwillig in einigen seiner vielen Versuche, sich Mut zuzusprechen. Marcus' eigenes Wachsen und Altern wird einmal als Beruhigung angeführt, dass auch der Tod, nur eine weitere Veränderung, nicht schrecklich sei; dann versucht er dasselbe mit den Einschnitten im Leben seiner Jugend, mit Wechsel oder Tod der wichtigsten Personen von damals. „War das so schrecklich?" Sein späteres Leben gab eine eigene Antwort darauf.[1]

Es ist bemerkt worden, dass Epiktet, Marcus' großes Vorbild, über der Entdeckung, seine innere Unabhängigkeit hänge allein am eigenen Willen, „Ich bin frei!" gejubelt habe. Anders als der lahme Freigelassene aber beanspruchte der Kaiser nichts als *hileōs* zu sein, ein griechisches Wort, das ungefähr zwischen „gelassen" und „ergeben" steht. Wie verhalten sich dieses Ziel persönlichen Glücks ausnimmt, sagt viel. „‚Aber ich habe meine fünf Akte noch nicht gespielt, nur drei.' Gut gesagt! Aber im Leben sind die drei schon das ganze Drama." Auf Vollendung ist nicht zu hoffen; der Tod kommt, wenn die Handlung auf dem Gipfel ist, und der Auftraggeber des Schauspielers Mensch, der Gott, überlässt die Auflösung der Verwicklungen anderen. „Nun geh heiter, denn auch der dich entlässt, tut es heiter" – dasselbe Wort *hileōs* meint den fröhlichen Menschen und den gnädigen Gott, ganz wie *apolýein* auch „freilassen" und übertragen „sterben lassen" heißt.[2]

Mit Blick auf die Welt, die er verlassen würde, hatte Marcus eine pessimistische Erwartung, höflich gesagt. „Niemand ist so glücklich, dass bei seinem Sterben nicht einige dabei sein werden, die das Ereignis begrüßen. Er war geistig reif und weise, schön und gut; zuallerletzt wird einer kommen und über ihn sagen: ‚Endlich können wir aufatmen, dieser Schulmeister ist weg; wirklich hart war er ja zu keinem von uns, aber mir war so, als ob er im Stillen eine schlechte Meinung von uns hatte.' Das also geschieht bei einem Guten; bei uns aber, wie viel anderes gibt es da noch, weshalb so mancher von uns befreit zu sein wünscht? Daran denke also, wenn es ans Sterben geht, und du wirst zufriedener von dannen gehen … Aber geh deswegen ja nicht weniger wohlwollend von ihnen, sondern bewahre die gewohnte Haltung, freundlich, wohlgesinnt und heiter." Mit dem Tod hatte sich der alternde Epiktet meist in Gestalt mordlustiger Machthaber

Abb. 14: Der gealterte Marcus.

beschäftigt, und wenige Worte reichten ihm für eine Empfehlung, wie man sterben solle. Kein Tyrann außer seiner Fixiertheit auf das Ende bedrohte Marcus, der selbst die Garantie gegen Gewaltherrschaft war.[3]

Der Augustus war Anfang 180 krank wie so oft. Zeitgenossen versicherten noch dem jüngeren Cassius Dio ausdrücklich, nicht das habe ihn getötet, sondern der Ehrgeiz seiner skrupellosen Ärzte, sich dem Erben Commodus durch eine Beschleunigung der Nachfolge zu empfehlen. Die Verbitterung verrät bereits, wie sehr diese Deutung aus der Rückschau gewonnen ist.[4]

Sein Ende ist in der Überlieferung eine Apotheose und ein Gericht über den Nachfolger. Bei den ersten Krankheitszeichen habe Marcus, so die *Historia Augusta*, Commodus rufen lassen und darauf verpflichtet, den Sieg zu vollenden, „auf dass er den Staat nicht zu verraten scheine“. Sein erster Gedanke müsse die eigene Gesundheit sein, habe der Junge gefühllos geantwortet; selbst dies ließ Marcus durchgehen und bat dem Erben nur einige Tage Wartezeit ab, „dass er nicht gleich aufbreche“ – um nicht verlassen zu sterben. Nun tat er alles, das Warten zu verkürzen, und verweigerte auf Stoikerart Nahrung und Wasser. So wählte er sein Ende gewissermaßen doch noch selbst. Am sechsten Tag habe er die klagenden Freunde zum Abschied um sein Bett versammelt, Tod und Sterblichkeit belächelnd, und zu ihnen gesprochen: „Was weint ihr um mich? Weint um die Pest und das Sterbenmüssen aller!“ Wie sie ihn aber verlassen wollten, seufzte er auf und sprach: „Da ihr mich nun entlasst, sage ich Lebewohl und gehe euch voran.“ Und als man ihn fragte, wem er seinen Sohn anvertraue, antwortete er: „Euch, wenn er es verdient, und den unsterblichen Göttern.“ Die Armee erfuhr von seinem ernsten Zustand und klagte aus Liebe um ihn. Diese Mixtur aus der Passion Christi und dem Tod Alexanders des Großen gipfelt im siebten Tag: „Es ging ihm schlechter und er ließ allein seinen Sohn herein, den er gleich wieder wegschickte, um ihn nicht anzustecken.“ Dann verhüllte er das Haupt, wie um zu schlafen, „doch nachts hauchte er den Geist aus“.[5]

Cassius Dio will wissen, Marcus habe Commodus sehr wohl empfohlen, nämlich der Armee – ein letzter Akt der Selbstlosigkeit, weil er zeigen wollte, sein Sohn habe ihn nicht auf dem Gewissen. Zum Ausgleich trat hier wie seinerzeit bei Antoninus der diensthabende Tribun der Garde auf, der nach der Parole fragte. Marcus betrachtete seine Pflicht als beendet. „Geh zu dem, der aufgeht“, sagte er, „ich gehe ja schon unter.“ Die Anspielung – des Historikers, kaum des Kaisers – war düster: Mit dieser Sonnenmetapher hatte Pompeius als junger Mann dem misstrauischen Dictator Sulla ins Gesicht gesagt, wem von ihnen die Zukunft gehöre. Aus Dio schließlich formte Herodian den Auftakt seines pädagogisch-mahnenden Werkes, und so begegnet dort ein Marc Aurel, der geradezu an seinen Sorgen um Sohn und Reich stirbt, der unerreichbare Maßstab aller Kaiser, die später sein schweres Erbe antreten müssen.[6]

Dies geschah, wenn den Manuskripten der spätantiken Epitomatoren zu trauen wäre, in Wien – *Vendobonae* oder *apud Bendobonam* –, nach einer neueren Deutung, die besser zum Kriegsgeschehen passt, im ähnlich klingenden Bononia nahe Sirmium. Es war der 17. März des Jahres 180. Nur Marcus’ Asche kehrte nach Rom zurück.[7]

In den Quellen steht Commodus da, als habe er aus Angst, Trägheit oder Neid auf den Ruhm seines Vaters Roms endgültigen Sieg über die Barbaren verhindert, allen weisen Beratern des seligen Marcus entgegen – „wäre er selig gewesen, hätte er keinen Sohn hinterlassen“. Doch die Meinungen der kaiserlichen Ratgeber zum Krieg waren mit Sicherheit geteilt. Mehr als ein Experte wog den Preis einer kompletten Unterwerfung in Geld und Menschenleben gegen die verfügbaren Mittel und die Vorteile eines für Rom günstigen Friedens auf. Binnen Monaten war ein Sieg, so willkommen er für Commodus' Prestige sein mochte, nicht zu erreichen, und ein Jahr Abwesenheit von der Hauptstadt konnte der junge Kaiser kaum riskieren. So brach man die Operationen nach einigen weiteren Erfolgen, wohl gegen die Quaden, ab. Am 22. Oktober 180 war der neue Herr wieder in Rom; alle engen Berater seines Vaters blieben an seiner Seite, ehe neue, innere Krisen das Bild dramatisch veränderten.[8]

Ein Kaiserwechsel war einer der wenigen Momente, in denen man ein unbequemes militärisches Engagement aufgeben konnte, ohne zu viel Ansehen zu verlieren. Auf Jahre hinaus waren die Gegner auf dem anderen Donauufer zu keinem größeren Angriff mehr fähig. Commodus, dessen politisches ‚Urerlebnis' die Revolte des Avidius Cassius gewesen war, fand 180 eventuell die Vereinigung der Provinzen Germania superior und Raetia unter einem Statthalter vor. Er beeilte sich, sie zu trennen, und auf neue überstarke Kommandos jenseits der Donau verzichtete er gern. Durch seine Gegenwart beim zweiten Krieg hatte er vorzeigbaren Ruhm genug geerntet.[9]

So kam es zu einer Serie von Friedensschlüssen, die relativ mild ausfielen: Markomannen und Quaden hatten Gefangene und Überläufer zu übergeben, einmalig Krieger zu stellen und anfangs jährlich Getreide sowie einige Waffen zu liefern – ihre Eisenbergwerke waren ökonomisch interessant. Volksversammlungen, neben den Königen ein wichtiger Faktor im politischen Leben, sollte es nur unter römischer Aufsicht geben. Länger zog sich der Kampf mit den Buren hin, von denen man für die Zukunft neue Angriffe befürchtete; endlich war der Stamm schwach genug, Frieden zu schließen. Ein System von Verboten, Krieg gegen Nachbarstämme zu führen, sollte die Neuordnung sichern; so waren die Jazygen, Buren und Vandalen für Quaden und Markomannen verbotene Gegner. Entlang der Provinzgrenze von Dacia wurde ein fünf römische Meilen (7,5 km) tiefer Streifen für Wohnen und Weidewirtschaft gesperrt. Römische Vorposten sicherten diese Pufferzone, die neue Landstreitigkeiten eindämmen sollten; der Rest der vorgeschobenen Truppen wurde in die

Provinzen zurückgezogen und der Krieg war offiziell beendet. Commodus wurde 182 ein fünftes Mal zum *imperator* ausgerufen.[10]

Vollständige Ruhe kehrte entlang der Donau auch während der nächsten Jahrzehnte nicht ein. Roms massive Intervention, so zwangsläufig sie nach Lage der Dinge war, fixierte die Verhältnisse keineswegs beim Stand des Jahres 180. Die Karten wurden für die großen und kleinen politischen Einheiten der Region mit unabsehbaren Resultaten neu gemischt. So bedeutete die Niederlage der Markomannen, deren Handelskontakte zu Rom sich fortan noch verstärkten, dass deren Umgebung ihrem Zugriff weniger ausgesetzt war. Hinter dem obergermanisch-rätischen Limes, westlich des markomannischen Kernlandes, begann sich der erste ‚Großstamm‘ eines ganz neuen Formats zu bilden, der Verbund der Alamannen, deren Machtzuwachs ein kurzer Feldzug Kaiser Caracallas um 213 zwar bremsen, aber nicht aufhalten konnte. Donauabwärts waren die Quaden erneut in die alte Klientel gezwungen, aber die Beziehungen blieben trotz längerer Friedenszeiten wechselhaft. Von ihnen und den Markomannen könnte etwa 188 jener kurze Angriff ausgegangen sein, dessen Niederschlagung Inschriften als Commodus’ dritten Germanenzug feierten. Ähnlich die Jazygen. Wohl schon 183 kämpfte und siegte Rom wieder gegen nicht näher bezeichnete „Sarmaten“ und die freien Daker außerhalb der Provinz. Auch wo die Besiegten der beiden Markomannenkriege – denen Rom bei Commodus’ Tod schon wieder Subsidien zahlte – nicht selbst zu den Waffen griffen, blieben sie bestenfalls passiv, als die neuen Nachbarn in ihrem Rücken, Heruler und Gepiden, voran die Goten, in späteren Jahrzehnten regelmäßig Plünderzüge über die Donau unternahmen.[11]

Über den Thronwechsel von 180 gibt es Klagen in Hülle und Fülle. Die gängigsten lauten, Marcus sei entweder zu ‚weich‘ gewesen, seinen Sohn trotz dessen absehbar schlechter Anlagen zu übergehen, oder habe Commodus falsch erzogen; die Überlieferung entlastet nach Kräften die kaiserliche Umgebung, deren Einfluss rasch geschwunden sei: „Die alten Diener seines Vaters beseitigte er, die alten Freunde verstieß er.“ Aber ein Nachfolger mit besseren Rechten auf den Purpur existierte nicht; hätte Marcus etwa einen seiner fünf Schwiegersöhne, beispielsweise Claudius Pompeianus, einsetzen wollen, wäre dies das Todesurteil für Commodus gewesen – das ein Autor auch kurzum erfand, so wie ein anderer Pompeianus zum väterlichen Warner erhob. Die Pädagogikthese wiederum setzt unausgesprochen voraus, dass Marcus mehr ein liebender als ein vorbildlicher Vater war, der seinen einzigen verbleibenden Sohn so übertrieben verwöhnte, wie er streng zu sich selbst war.[12]

Nur war dieser Vater seit Commodus' achtem Lebensjahr weit weg und sah praktisch nichts mehr von ihm, bis der Junge 14 war; wer sich über Verzärtelung empören will, bräuchte andere Schuldige. Die Zeit ab 175 mochte Marcus als Wiederholung seiner eigenen Lehrzeit an Antoninus' Seite betrachten, doch die Unterschiede waren riesig: Commodus stand angeblich als Fünfzehnjähriger auf einem Triumphwagen und wurde mit neunzehn, nicht mit vierzig, zum Alleinherrscher, ins Amt katapultiert nach einem lebensbedrohlichen Aufstand, zu dessen Zeit auch noch seine Mutter starb. Seine spätere Angst vor Verrat, selbst aus der nächsten Umgebung, was sich mehrfach bewahrheitete, war mehr als das Symptom tyrannischen Größenwahns, die Bindung seiner Person an den Purpur eine Bedingung seiner ganzen Existenz – auf Leben und Tod. Commodus stand unter weitaus mehr Druck als vormals sein Vater, besonders durch dessen Verfall. Er hatte kaum Zeit, unter den Augen einer großen Schar ungeduldiger Freunde und Berater das Nötige zu lernen, geschweige denn sich seine Stellung zu erarbeiten. Die Zerrissenheit zwischen dem überarbeiteten Hauptquartier eines Sterbenden und übertriebenen Staatsakten voller Titelverleihungen war eine miserable Schule, um die eigenen Fähigkeiten richtig einzuschätzen. Denkbar ist, dass Marcus – wenn er noch der liebende Vater seiner jungen Jahre war – sehr wohl sah, wie wenig er dem Jungen bieten konnte.

Im März 180 sah niemand vorher, wie der nominelle Augustus und Imperator als Kaiser sein würde. Cassius Dio, der ihn als junger Senator erlebte, nannte als Grundzüge seiner Person „Feigheit" und „komplette Einfalt", aber ausdrücklich keine Bosheit oder Hinterlist; Marcus habe diese Beschränktheit zweifellos erkannt. Faulheit, eitle Selbstzufriedenheit und Größenwahn waren die naheliegenden Kommentare für Commodus als keulenschwingenden Hercules und Gladiator, ein Zerrbild des guten Kaisers. Über dem grotesken Schauspiel der letzten Jahre vor der mörderischen Neujahrsnacht 192/93 vergisst man, dass es auch für die Verstiegenheiten ein fernes Vorbild gab. Niemand anderer als der junge Marcus hatte einst – wie so viele Römer von Stand – den Kampf mit Gladiatorenwaffen geübt, ehe ihn die Studien schwächten, heißt es. Und Hercules, Töter der Bestien, war vielleicht nicht zufällig ein Sinnbild des rastlosen Herrschers, der die Welt von Plagen reinigte; wer pries ihn mehr als die stoische Philosophie? Das Spektakel des blutbespritzten Commodus mag ein Versuch gewesen sein, aus dem Vorbild etwas Eigenes zu machen, ein auf den Hund gekommener Stoizismus. Bezeichnenderweise sagt die *Historia Augusta*, nur als Gladiator sei der Erbe tüchtig gewesen, „im Übrigen schwach und kränklich". So rang sich auch der Sohn eine

‚unnatürlich‘ hohe Leistung ab. Er änderte nebenbei bemerkt etwa im Oktober 180 seinen Vornamen aus *Lucius* in das väterliche *Marcus*, wie seine Münzen zeigen, und verließ seit 181 die Umgebung Roms nicht mehr.[13]

Als nach Jahren ein Vertrauter des Avidius Cassius, Manilius, bei einem Fluchtversuch ergriffen wurde, suchte er sein Leben durch die Auslieferung verborgener Briefe des Usurpators zu erkaufen – Commodus tat, was Marcus getan hatte, und ließ das Material vernichten. Den Flüchtling selbst schonte er wohl nicht, ganz wie er angeblich späte Rache an verbannten Überlebenden der Revolte nahm. Dem verstorbenen Vater setzte Commodus ein Monument, das ihn an die Seite Traians stellte. Die hundert Fuß hohe Säule auf der heutigen Piazza Colonna in Rom zeigte die beiden Donaukriege, aber nur die des Siegers Marc Aurel im Feindesland, nicht den verzweifelten Verteidiger seiner Provinzen; allein im von Strapazen gezeichneten Bild des Verstorbenen war die Vorgeschichte zu ahnen. Commodus selbst, erstmals 175 bei der Anlegung der Männertoga gezeigt, wurde eher diskret in mehreren Szenen nach 177 dargestellt, die bis auf einige letzte Huldigungen sogar seinen Sturz von 192 überlebten.[14]

Der eigentliche Bruch mit der Vergangenheit begann mit der Verschwörung, die Commodus' eigene Schwester Lucilla schon 182 angezettelt hatte. Lucius' Linie unterlag damals noch einmal gegen die von Marcus: Lucillas Tochter aus erster Ehe starb wohl mit ihrer Mutter und ihrem Mann, dem Sohn von Claudius Pompeianus. Commodus' Frau wurde deportiert, später hingerichtet, ebenso seine Cousine Annia Fundania Faustina, angeblich nachdem er mit ihr ein Verhältnis gehabt hatte. Als Aufidius Victorinus, nun Stadtpräfekt, gegen 185 starb, lautete das günstigste Gerücht auf Selbstmord. Exekutiert wurde nach einem dilettantischen Attentatsversuch der junge Senator Ummidius Quadratus, wahrscheinlich der Adoptivsohn von Marcus' Neffen und ein leiblicher Enkel seines Lehrers Claudius Severus. Commodus' Schwager Petronius Sura Mamertinus starb samt Sohn und Bruder. Der Prätorianerpräfekt Taruttienus Paternus wurde ehrenvoll abgelöst, dann ebenso liquidiert wie Salvius Iulianus und die beiden Quintilii. Vehilius Gratus, der rastlose Prokurator, stieg noch bis zu Paternus' Nachfolger auf, ehe es auch ihn traf. Galen, der mit vielen Opfern in Kontakt stand, übte sich offenbar in Diskretion und stiller Tätigkeit; er überlebte wohl bis ins neue Jahrhundert. Knapp verschont blieb Helvius Pertinax, der ein unruhiges Vierteljahr lang regieren sollte, als Commodus' treuer Kammerdiener Eclectus – auch er ein Erbstück aus Marcus' und Lucius' Zeiten – dem gehetzten Kaiser ein Ende gemacht hatte. Der alte, schon

Abb. 15: Der junge Commodus um 180 (Ostia, Museo Ostiense).

hinfällige Claudius Pompeianus, dem sie die Familie getötet hatten, setzte noch einmal seinen Fuß in den Senat, als mit Pertinax, beinahe einem Treuhänder der Dynastie, die guten Zeiten wiederzukehren schienen; er und Acilius Glabrio, Oberhaupt der damals noch ältesten Senatsfamilie Roms, saßen zur Linken und Rechten des Princeps. Mit Pertinax' Ende zog Pompeianus es vor, seine Sehschwierigkeiten wieder ernster zu nehmen. Nun wurde das Reich – wie es später hieß – versteigert, ohne dass diese Würdelosigkeit den Bürgerkrieg abwenden konnte.[15]

Gegen diesen Ausgang der Dinge und diese Opferbilanz, Schuldige und Schuldlose, hatte Commodus keine Chance. Die letzten Gedanken des hochseligen Marcus seien gewesen, „es bekümmere ihn zuletzt, dass er sterbe, wohl aber, dass er sterbe und solch einen Sohn hinterlasse“, so die Verdammniserklärung der Spätantike. Umgekehrt sei er, Marcus, „der den Staat mit Kraft und Sanftmut glücklich gemacht hatte“, vor Dankbarkeit für sein Leben nicht einmal beklagt worden, so dichtete die *Historia Augusta*: Alle hätten zu gut gewusst, dass da „einer, den ihnen die Götter geliehen hatten, zu den Göttern heimgekehrt war“. Andere Berichte klingen plausibler. Tränenüberströmt versammelte sich der Senat in schmutziggrauen Gewändern. Klage und Lobpreis vermischten sich. Im Leben wie im Tod hätten alle in ihm geradezu ihren nächsten Verwandten gesehen; nun habe jeder, der nicht Marcus' Bild unter den Hausgöttern aufstellte, im Ruf des Lästerers gestanden. Der soziale Druck wie der Eifer, schon den lebenden Kaiser dort als Tonstatuette zu verehren, sind verbürgt. Marcus aber, wird versichert, blieb Familiengott bis in die Spätantike, und manchem Glücklichen sei er noch Jahrhunderte später im Traum erschienen, um ihm zu weissagen.[16]

Die üblichen Feierlichkeiten nahmen ihren Lauf. Berichtet wird, Senat und Volk hätten nicht wie sonst üblich nacheinander, sondern dies eine Mal vereint in einem seligen Protokollbruch die Göttlichkeit des Verlorenen bekundet. Die *Sodales Antoniniani* erhielten einen dritten Kaiser, den sie zu verehren hatten, ein eigener Priester, ein *flamen*, wurde zusätzlich berufen, und anders als dem Staatsgott Verus, dem ewigen Stiefbruder, errichtete Commodus' Rom dem göttlichen Marcus einen Tempel. Wenn Faustinas Statue an Festtagen den Spielen zugesehen hatte, so blickte das goldene Abbild des vergöttlichten Augustus nun tagtäglich auf die Sitzungen des Senats, dem er im Leben so viel Respekt erwiesen hatte.[17]

Es gab viele Versuche, seine Zeit wiederkehren zu lassen. Auf 192 folgten die Jahre des Bürgerkriegs; Pescennius Niger, einer der Verlierer, verkündete hoffnungsfroh und voreilig den Anbruch einer besseren Epoche. Noch Septimius Severus, der Gründer einer neuen Dynastie, erfand sich eine Abstammung von der vorigen und ernannte seine beiden Söhne zu Mitkaisern; der ältere, den Rom und die Welt später Caracalla nannten, hatte noch als Augustus seine Philosophiestudien zu vertiefen, um den Ahnen Ehre zu machen. Für Marcus' leibliche Erben waren es gefährliche, oft tödliche Jahre.[18]

Bis 235 regierten die in weiblicher Linie fortdauernden Severer, die nach der Fiktion zugleich Nachfahren Marc Aurels waren; heilig sei der Titel *Antoninus*, ließ der Autor der *Historia Augusta* dem jungen Severus

Alexander zurufen, und er schilderte den Schattenkaiser, als wäre die Heiligkeit Marc Aurels in ihm auferstanden. Zeitgenossen wie Cassius Dio wussten es besser; sie blickten auf Marcus zurück als auf den, unter dem etwas nunmehr Zerbrochenes zum letzten Mal heil gewesen war. Dass der Preis hierfür im Zerbrechen vieler Dinge während Marcus' eigenem Leben bestanden hatte und er durch all das „Vernichtete, Veränderte und Verschwundene" bis zuletzt nicht war, wer er beinahe hätte sein können – sie waren nicht in der Situation, es zu wissen, und der Verehrte selbst hatte sich dies Wissen ein Leben lang verboten. Nun musste, was von ihm blieb, sich der gefürchteten Meinung der anderen überlassen, bis er vergessen sein würde. Der geliebte Name Antoninus sogar, ja alles „wird schnell nichtig und wie ein Märchen, dann bedeckt es das vollständige Vergessen ... Aber was ist auch schon ein ewiges Andenken? Ein komplettes Nichts."[19]

14. Die Lichtgestalt

Deum esse non tamquam iussi credimus.
Dass er ein Gott ist, glauben wir nicht bloß wie auf Befehl.
Sen. clem. 1,10,3

Wenige Momente des Umbruchs haben solche Formulierungen hervorgebracht wie Cassius Dios Kommentar vom Abstieg in ein Zeitalter von „Eisen und Rost", der zitiert werden wird, solange es Geschichtsbücher gibt. Der Senator und offizielle Freund Severus Alexanders im unfreiwilligen Ruhestand war für Philosophie wenig zu haben, doch in die Zeit des Philosophenkaisers, in der Dio fern von Rom aufgewachsen war, vertiefte er sich nicht weniger gründlich, befragte Augenzeugen aus Marcus' Umgebung und sah vielleicht einige Kaiserreden ein. Das Ergebnis liegt uns für die Jahre 161–180 nur noch als Kette von Fragmenten aus byzantinischen Quellen vor, unentbehrlich, chronologisch mehrdeutig und lückenhaft. Dass Marcus' Zeit für Dio den letzten festen Punkt jenes Verhältnisses von Kaiser und Senat verkörperte, zu dem Rom zurückkehren sollte, steht fest.[1]

Mehr noch als Dio war der ehemalige Stadtpräfekt Marius Maximus ein politischer Praktiker. In seine verlorengegangene Beschreibung – die teils als wichtigste Quelle zumindest aller weiteren lateinischen Überlieferung, teils als quellenkundliches Dilemma gilt – mischten sich eventuell kritische Töne, etwa zur Diskrepanz zwischen Marcus' Bemühtheit um einen guten Ruf und seiner theoretischen Abwertung solchen Tuns. Alles hängt hier am Zeugniswert der *Historia Augusta*, deren Verweise auf Maximus nur eines der vielen Probleme dieser bizarren Quelle bilden. Für ihre teils exzellenten, teils willkürlichen Nachrichten ist konkurrierend zu Maximus, dem sie gleich zwei Bücher über Marcus zuschreibt, ein unbekannter Biograph bemüht worden.[2]

Seine besten Freunde hatte Marcus' Andenken also im Senat, dessen Angehörigen Commodus, der Erbe, als Herrscher so gefährlich geworden war wie als Wegbereiter des Bürgerkrieges. Mit Septimius Severus wurde es für den Senat eher schlimmer und danach eigentlich nie mehr gut. Nach Marc Aurel waren die guten Umgangsformen zwischen Kaiser und Senatoren weithin gekündigt, war Frieden ein seltener Glücksfall – und hinzu kam im Lauf des von immer neuen Angriffen und inneren Krisen geschüttelten 3. Jahrhunderts der ökonomische Niedergang wie auch der Selbstzweifel des tief gespaltenen Reiches. In der Mitte des Jahrhunderts war die schon unwirklich ferne Ära des vergöttlichten Marcus eine „gute alte Zeit" geworden. Bis wieder einmal ein Kaiser die Barbaren dauerhaft und in großem Stil besiegte, dauerte es lange – und Barbaren gab es nun einfach zu viele, um allen das Handwerk zu legen. Jene Kaiser, die Söhne oder Brüder zu Mitherrschern ernannten, um mehreren Krisen auf einmal etwas entgegenstellen zu können, hatten auch am Marcus der Jahre nach 161 ein Vorbild, Commodus und Faustina immer ausgenommen.[3]

Die guten Jahre Roms kamen nach Diocletian unter großen Veränderungen wieder – nicht die des Senats. Als das Christentum später bis auf den Kaiserthron vordrang, blieb die Mehrheit des Standes, selbst wenn sie aus Aufsteigern der letzten paar Bürgerkriege und Thronwirren sowie deren Nachkommen bestand, beim alten Glauben und dem alten Selbstgefühl. Bis über das Ende des 4. Jahrhunderts hinaus waren einige große Senatsfamilien und deren Anhang der harte Kern des antichristlichen, der großen römischen Vergangenheit zugekehrten Denkens. Das Lob für den Germanensieger Marcus vereinte alte und neue Mächte – und ihre literarischen Stimmen. Eutrop fand in seinem beengten Geschichtsabriss für Marcus, „den man leichter bestaunen als loben kann", fast so viel Platz wie für den verehrten Traian. „All seine Taten und Entschlüsse in Frieden wie Krieg waren göttlich", lobte Aurelius Victor, und der Autor der *Epitome de Caesaribus* sekundierte: „Er stand da, voll aller Tugenden und überirdischen Geistes ..." Ein politischer wie philosophischer Nacheiferer war Kaiser Julian, die Hoffnung des Heidentums auf dem Thron, die schon 363 erlosch. Eutrop führte tatsächlich die antichristliche Politik Julians auf

Marcus zurück, der Julian-Bewunderer Ammianus Marcellinus zumindest die absurden Mengen von Tieropfern.[4]

Erst recht erstrahlte der Verklärte in den Biographien der *Historia Augusta*, die sich gegen 400 mit Liebe und Phantasie dieser Figur zuwandte. Wenigen hat der anonyme Autor eine so merkwürdige Vita spendiert wie Marc Aurel: Er füllte den halben Text mit den Ereignissen bis zum Tod des Lucius Verus und erschrak dann anscheinend vor dem Gesamtumfang, kopierte fortan die trockene Kurzfassung bei Eutrop, stellte nach einigen privaten Ergänzungen auf einmal fest, dass ihm die Länge nun doch nicht reichte, und begann ein zweites Mal bei Lucius' Tod. Der Abschied von diesem wunderbaren, göttlichen Kaiser fiel ihm schwer; in Gestalt der problematischen Verus-Vita, des prächtig erlogenen *Avidius Cassius* und zahlreicher imaginärer Kaiserbriefe lud er ihn wieder und wieder zu Gast in sein Werk. Nachsicht war der schlimmste Vorwurf, den die *Historia Augusta* Marcus zu machen bereit war; gegen andere Anklagen wandte sie sich energisch.[5]

Für seine Verwendbarkeit gegen das Christentum zahlte Marcus im Mittelalter einen hohen Preis. Zwar lebte er als guter Herrscher fort, und im Byzantinischen Reich überdauerten die *Selbstbetrachtungen* (die die Antike kaum gelesen hatte) und wurden nie ganz vergessen, doch das bekundete Unverständnis für die Christen und deren Schicksale bis 180 waren keine Empfehlung. Mit der Wiederentdeckung durch die Neuzeit stand seine Rehabilitation zur Verehrungswürdigkeit bevor. Während der Aufklärung wurde er geradezu Modeautor, der besonders Voltaire begeisterte. Vernunft, Humanität, Pflichtgefühl und ein nichtchristlicher Gottesbegriff: So sollte ein König sein. Es war nur konsequent, dass sich gerade Friedrich der Große – der Autor des *Antimachiavell* wie der Feldherr, der Krieg gegen ganz Europa führte – im Philosophenkaiser wiederfand, obwohl er länger und begeisterter die Waffen sprechen ließ als sein Vorbild und es mit der Menschenliebe nicht weit trieb. Auch benahm er sich nach verlorenen wie gewonnenen Schlachten deutlich hemmungsloser.[6]

Jedenfalls kam Marc Aurel unter die Soldaten. Im Ersten Weltkrieg, dessen Blutbäder ein Kampf um das intellektuelle Recht der eigenen Seite begleitete, steckten die *Selbstbetrachtungen* als Frontausgabe in den Tornistern Zehntausender Deutscher. Das hatte neben der Botschaft von Selbstdisziplin und Gelassenheit sicher ganz materielle Gründe: Die Einzelnotizen des Büchleins sind so kurz, dass man die meisten im Schein einer Leuchtkugel lesen und sich einprägen kann. Nicht immer war Wehrertüchtigung die Folge solcher Lektüre; der Rückzug ins Innere wurde zum Überlebensmittel – wie schon in der Reisebibliothek des Alten Fritz – und erlaubte eine Absonderung des eigenen Tuns vom Denken. Einen Weltkrieg später kam es wiederum zum Massendruck des Werkes, doch vor dem Schicksal, hochoffizieller Patron der Wehrmacht und der nationalsozialistischen „Festung Europa" zu werden, bewahrte Marcus wohl die Misslichkeit, dass er in Massen Germanen getötet hatte.

Der Lohn blieb nicht aus. Neben Helmut Schmidts lebenslanger Anhänglichkeit fand Marcus 1949 lobende Erwähnung in Friedrich Dürrenmatts *Romulus der Große* – das Huhn seines Namens ist das einzige, das bis zum letzten Tag des Römischen Reiches pünktlich sein Ei legt, ursprünglich sogar noch im Tod. „Die anderen Kaiser sind nichts wert."[7]

Ein später Nachfahre der einstigen Instrumentalisierung ist zweifellos der modische „Marc Aurel für Manager" in wechselnder Auswahl und gegen beträchtlichen Aufpreis, an Personen gerichtet, denen die Sätze der *Selbstbetrachtungen* noch zu langatmig und nicht anwendungsorientiert genug gehalten sind. Das Vertrauen auf die eigenen Entscheidungen nicht zu verlieren, innere Ruhe, die Überwindung zu nötigen Grausamkeiten wie auch Heiterkeit beim Entlassenwerden bleiben offenbar das Gebot der Stunde. Dennoch, das Original ist seit langem nicht mehr vergriffen gewesen und findet seine Leser in erstaunlicher Zahl. Die Erfindung eines Drehbuchautors hat den Kaiser zudem als jenen, der die Republik wiederherstellen wollte und nur durch seinen mörderischen Sohn daran gehindert wurde, im medialen Gedächtnis der breiteren Öffentlichkeit verankert. Filme und Unterhaltungsromane zeichnen das Bild der Selbstaufopferung und des heimlichen Monarchiekritikers, der tragisch scheiterte, bis heute eifrig nach. Einsame Gegenstimmen, die statt eines verfrühten Demokraten ebenso eigenwillig einen egoistischen Manipulator voll Selbstmitleid und Doppelmoral vorführen, wirken da beinahe wie eine erfrischende Abwechslung – sie schwelgen zumindest nicht im Überlegenheitsgefühl der Heutigen, die einmalige Chance ergriffen zu haben, welche die armen, zur Dekadenz verurteilten Römer einst versäumten, ohne es auch nur zu wissen.[8]

In der verwirrenden Zeitenvielfalt der Gebäude Roms steht die Marc-Aurel-Säule noch, nun apostelgekrönt – nicht unpassend wacht mit Schwert und Buch der heilige Paulus, der allen alles geworden ist, über dem Spiralfries der Schrecken und Wunder des Krieges, um die sich Christen und Heiden zankten. Die herrliche Statue vom Caelius, jetzt erhöht auf Michelangelos Kapitolsplatz, reitet von der Abendsonne beschienen nach Westen. Ohne den Irrtum, sie zeige Constantin, gäbe es ihre fleckig vergoldete Bronze nicht mehr – eine gerechte Entschädigung dafür, dass besag-

Abb. 16: Reiterstandbild Marc Aurels, heute auf dem Kapitol.
Der Fundort lag nahe dem Lateranpalast, wo Marcus' Elternhaus stand.

ter Constantin zugunsten seines Triumphbogens einst Marcus' eigenen plünderte, weil in gleicher Güte keine Reliefs mehr zu bekommen waren. Die römische Lokallegende weiß, die Flecken mehrten sich unmerklich auf Ross und Reiter und mit dem reinen Glanz komme einmal der Jüngste Tag über die Welt. Doch die Skepsis der Gegenwart von Eisen und Rost bedenkt, wie korrosiv Zeit und Menschheit wirken, begnügt sich mit einer Kopie und hat das Original in einen engen gläsernen Einbau verschoben, wo es gefilterte Luft atmet. So hat man die Aussicht aufgegeben, sich den Kaiser goldstrahlend vor das Ende aller Dinge stellen zu sehen, dem er einen letzten Gruß entbietet – ob es nun als stoischer Weltbrand kommen sollte oder ob auf den Wolken des Himmels unter Zeichen und Wundern ein Herr dem anderen entgegenträte. Die Überwachungskameras, die den Dieb in der Nacht suchen, zeigen allein zur Erde.

Anmerkungen

Vorwort des Autors

[1] Die maßgebliche detaillierte Darstellung, vor allem in chronologischer und prosopographischer Hinsicht, ist Birley [2]1987; durch besondere Zugänglichkeit überzeugt Rosen 1997.

Kindheit und Jugend

1. Ein Junge aus guter Familie

[1] Geburtsdatum: HA Aurel. 1,5. Grundlegend zur Epoche Birley 1997a.

[2] Domitia Lucilla: HA Aurel. 1,3 (dort „Calvilla“); PIR[2] D 182; R.-Ch. 329. Zu ihrer Verwandtschaft vgl. Anm. 8.

[3] Annia (?), Frau des Ummidius: R.-Ch. 65f. Nr. 52.

[4] M. Annius Verus, *praef. urbi, cos.* III 126: PIR[2] A 695 (mit Verweis auf Vitellius' Frau Galeria Fundana); Caballos 1990, I 65–67 Nr. 31. Patriziat: HA Aurel. 1,2. Sein Vater: 1,4. Vgl. Caballos 1990, I 64f. Nr. 30. Klassisch Syme 1958, 600–610.

[5] Annii und Numa: HA Aurel. 1,6 (angeblich nach Marius Maximus), Eutr. 8,9,1; vgl. Chausson 2002. Libo Rupilius Frugi: von Birley 1966, 249–251 verbessert aus dem *Rupilius Bonus* in HA Aurel. 1,4. Calpurnius Crassus: HA Hadr. 5,5f.; vgl. Pflaum 1970, 201.

[6] Geburtsort *in hortis* auf dem Caelius: HA Aurel. 1,5; Haus *iuxta aedes Laterani*: 1,7.

[7] Detailversessenheit und Interventionismus Hadrians: Cass. Dio 69,5,1; Iulian. Caes. 311c. Dasumii als Nachfahren der Könige von Lupiae (Lecce): HA Aurel. 1,6; Eutr. 8,9,1. Domitia Lucilla (in HA MA 1,3 irrig „Domitia Calvilla“) Halbschwester Hadrians; Verwandtschaft mit Cn. Domitius Tullus (*cos. II ord.* 98; PIR[2] D 167) und Cn. Domitius Lucanus: Pflaum 1964a, 107f.; Di Vita-Évrard 1989; vgl. Caballos 1990, I 359–363. P. Calvisius Tullus Ruso, *cos. III ord.* 126: PIR[2] C 357.

[8] Wickeln, Kinderpflege (nach medizinischen Empfehlungen): Rousselle 1988, 52–58; 61f. Fremdsprachige Amme: Vgl. K. Gelinsky, „Chinesische Nanny gesucht. Amerikanische Kinder sollen Mandarin lernen“, *Frankfurter Allgemeine Zeitung* 19.8.2006, S. 10.

[9] Marcus *a prima infantia gravis*: HA Aurel. 2,1.

[10] Keine Parteinahme in Circus und Amphitheater: M. Aur. 1,5,1. Monotonie des Amphitheaters: 6,46; Tiervergleiche: 7,3,1; „das wert …“: 7,3,2. „der halb gefressenen …“: 10,8,4 (meine Hervorhebung, J. F.). Nützlich, aber wenig positionsfreudig zum Komplex der Athletik und Spiele Schmidt 1984.

[11] „es drängte …“: Cass. Dio 72,35,2. Entsagung: M. Aur. 1,3,2; „wenig …“: 1,5,2. „vor lauter …“: 1,17,2; „weshalb ich …“: M. Aur. 1,17,2f.

[12] Salii, Rituale (Rüpke 2005, II 797: *in-* und *exaugurationes*) und Ämter: HA Aurel. 4,4. Vgl. zum Ritus der *fetiales* S. 160. Tägliche Hausopfer an den *dies nefasti*: Cass. Dio 72,34,2. „gottesfürchtig ohne Aberglauben": M. Aur. 6,30,14. Zum offenen Götter- oder Gottesbild vgl. S. 128f.

[13] „Verissimus": Cass. Dio 69,22,2; HA Aurel. 1,10 (fehlerhaft); 4,1.

[14] Jagdlust: HA Aurel. 4,9; Umschlagen in Pflichtübungen: 4,8. Hadrians Jagdeifer: HA Hadr. 2,1; 26,2f. „Oder zwingt ...": M. Aur. 5,5,4f.

[15] Im 12. Lebensjahr im *pallium*: HA Aurel. 2,6. Studien schwächen den Körper: 3,7. „aus einem ...": Cass. Dio 72,34,2. Ballspiel, Ring- und Boxkampf: Aurel. 4,9. „Deine ganze ...": Epict. enchir. 41. Rat zur befristeten Askese: Pohlenz ^{2}1959, I 302 (Musonius); 334 (Epiktet: Diss. 3,13,21). Gegen ein Übermaß auch Sen. ep. 5,4: *hoc contra naturam est, torquere corpus suum ...) et cibis non tantum vilibus uti sed taetris et horridis.* Keine Verwahrlosung: Epict. Diss. 3,22,86–89; 4,11,9–18; 3,12,16f.: alle Übungen heimlich und unmerklich machen. Waffentraining, Wildschweinjagd: Cass. Dio 72,36,2; nachlassende Liebe dazu: HA Aurel. 2,8. 10. Durch Philosophie abgebrochen: 4,10; Cass. Dio a. a. O. „konnte er ...": Cass. Dio 72,34,2.

[16] „dass ich nicht...": M. Aur. 1,17,3f.; „mich weder ...": 1,17,13; „den Verzicht ...": 1,16,7. Marcus' Verhaltensauffälligkeiten (S. 49–51) auf – sei es auch subjektive – sexuelle Traumatisierung zurückzuführen ist theoretisch denkbar (vgl. Wren/Lask 1993, 76–78), aber unnötig.

[17] „Du hast es ...": M. Aur. 8,1,4f.; zu Syllogismen vgl. Epict. Diss. 2,1,38. „An deinem Scharfsinn ...": M. Aur. 5,5,1f.

[18] Tod des Vaters *in praetura*: HA Aurel. 1,1; laut Caballos 1990, I 68 Nr. 32 erst 128/29 oder später, mit Blick auf Marcus' Wahl zum *salius* (s. u.). „Vom Ansehen ...": M. Aur. 1,2, beachte das blasse, formaljuristische *gennēsas*, „der Erzeuger" im Gegensatz zum juristischen (Adoptiv-)Vater Antoninus. „Jetzt begib dich ...": 9,21,3.

[19] Cornificia: HA Aurel. 1,8; siehe PIR^2 A 708; R.-Ch. 73f. Nr. 57. Großeltern als Erzieher häufig: Thomas 1996, 303. Catilius Severus: PIR^2 C 558; Fündling 2006, 430–432. Marcus nach Catilius benannt: HA Aurel. 1,9 (angeblich *vor* dem Tod des Vaters). Für eine Adoption durch den Großvater Annius Verus vor 136: 1,10.

[20] *Equus publicus*, Salii: HA Aurel. 4,1f.; vgl. Rüpke 2005, I 295; II 796f. Nr. 800. Eine Alternativerklärung wäre, dass Adoptiveltern inzwischen ausreichten; dass Marcus' Vater noch lebte, scheint ausgeschlossen. Zu Annius Verus' Todesdatum vgl. ILS 7190. Hadrians 2. Provinzreise: HA Hadr. 13,3f.-14,7. Kranzorakel: HA Aurel. 4,3.

[21] Marcus „von allen geliebt": Cass. Dio 72,35,1. „Im Schoß Hadrians": HA Aurel. 4,1. Jugend ein Thronhindernis: 5,1; 16,6 vgl. Eutr. 8,11,2.

[22] Primitives Bett, Eingreifen Domitias: HA Aurel. 2,6. Erbe und Cornificia: 4,7.

[23] Ceionius Commodus/Aelius Caesar: HA Hadr. 23,10–13; Fündling 2006, 1030–1035. Für Wechsel Lucius' zur *gens Aelia* irrig HA Ver. 2,1.

[24] Karriereaussichten für Patrizier: Eck 1997a, 54f.

[25] *Toga virilis*, Verlobung *statim* danach: HA Aurel. 4,5 (irrige Version, schon

Hadrian habe Marcus mit Faustina verlobt: Eutr. 8,11,2, danach HA Aurel. 16,7). Stadtverwaltung als *praefectus urbi feriarum Latinarum causa:* HA Aurel. 4,6.

26 Tod von Servianus und Fuscus: HA Hadr. 23,2f.8; weitere (dubiose) Mordvorwürfe und -pläne: Aur. Victor, Caes. 14,11. 14; HA Hadr. 23,8; 24,4.9; 25,8; vgl. Fündling 2006, 1008–1013; 1018–1024. Tod von Aelius Caesar: HA Hadr. 23,15f.

27 Aurelius Fulvus: HA Hadr. 24,1; Fündling 2006, 1054–1063. „aus vornehmem …": Eutr. 8,8,1; familiäres Umfeld: zuletzt Chausson 2005. Berater Hadrians: HA Pius 3,8. *Legatus* in Italien: 2,11; vgl. HA Hadr. 22,13. Lob des Charakters: HA Pius 2,1 vgl. 2,11 (*natura clementissimus*). Kinder: 1,7; 3,6. Für ein Überleben des Sohnes M. Galerius Aurelius Antoninus (PIR^2 G 26) bis 141 nur Stanton 1969, 583 Anm. 89.

2. Zum Erben erwählt

1 „Großvater Verus": M. Aur. 1,1.

2 Adoption von Marcus und Lucius: HA Hadr. 24,1. Sympathie Hadrians für Marcus: Cass. Dio 72,35,3. Eine beabsichtigte öffentliche Rolle Lucius' ergibt sich aus seinem Erscheinen auf einem Relief, das vanderLeest 1995 als Überrest eines hadrianischen Monuments vom Verbrennungsort Kaiserin Sabinas und Aelius Caesars ansprach.

3 Bekanntgabedatum: vgl. HA Hadr. 26,6. Lucius' Geburtstag: HA Ver. 1,8; vgl. Fündling 2006, 1066. Antoninus' ältere Tochter Aurelia Fadilla (PIR^2 A 1653, R.-Ch. 137) war nach kurzer Ehe mit (L.) Lamia Silvanus (HA Pius 1,7), wohl dem späteren *cos. suff.* 145 (Wachtel 1992), schon gegen 135 gestorben.

4 Marcus der Wunschkandidat: Cass. Dio 69,21,2; schon seit 136 nach Pflaum 1964a. Für Lucius vor allem Barnes 1967, 74–79; zur Debatte Fündling 2006, 1066–1076. Quadratus: vgl. HA Hadr. 15,7.

5 Polemons Frechheit, Hadrians Versöhnung: Philostr. VS 1,25 p. 534. Antoninus rieb Polemon die Szene später unter die Nase: a. a. O. p. 534f. Herodes Atticus rangelte mit Antoninus handgreiflich (und ungestraft) um die Vorfahrt in einem Engpass auf dem phrygischen Berg Ida: VS 2,1 p. 554f.

6 Selbstmordneigung Hadrians: Cass. Dio 69,22,1–4; HA Hadr. 24,8f. 11f. Tod in Baiae: 25,5–7. Rolle des Antoninus: 24,9.

7 Verfolgungsgerüchte: HA Hadr. 23,8; 25,4. 8; Pius 2,4f; keine Morde außer Servianus und Fuscus bei Cass. Dio (vgl. v. a. 69,17,1f.; 23,2). Hass „aller", Begräbnis: HA Hadr. 25,7. Catilius' Unmut und Rücktritt: 24,6.

8 Antoninus am Sterbebett: HA Hadr. 25,6. Antoninus' Abreise, Marcus in Rom: HA Aurel. 6,1. Überführung Hadrians: HA Pius 5,1.

9 Senatswiderstand: HA Hadr. 27,2f.; Cass. Dio 69,23,3; 70,1,2.

10 *acta* Hadrians bedroht: nicht in Cass. Dio 69,23,3 (doch in HA Hadr. 27,1). Antoninus setzt sich durch: HA Pius 5,1. Vorwurf, der Senat wolle die *acta* (wie die Adoption) verdammen: Cass. Dio 70,1,3.

11 Unveränderter Respekt: HA Aurel. 5,7.

[12] Calpurnius Crassus: vgl. S. 15. Hadrians Haus, Entsetzen: HA Aurel. 5,3; Ansprache: 5,4. Traum: 5,2; Cass. Dio 72,36,1 (dort vor der Ernennung eingeordnet). „Wo man leben muss …“: M. Aur. 5,16,2; zu Syllogismen vgl. 8,1,5. „Nimm mich …“: 8,45,1f. „Ich bin einst …“: 5,37.

[13] Verfrühte Quaestur: HA Aurel. 5,6.

[14] Lucius von Marcus adoptiert: HA Aurel. 5,1; vgl. Fündling 2006, 1063–1066. Annius Verus (höchstwahrscheinlich) und Libo erscheinen (nach Marcus als dem Kaisersohn) im *SC de postulatione Kyzicenorum* (ILS 7190); dazu Pflaum 1964a, 109–113.

[15] Spekulationen über *Pius*: HA Hadr. 24,3–5; Pius 2,3–7; vgl. Fündling 2006, 1078–1080. Marcus *optimus ac piissimus*: ILS 2012; CIL XIV 4366; dazu Harvey 2004. Hadrians Vergessenheit, Kritik: vgl. etwa Jones 1972, 151f. mit Anm. 173.

[16] Zu Annia Galeria Faustina (der Älteren) PIR^2 A 715; R. Ch. 78f. Nr. 62. Mission Faustinas; „sondierte“ (*sciscitatus*): HA Aurel. 6,3. Antoninus bedenkt sich: HA Pius 3,4. Angeblich lockere Sitten: 3,7; Gewinnsucht: 3,8.

[17] Annia Galeria Faustina (die Jüngere), Marcus' Frau: PIR2 A 716; R.-Ch. 80f. Nr. 63. Gnadenakt nach problematischer Ehe (Nichte und Onkel): Dig. 23,2,57a.

[18] *Sodales Hadrianales*: Pflaum 1964a, 118f.; vgl. S. 72 mit Anm. 1.

[19] Landleben vor 138: HA Pius 2,10. Angeln: 11,2. Personelle Kontinuität: 5,3.

[20] „nach dem Vorbild …“: HA Aurel. 5,8. Natürliche und geistige Eltern: Sen. brev. vit. 15,3. Domitias junger Tod, „die letzten Jahre …“, „Gebärerin“: M. Aur. 1,17,15. Hadrians intellektuelle Umgebung abqualifiziert: 8,25,2 über dessen *ab epistulis Graecis* P. Valerius Eudaemon (vgl. Fündling 2006, 743f.) und den literarisch tätigen Ti. Claudius Charax aus Pergamon; dazu Jones 2005, 264–266. In der Liste berüchtigter Lüstlinge M. Aur. 12,27 ist Fabius Catullinus, der „auf seinem Gut“ Schande auf sich häufte, vielleicht der gleichnamige *cos. ord.* 130 (PIR^2 F 25), Velius Rufus Teil einer Senatsfamilie aus dem syrischen Heliopolis (Bowersock 1982, 657; 666 Nr. 17). Unbekannt sind Lusius Lupus (PIR^2 L 438) und der „in Baiae“ berüchtigte Stertinius.

[21] Sparsame Lebensweise: HA Aurel. 5,8; Spielleitung: 6,1. Palast: 6,3; Cass. Dio 72,35,4. *VIvir equitum Romanorum*: HA Aurel. 6,3 vgl. Pius 6,9. Kein Vortritt: Cass. Dio 72,35,5. Zu bemühte Deutung von *quasi privatus* (Lob wegen Kostenersparnis oder Tadel des Strebens nach Popularität) bei Schmidt 1984,28.

[22] *consul designatus*, Caesar, Priestertümer: HA Aurel. 6,3.

[23] *consul II* 145: HA Aurel. 6,4. Zwei Nächte: 7,2. „immerfort …“: Cass. Dio 72,35,6.

3. Zur Weisheit berufen

[1] „nicht in …“: M. Aur. 1,4. Lehrerkult: HA Aurel. 3,5; Euphorion, Geminus, Andron: 2,2; zum Status Pflaum 1970, 202.

[2] Trosius, Proculus (orig. *Eutychius* statt *Tuticius*; dazu Pflaum 1970, 204f.), Alexander: Birley 1968 zu HA Aurel. 2,3. Seine Didaktik: M. Aur. 1,10. Prokonsul Proculus: HA Aurel. 2,5.

[3] Volusius Maecianus: HA Aurel. 3,6. Griechischlehrer (vgl. HA Ver. 2,5; Identifikation mit M. Aur. 8,25,1 unsicher), Herodes, Fronto: HA Aurel. 2,4f. (die letzten zwei auch bei Cass. Dio 73,35,1); Champlin 1980, er war *cos. suff.* 142 (AE 1995, 1824). Zu Herodes Ameling 1983; bei Ruso erzogen: Fronto, ad M. Caes. 3,2,1 p. 36,21 f. vdH². „dass ich in …": M. Aur. 1,17,8; „großen Lehrern …": HA Aurel. 2,1; vgl. Grimal 1990; Rosen 1994.

[4] Mallehrer Diognet: HA Aurel. 4,9; vgl. M. Aur. 1,6. Bett: M. Aur. 1,6,8; *akenospoudon*: 1,6,1; Okkultismus: 1,6,2f.; gegen Übereifer auch bei ‚seriösen' Weissagemethoden Epict. Diss. 2,7. Kritikvermögen: M. Aur. 1,6,4; Literaturübungen: 1,6,7; Philosophenkontakte: 1,6,6.

[5] Allianz von Stoa und Denken der republikanischen Nobilität: Pohlenz ²1959, I 254–56 (teils zu euphorisch). Vulgärstoische Kyniker: Pohlenz ²1959, I 279. Sextius' Kampf um den Willen: a. a. O. 280.

[6] „in die Hände …": M. Aur. 1,17,22; Dialektik, Physik vgl. 7,67,3; 8,1,5. „denn die …": 7,47,2.

[7] Auf dem Posten bleiben: M. Aur. 7,45. Vgl. Köstermann 1932.

[8] Apollonios: M. Aur. 1,8; HA Pius 10,4f.; Aurel. 3,1; Cass. Dio 73,35,1 („von Nikomedeia"); Freundschaftsdienste: M. Aur. 1,8,7. Beweint: HA Pius 10,5; Sohn gefördert: Fronto, ad M. Caes. 5,51 p. 79,15–23 vdH².

[9] Commodus, dessen *adfinitas*: HA Aurel. 2,7; spekulativ Chausson 2003, 120f. Jugendfreunde: HA Aurel. 3,9 (für Fiktivität der beiden *equites* E. Birley 1983, 96); deren Förderung: 3,10; zu Aufidius Victorinus vgl. Pflaum 1956. Seius Fuscianus, *cos. suff.* spätestens 151 (Alföldy 1977, 159f.), *cos. II ord.* 188, stieg für kurze Zeit zum *praefectus urbi* nach Victorinus (und vor Pertinax) auf (PIR² S 317); vgl. E. Groag, RE II A 1 (1921), 1122–1124 s.v. Seius 9; W. Eck, Seius 1. DNP 11 (2001), 352.

[10] Basilides: Eus.-Hieron. chron. ad a. 150 p. 203 Helm. Cinna: HA Aurel. 2,2; M. Aur. 1,13; vgl. Pflaum 1970, 210f. Rusticus (PIR² I 814): HA Aurel. 2,2–4; Cass. Dio 72,35,1; M. Aur. 1,7; „den er …": HA Aurel. 2,3; vgl. Pflaum 1970, 209f. Epiktet: M. Aur. 1,7,8; Besserung: 1,7,1; Statuen: HA Aurel. 2,4. Rusticus' Vorfahr war Q. Iunius Arulenus Rusticus; Domitian ließ ihn etwa 93 hinrichten (PIR² I 730); Marcus' Lehrer war entweder ein spätes Kind oder ein Enkel des Stoikers. Zu seinen Familienverbindungen Syme 1991, v. a. 584.

[11] Schlichte Briefe, u. a. an Lucilla: M. Aur. 1,7,5; keine Sprachkunst: 1,7,3 (Luxusgüter: 1,7,4); „die Verbesserung …": 1,7,1. Keine Schauveranstaltungen: 1,7,2; vgl. S. 152. Vergebungsbereitschaft: 1,7,6; Detailwissen: 1,7,7. Streit, „nichts Unangemessenes …": M. Aur. 1,17,14.

[12] Maximus' in sich ruhender Charakter: M. Aur. 1,15,1–4. „Und dass alle …": 1,15,5; „Und dass sich …": 1,15,9f. Identifiziert mit Claudius Maximus, *procos. Africae* wahrscheinlich 158/59, vor dem Apuleius seine berühmte Verteidigungsrede hielt (PIR² C 933); Syme 1983 schlug 289 = 345 vor, Maximus, Statthalter von Pannonia superior mindestens 150–154 (CIL XVI 99; 104), sei von Hadrian zum Senator erhoben worden; Alföldy 1977, 143 identifizierte ihn auch mit [---] Maximus, Statthalter von Pannonia inferior ca. 137–141 (ILS 1062).

[13] „Was könnte …“: Epict. Diss. 2,14,18f. Gewollt unbequem: 3,23,31. Gegen angelernte statt gelebte Stoa v.a. 2,17,34–40.

[14] Melancholische Wirkung der *Selbstbetrachtungen*: Birley ²1987, 222; unfreundlicher Dilke 1957, 95: „rather puritanical and self-righteous“. Theater: z.B. Epict. Diss. 1,1,18; 1,2,29. Wahl des Menschen, mehr Gott oder mehr Tier zu sein: 1,3,3; zum Schauen und Deuten bestellt: 1,6,19. Freiheit durch ein Ende der Wünsche: Epict. Diss. 4,1,175.

[15] „Auf welche Art …“: M. Aur. 12,33,1f. Zur *prohairesis*-Lehre Epiktets vgl. Pohlenz ²1959, I 332–334. „Grabe …“: M. Aur. 7,59. „Zieh dich …“: 7,29.

[16] „Und während …“: HA Aurel. 6,5; „Auch der Körper …“: M. Aur. 7,60. Lob des Kynikers: Epict. Diss. 3,22; „nur um Wasser …“: 3,14,5.

[17] „Übermüdung …“: M. Aur. 7,64,3. Historischer Abriss mit Rückverfolgung bis ins Mittelalter: Brumberg 1988. Unterhalb der Magersucht (Anorexia nervosa) mit starkem Untergewicht, konsequenter Unterernährung oder obsessiver Angst vor Zunahme rangiert in heutigen Diagnoseschemata die „Food Avoidance Emotional Disorder“ (FAED), erkennbar an abnormem Ernährungsverhalten wie Vermeiden oder Einschränkung des Essens. Vgl. Bryant-Waugh/Kaminski 1993, 19.24.

[18] Instruktive – wiewohl vom Therapeuten überprägte – Fallerzählung eines Magersüchtigen in E. Drewermann, *Hänsel und Gretel. Grimms Märchen tiefenpsychologisch gedeutet.* Zürich/Düsseldorf 1997 (Ndr. 2004), 56–59; 66–70. Geschätzter heutiger Männeranteil an Fällen von Magersucht 5–10%, bei Kindern eventuell weit darüber (20–30%?): Bryant-Waugh 1993, 61. Krankheitsgewinn der Askese: Wren/Lask 1993, 85. Zur „höheren … Erkenntnis“ (die sich im fraglichen Fall auf Platons Ideenlehre berief!) und Primitivität: Drewermann a.a.O. 56 (angstbesetzter Hintergrund des ‚Kontrollparadoxons‘: Bryant-Waugh/Kaminski 1993,24; Wren/Lask 1993, 76); 68 zum Zwang, sich aufzuopfern, und der nachträglichen Deutung des „schleichende[n] Suizid[s]“ (70). Isolierende Wirkung: Wren/Lask 1993, 85.

[19] Mögliche Traumata: MacDonald 1993, 6, vgl. Wren/Lask 1993, 84. Unauffälligkeit vor Durchbruch der Essstörung, Mutteridentifikation: Wren/Lask 1993, 73.75 (andere Theorien vermuten u.a. Versuche des gestörten Kindes, seiner Mutter eine neue Lebensaufgabe zu verschaffen! a.a.O. 79). Versagen, Perfektionismus: a.a.O. 83. 86. Maskierte Rebellion: Wren/Lask 1993, 76; Muskelschwund, Training gegen Gewicht: Bryant-Waugh/Kaminski 1993, 25. 27. „Aus Nahrungsmangel …“: Iulian. Caes. 317c. ‚Mentale Diät‘, Unterdrückung und Ausblendung v.a. lustvoller, problematischer und aggressiver Regungen durch einen inneren Zensor: Magagna 1993, 191.193

[20] Dank für verfügbares Geld, „dass mich …“: M. Aur. 1,17,17 mit Epiktets *sōmátion*, nicht aber *ktēsídion*; vgl. Straub 1963, 17 Anm. 51.

[21] „Ich aber …“: Fronto, ad M. Caes. 1,2,1 p. 2,6f. vdH². Die Ansicht von Grimal 1990, 154, hier liege eine Form des pädagogischen Eros vor, ignoriert Marcus’ Seite der Dinge.

[22] „mein Teuerster …“ (*mi Fronto carissime et amicissime*): Fronto, ad M. Caes. 3,2,2 p. 36,25 vdH²; „bester Freund …“ (*amicissime et rarissime homo, dulcissime magister*): ad M. Caes. 2,17,1 p. 34,23.

[23] Bedenken Frontos: Rosen 1994, 123f.

[24] *Domino meo*: so etwa Fronto, ad. M. Caes. 1,7 p. 13,17 vdH², ein erklärter ‚Liebesbrief', in dem Fronto sich „benommen und erschüttert von Deiner brennenden Liebe" zeigt (1,7,3 p. 15,9f.). Eher dürftige Epitheta für Marcus: vgl. Rosen 1994, 124f. Aversion gegen homosexuelle Bindungen: M. Aur. 1,16,7; 1,17,13.

[25] Selbstanklage 146 (Marcus nennt sein Alter): Fronto, ad M. Caes. 4,13,2 p. 68 vdH²; Sprachwitz: a. a. O. 4,13,3, ein gewollt geschraubter Archaismus *lecteis prius oratiunculeis Tullianeis* (etwa „nach zuvörderst stattgehabter Tullianischer Lectura"). Replik auf den Platon-Brief: ad M. Caes. 3,16 p. 47f. „Darum handelt ...": 3,16,1 p. 47,20f.

[26] Späteres Verhältnis zwischen Fronto und Marcus: Rosen 1994, 128–135. Rusticus gegen „Schwatzreden": M. Aur. 1,7,2; „das Abstehen ...": 1,7,3; Briefe: 1,7,5; „die Ansicht ...": 1,7,7; vgl. Rosen 1994, 132. Unter den zahlreichen Attacken Epiktets auf eine buchgelehrte Philosophie vgl. v. a. Diss. 2,1,29–40; 3,2,13–16; *gegen* die Ansicht, alles außer der Philosophie sei wertlos, Diss. 2,23,25.31f.34. Frontos Lehre, „wie tyrannisch ...": M. Aur. 1,11.

[27] Sextus: HA Aurel. 3,2; M. Aur. 1,9. Zurückhaltung: 1,9,9; Tugendideal: 1,9,3; Gedankenschärfe: 1,9,8. Ein weiterer Platoniker, Alexander: M. Aur. 1,12. Claudius Severus: PIR² C 1022 und 1027; Halfmann 1979, 161 Nr. 72; geboren zwischen 111 und 115 (Pflaum 1970, 211). Vgl. seinen Sohn, *cos. II ord.* 173, PIR² C 1023; Halfmann 1979, 180f. Nr. 101; Jones 2002, 111–114 mit Neulesung von SEG 13,505. Als Lehrer: HA Aurel. 3,3; M. Aur. 1,14 (*exempla*: 1,14,2).

[28] „Betrachte ...": M. Aur. 3,7,1. Modifikationen der Lehre und Eindringen anderer Philosophien: vgl. Asmis 1989, v. a. 2228–2230.

[29] Charakteristik: HA Aurel. 4,10. „alle Tage ...": Cass. Dio 72,34,5; vgl. Garzetti 1974, 507 zu Marcus' wohlverborgener „highly tensed nature".

Erbe des Antoninus

4. Die Mittagsruhe des Reiches

[1] Detailversessenheit, „Kümmelspalter": Cass. Dio 70,3,3; Iulian. Caes. 312a; positiv gewendet: M. Aur. 1,16,12; Marcus kannte philosophische Ermunterungen zur peniblen Genauigkeit etwa von Epiktet, dessen Lehrer Musonius logische Schnitzer mit dem Brand des Kapitols gleichgesetzt hatte (Diss. Epict. 1,7,32). „Voraussicht ...": M. Aur. 1,16,12. Belehrbarkeit: M. Aur. 1,16,4; 6,30. Anklagend z. B. Pflaum 1964, 118–121; 1964a, 122.

[2] Marcus' Tränen; Antoninus' Verteidigung: HA Pius 10,5. Zu Apollonios vgl. S. 44.

[3] Zur Selbstprüfung auf ein momentanes Verfallen in „weibische" Charakterzüge M. Aur. 5,11 (vgl. 4,28).

[4] Beraterrolle: HA Aurel. 6,7; Zwietrachtstifter: 6,8f. „in äußerstem ...": 6,8; „Zurückhaltung": 6,10; „höfischer Prunk": 6,3. Kleidung, *salutatio*: Cass. Dio 72,35,4f.;

Antoninus: M. Aur. 1,16,27. Legate; „lehnte er …“: HA Aurel. 7,1. Kein bekundetes Interesse Antoninus’ an Essen, Kleidung, besonders hübschen Sklaven: M. Aur. 1,16,26. Szene in Tusculum: 1,16,27. „möglich ist …“: 1,17,5.

5 Lob des Antoninus: M. Aur. 1,16; 6,30. „das Energische …“: 6,30,5; „Möge dich …“: 6,30,15; weitere Tugenden: 6,30, 6–12. „In allem …“: 6,30,5.

6 „von …“; „bescheidenen …“: M. Aur. 1,16,16; „konnte entbehren …“, Sokrates: 1,16,30. Vgl. Senecas Verurteilung der Angst vor dem Reichtum: *infirmi animi est pati non posse divitias* (ep. 5,6).

7 „maßvolle Sorgfalt …“: M. Aur. 1,16,20. Häufig Kopfschmerzen, rasche Genesung: 1,16,23. „geordnet …“: 1,16,29. Verdauung, „dank seiner einfachen …“: M. Aur. 6,30,11; vgl. Lask/Fosson 1993, 160f. zur Rolle von Obsessionen und Phobien bei Essstörungen sowie zur Häufigkeit von Verstopfung. Allerdings lobt auch Epict. enchir. 41 die Fähigkeit, Körperfunktionen selten und beiläufig zu erledigen. Antoninus als Freund berechenbar: 6,30,12.

8 Privilegienstreichung, Kommentar: Dig. 27,1,6,7; sonstige Regelung (Befreiung für Ärzte, *grammatici*, Rhetoren): 27,1,6,1f. Peloplaton („Lehm-Platon“) gegen Antoninus: Philostr. VS 2,5 p. 570f. Philosoph: vgl. ILS 7776.

9 Aussehen und Stützkorsett, Stimme: HA Pius 13,1f; vgl. Epit. de Caes. 15,4. Heiligkeit (*sanctimonia*) und weitere Tugenden: 13,3. „als einziger …“: 13,4; „derart ausgeglichen …“: Aur. Victor, Caes. 15,3. „immer zufrieden …“: M. Aur. 1,16,11; „nüchtern …“: 1,16,15. Guter Umgang, Humor: 1,16,19; „nichts …“: 1,16,29.

10 „festes …“: M. Aur. 1,16,1; „die Erfahrung …“: 1,16,6. Sorglos um „Gefallsucht“: 1,16,15; Ruhm gleichgültig vor Pflicht: 1,16,25. Widerspruch geduldet: 6,30,13.

11 Arbeitseifer: M. Aur. 1,16,3. Juristen als Berater: HA Pius 12,1. Willig gewährter Ruhm: M. Aur. 1,16,21; vgl. Hadr. 15,8–10.

12 Zu Antoninus’ Städteförderung vgl. Segenni 2001, v. a. 368f., Beihilfen (*alimenta*) und die Dokumentation 395–405. Ende der hadrianischen *legati*: HA Pius 2,11; Aufwertung Italiens: Garzetti 1974, 466f. (nach wie vor eine der flüssigsten, materialreichsten Darstellungen der Epoche).

13 Militärische Bilanz: HA Pius 5,4f. Vormarsch in Britannien zur Profilierung (und Behauptung gegenüber expansionistischen Militärs?): Birley 1979, 475. *Vallum Antonini*: Breeze/Dobson 2000, 88–133. Dakien: Alföldy 1977, 245 mit Anm. 205.

14 „die Aufstände …“: HA Pius 12,2. Quellenlücken: der fast vollständige Ausfall von Cassius Dios Buch 70; vgl. Stroheker 1966. Maurenkrieg: Rachet 1970, 194–203, Rémy 2005, 250–254; zum römischen Aufgebot v. a. Bénabou 1976, 138–142; Holder 2006, 261–264 zu RMD IV 273. Klientelkönige: HA Pius 8,6–10; vgl. 12,7; Cass. Dio 70 (69), 15,3. Furcht und Liebe: Epit. de Caes. 15,3; „die Inder …“: 15,4. Truppenverlegung: vermutet von Weiß 1999, 285 für eine vor 145 von der Donau abgezogene Kohorte; vgl. ILS 1076 zur Verlagerung von Legionsteilen (*vexillationes*) nach Syrien *ob bellum Parthicum* unter L. Neratius Proculus (PIR^2 N 63).

15 Verschwörer: HA Pius 7,3f.; „weil er …“: FO^2 50 ad a. 145; vgl. Pflaum 1966, 145. Titianus: PIR^2 A 1305: einzuordnen zwischen 145 und 151. FO^2 51 belegt für

letzteres Jahr außerdem drei Deportationen. Der „Celsus" in HA Avid. 10,1 ist fiktiv. Keine Nachforschungen: HA Pius 7,3; Epit. de Caes. 15,6. Präfekten: HA Pius 8,7f.

16 Beratungen: HA Pius 6,11; Kleidung: 6,12; M. Aur. 1,16,27. Erläuterte *gesta*: HA Pius 12,3. Vermögen: 7,9 vgl. 12,8.

17 Rentenkürzung (des Dichters Mesomedes): HA Pius 7,8. „haushälterisch ...": M. Aur. 1,16,14; „geizig": Iulian. Caes. 311d-312a. Spiele und Bauten: M. Aur. 1,16,25. Ortsfestigkeit: HA Pius 7,10–12; „nichts Wechselhaftes ...": M. Aur. 1,16,22. Vgl. Aristid. or. 26 K., 18 (zum Hintergrund der Rede Bleicken 1966). Versorgungskrise: HA Pius 8,11; Zwischenfall: Epit. de Caes. 15,9.

18 Kollegien: nach Rüpke 2005, II 796f. Nr. 800 (vgl. a.a.O. III 1603–1605) zusätzlich zu den *salii Palatini* nun die vier *amplissima collegia* (Pontifices, Auguren, *quindecimviri sacris faciundis*, *septemviri epulones*) und die *sodales Augustales*. Für eine Mitgliedschaft auch bei den *Fetiales* spricht der Vollzug von deren Ritus im Jahr 177 (vgl. S. 160). „nie ...": HA Pius 11,5. Kein Aberglaube: M. Aur. 1,16,15; ehrfürchtig: 6,30,14. Ruhiger Traditionalismus: 1,16,21.

19 Lehrer „in ein Ehrenamt ...": M. Aur. 1,17,9. Intervention für Herodes: Fronto, ad M. Caes. 3,2; „denn jeden ...": 3,2,1 p. 36,19f. vdH^2; „dass diese ...": a.a.O. p. 36,22f. Antwort Frontos: ad M. Caes. 3,3; „keinen totalen Krieg" (*internecivum* sc. *bellum*): 3,3,3 p. 38,2; Korrespondenz fortgesetzt in 3,4–6. Prozess von Pflaum 1970, 207f. nach Mommsen auf 145/46 datiert.

20 „manchmal gezwungen ...": HA Aurel. 4,8; vgl. Epict. Diss. 3,16,14 gegen Spielebesuche (erst recht reges Interesse: enchir. 33,2). Lesen beim Essen: Fronto, ad M. Caes. 4,12,5 p. 66,16–20 vdH^2; Epict. enchir. 33,6 rät, philosophieferne Gesellschaft zu meiden. „Vergnügungen ..."; „beim Unterteilen ...": 11,2,1f. Abwertung des nachklassischen Dramas: 11,6. Der *magister iatroliptes* beider *pueri eminentes*, P. Aelius Epaphroditus: CIL VI 8981.

21 Bedrohung der Nachfolge durch legitime Erben: Stanton 1969, 58389. Lysistrate: ILS 1839; Repentinus: HA Pius 8,9.

22 Hochzeit: HA Aurel. 6,6. *Rosaria*: Herz 1978, 1174. Frühe sexuelle Usurpation von Mädchen unter 12 (und medizinische Folgen): Rousselle 1988, 32–39. „dass mir Kinder ...": M. Aur. 1,17,7.

23 Sexualität medizinisch bedenklich: Rousselle 1988, 17–20. „er ist das ...": M. Aur. 6,13,1; vgl. Epict. Diss. 2,8,12.14. Legales Konkubinat: Rousselle 1988, 81f. 85; parallel zur Ehe: 95–97. Marcus: HA Aurel. 29,10. Ehemoral der kaiserzeitlichen Stoa: Pohlenz ^{2}1959, I 299; 302f.; 308; vgl. Treggiari 1991, 511–513. Monogame Fortpflanzung ist Bürgerpflicht: Epict. Diss. 3,7,19–21. Frauen als Gemeineigentum: Epict. Diss. 2,4,8–11; jenseits des Sexuallebens funktionslos: enchir. 40. Froher Abschied vom Geschlechtstrieb: frg. 23 = Stob. 4,53,29.

24 Abtreibungspraxis: Rousselle 1988, 44–46.

25 Tochter: Annia Galeria Aurelia Faustina (PIR^2 A 714, R. Ch. 77f. Nr. 61) *oder* (so Ameling 1992, 151f.) die frühverstorbene Domitia Faustina, PIR^2 D 177; R.-Ch. 284f. Nr. 323 – Galeria wäre dann 150/51 geboren. Sie heiratete Cn. Claudius Severus; vgl. R.-Ch. 77f. Nr. 61 und PIR^2 A (709+?) 714. Galeria erlebte das Jahr 180

nicht (wenn Hdn. 1,8,3 verlässlich ist); ihr Sohn (PIR[2] C 1028) sollte im Jahr 200 *consul ordinarius*, ihre Enkelin (PIR[2] A 710) eine der Frauen Elagabals werden. Ehren: HA Aurel. 6,6. Skeptisch zum *imperium extra urbem proconsulare* Béranger 1980, 6 (anders Hammond 1956, 99f.). Faustina Augusta, Protokoll: Kuhoff 1993, 250 mit [27]. Geburtstage als Staatsfeste: so Herz 1978, 1173. Stadtgründungsfeier: Aur. Victor, Caes. 15,4. Wisente: AE 1987, 867. Tochter von 149, wohl Annia Aurelia Galeria Lucilla: PIR[2] A 707; R.-Ch. 67–69 Nr. 54.

[26] Geburten der Söhne: Ameling 1992, 156–160. Cornificia: InscrIt. XIII,1,207. „Euer Wohlwollen ...": SIG[3] 851 = IGR IV 1399; fehldatiert auf 147 (Ol. 325–327 Nr. 157: im Jahr 158 oder davor? Für 153/54–156/57 Krier 1980, der von einem unbekannten Sohn ausgeht). Tod von Domitia Faustina: Ameling 1992, 158. Inschriften: ILS 383–385. Fadilla, geb. 159: PIR[2] F 96; R.-Ch. 311 Nr. 356; Cornificia, geb. 160: PIR[2] C 1505; R.-Ch. 261–263 Nr. 294. Ein in Ephesos vor 164 belegter „Hadrianus" unter Marcus' Kindern wurde vielfach (zuletzt von Ameling 1992, 160) mit einem der beiden kurzlebigen Söhne der 150er identifiziert; chronologisch könnte allerdings ein Kind hinter M. Annius Verus (162) ins Jahr 163 oder 164 passen.

[27] Lucius erwachsen: HA Ver. 3,1. Vorzeitig Quästor: HA Pius 6,10; Reisen: HA Ver. 3,5. Priester (Augur): Rüpke 2005, II 813 Nr. 886. „war 23 ...": HA Ver. 2,11; „entbehrte ...": 3,4; vgl. Callu 1991, 115–120. Lucius mit im *consilium*: Ol. 334–336 Nr. 163; dort auf 154 oder später datiert.

[28] „von einfachem ...": HA Ver. 1,5. Lehrer: 2,5; Lucius' *grammatici* waren, seinem Status nach 138 entsprechend, eher prominenter als die seines Bruders; vgl. Pflaum 1976, 174–177. „durch Marcus' ...": HA Ver. 2,10. Interessen: 2,6–9; tragische Gedichte: Epit. de Caes. 16,6; als Redner: HA Ver. 2,7. Hdn. 1,2,3 spricht von Marcus' „auf uns überlieferten Reden und Schriften". Modecharakter der antoninischen Kaiserfrisuren, „a metropolitan Roman affair": Smith 1998, 90f.

[29] Zirkus, Gladiatoren: HA Ver. 3,6. Anerkennung für „Schlichtheit": 3,7; zur *simplicitas* vgl. S. 118.

[30] Weinlesen: HA Pius 11,3; andere soziale Anlässe: 11,2.4.7. *amici* dürfen beim Essen fehlen: M. Aur. 1,16,2; Karikatur der Seelennöte eines kaiserlichen *amicus* als Sklaverei: Epict. Diss. 4,1,47f.56f. Mittags-‚Menü' in Lorium: Fronto, ad M. Caes. 4,6,1 p. 62,15–17 vdH.

[31] Ariston und das Fasten: Fronto, ad. M. Caes. 4,13,2 (die römische Zählung nennt das begonnene, nicht das vollendete Lebensjahr). Marcus kasteit sich für Antoninus: Fronto, ad M. Ant. 1,5,4. Brief aus Alsium: fer. Als. 1. „In Lorium ...": fer. Als. 3,3 p. 228, 18f. vdH[2]; „doch den ...": 3,5 p. 230, 4f. Antwort: fer. Als. 4.

[32] „ob du das ...": M. Aur. 7,49,2; vgl. 11,1,3 (vierzig Jahre reichen, um das Geschehen der ganzen Welt durchschaut zu haben).

5. Ordnung und Eintracht

1 Abschiedsszene, Parole: HA Pius 12,5f.; Aurel. 7,3. Fieberängste: HA Pius 12,7. Grab, göttliche Ehren: 13,3f.; HA Aurel. 7,10f. Antoninus' Leiche wurde eventuell nicht verbrannt: Kierdorf 1986, 67f. Doch vgl. Chantraine 1980, 77 zur fraglichen Aussagekraft von HA Aurel. 7,10. *Sodales Antoniniani*: vgl. Kap. 2. Zur Besetzung im Gründungsjahr vgl. zuletzt Rüpke 2005, I 342; III 1589–1591; 1599 (für Identität mit den älteren *Hadrianales*, ebenso G. Alföldy zu CIL VI 41140).

2 Statuette: HA Pius 12,5; Aurel. 7,3. „vom Senat …": Aurel. 7,5. Donativ, Besuch im Lager: 7,9; Marcus spricht: HA Ver. 4,3. Geldreserven des Jahres 161: Cass. Dio 74,8,3. Totenrede: HA Aurel. 7,11; Spiele: 8,2.

3 Samtherrschaft (*pariter*): 7,6; vgl. HA Hadr. 24,2; Eutr. 8,9,2 (danach Eus.-Hieron. chron. ad a. 161 p. 204 Helm). Dazu Rosen 1991a. „Und als ob …": HA Aurel. 7,7. *Pontifex maximus*: vgl. Rüpke 2005, 796 Nr. 800; 813 Nr. 886. Eine formelle Anwartschaft Lucius' auf das Amt postulierte Oliver 1977, 90–94 zu IG II² 2086. Der Titel fehlte seit 166 auf Marcus' Gold- und Silbermünzen (Rücksicht auf Lucius? Hammond 1959, 65f.). „lebte er … an Würde gleichen Kaiserrolle (*paris maiestatis imperio*)": HA Ver. 1,4.

4 Marcus' Schwäche, Lucius' „für Kriegstaten besser geeigneter" Körperbau: Cass. Dio 71,1,2f. Reines Pflichtgefühl vermutete Garzetti 1974, 473, das Pochen der Ceionii und verschwägerter Familien auf den ‚Vertrag von 138' Pflaum 1964a, 120–122.

5 Lucius *proconsul*: Kienast ²1996, 143. „weil die Lage …", Senatsbeschluss: HA Aurel. 8,9.

6 „Könige": HA Pius 12,7; Armenienkrise: 9,6f. Vologaeses rüstet vor 161: HA Aurel. 8,6.

7 Städte: vgl. Ol. 342–345 Nr. 167 an Beroia in Makedonien. „Marcus …": HA Aurel. 8,3. Kaisertugenden auf Münzen und ihre „dullness" nach 161: Wallace-Hadrill 1981, 311; vgl. Tabelle a.a.O. 323; Fears 1981, 903–906.Flut: HA Aurel. 8,4f. Autor: 8,1 (doch vgl. E. Birley 1983, 95).

8 Severianus: Cass. Dio 71,2,1, vgl. PIR² S 306. Flucht des Attidius Cornelianus: HA Aurel. 8,6. Schon 157 in Syrien (ILS 9057)

9 Übersicht des Partherkrieges: zuletzt Strobel 1994, 1317–1324. Reduzierte Armeen: In den Partherkrieg zogen die *legio I Minervia* aus Bonn (Germania inferior: CIL XIII 8213), die *II Adiutrix* (Pannonia inferior) und die *V Macedonica* (Moesia inferior). Chatten, Unruhe in Britannien: HA Aurel. 8,7. Sex. Calpurnius Agricola, Statius Priscus: 8,8. Zu M. Statius Priscus, *cos. ord.* 159, der als junger Procurator den *latus clavus* erhielt und eine Senatskarriere begann, Pflaum 1976, 180f., PIR² S 880. Priscus' Gebrüll ließ, so ein von Lukian fabrizierter oder überlieferter Witz, 27 parthische Soldaten vor Schreck umfallen: Lucian. Quom. hist. conscr. 40. Statthalter: Fitz 1980, 405.

10 Annius Libo, *cos. suff.* 161 (AE 1972, 657): PIR² A 668.

11 Itinerar: Halfmann 1986, 210–212.

12 *Profectio*, Canusium: HA Aurel. 8,10f. Trunkenheit: HA Ver. 6,7. „all deine …":

Fronto, ad Ver. imp. 1,5,2 p. 110,4f. vdH². Angebliches Verhalten unterwegs: HA Ver. 6,9. Blitzomen: Eus.-Hieron. chron. ad a. 162 p. 204 Helm.

[13] Lucius am Euphrat: HA Ver. 7,6; Antiochia sein Quartier: Cass. Dio 71,2,2. Krieg den Legaten delegiert: HA Ver. 7,1; vgl. nur Garzetti 1974, 476 zur Fügsamkeit und „personal laxity", „a principate conceived as a splendid sinecure". Zu Avidius Cassius PIR² A 1402. Martius Verus, *cos. suff.* 166: PIR² M 348; Johne 1979. „Vier Jahre ...": HA Ver. 7,3. Versuch, Lucius ein Erscheinen an der Front nachzuweisen, bei Lambrechts 1934 unter zu wörtlicher Berufung auf Pan. Lat. 4(10),24,6. Sexualverhalten: HA Ver. 4,4; ein Pergamos, der in M. Aur. 8,37,1 neben Panthea erscheint, wurde von Stanton 1969, 572 Anm. 11 als Lucius' möglicher Partner gesehen. Rasur „nach dem Gutdünken ...": HA Ver. 7,10. Spott im Theater: 7,4. Libos Tod: 9,2. Lucius des Lasters wegen fortgeschickt: 5,8.

[14] „alles ...": HA Aurel. 8,14. „meine Taten ...": Fronto, ad Ver. imp. 1,2,3 p. 109,3f. vdH². Lob des Feldherrn und Rhetors Lucius: ad Ver. imp. 2,1 p. 118–132 vdH².

[15] „geduldig ...": HA Aurel. 8,13. Schreiben nach Ephesos: Ol. 347–351 Nr. 170. „Ich bin es ...": M. Aur. 8,42.

[16] Marcus lernt weiter bei Sextus: Cass. Dio 71,1,2; Philostr VS 2,1 p. 557. Vorgespielter Philosophieeifer einiger: Cass. Dio 72,35,2; Korrespondenz dauert an: 72,36,2. Kritik an Fehlen bei *convivia*: HA Aurel. 29,7 in der Interpretation von Vössing 2004, 328. Varius Clemens: Pflaum, CP I 368–373 Nr. 156; zum Motiv Birley 1979, 493; 1992, 23–27. Avidius Cassius: zur Person Syme 1987a; die *Vita Avidii* der HA ist ein bloßes Phantasieprodukt mit wenigen Doubletten aus der *Vita Marci*. Kurzkommentar: Baldwin 1977.

[17] Artaxata, *Armeniacus* und Zögern Marcus': HA Aurel. 9,1f. Martius Verus, Sohaemus: PIR² S 761. Titel: HA Ver. 7,2; 8,5. Zur Proklamation gegen Kranzgeschenke (*aurum coronarium*) vgl. Ol. 360f. Nr. 177, einen Dankbrief von 164/65 an die Stadt Delphi.

[18] Lucilla, Gerüchte, Statthalterbriefe: HA Aurel. 9,4–6. Ephesus: HA Ver. 7,7. Barbarus, *cos. ord.* 157 (Halbbruder von Aelius Caesar): Syme 1957, 326; W. Eck, RE S XIV (1974) s.v. Vettulenus 2.

[19] Lukian bei Lucius: Jones 1986, 68–77. Zur Kontroverse um den Echtheitsgrad der von Lukian geschilderten Werke Strobel 1994, 1334–1355 mit Literatur.

[20] Verteidigung Syriens, Abfall der parthischen Bundesgenossen: Cass. Dio 71,2,3. Ma'nu: PIR² M 169. *I Minervia* in Osrhoëne: ILS 1098. Dausara, Nikephorion: Fronto, ad Ver. imp. 2,24 p. 131, 13 vdH². (Dura-)Europos: Lucian. Quom. hist. conscr. 20; 22; 24; 28. Laut Strobel 1994, 1322 erst 165 anzusetzen.

[21] Fulvus: PIR² A 1512. Brief nach Athen: Ol. 355–357 Nr. 173; Inhalt nach Adresse und erster Zeile verloren, aber aus Ol. 184 aus dem Jahr 174/75 erschließbar.

[22] Seleukeia; „Assyriens ...": Eutr. 8,10,2; alternative Zahl Eus.-Hieron. chron. ad a. 164 p. 204 Helm. Zerstörungen: Cass. Dio 71,2,3. Pontontechnik: Suda s.v. zeugma.

[23] „Unklares ...": Aur. Victor, Caes. 16,11. Juristen, Scaevola: HA Aurel. 11,10 (vgl. PIR² C 681).

[24] *alimenta*: HA Aurel. 11,2. Straßen: 11,5 vgl. 12,9. Hunger, Getreideversorgung: 11,3. 5.

[25] Erbrechtsreformen und -kodifizierungen: HA Aurel. 11,8.

[26] Archive und Freiheitsprozesse: HA Aurel. 9,7–9. Verstorbene: 10,1.

[27] Wechsler, Auktionen: HA Aurel. 9,9. *iuridici*: 11,6; vgl. Eck 1991; Christol 2005.

[28] Vormundschaften, *curae*: HA Aurel. 10,11 f. Freigelassene: 11,8.

[29] Kalender: HA Aurel. 10,10; Aur. Victor, Caes. 16,11 (komplizierter ausgedrückt).

[30] *sumptus*-Gesetz: HA Aurel. 11,1; Erlaubnis zum selben *cultus*, einschließlich des Personals: 7,6; Eutr. 8,14,1; Vössing 2004, 309 vermutet eine spezifische Verwendung von Gold. Für den Kaisern reservierte Formen des Tafelluxus fehlen jedoch anderweitige Belege; Vössings Datierung unter Hadrian ist erklärtermaßen spekulativ und die Nachricht könnte durch ihre spätantike Zwischenquelle (oder Eutrop selbst, den die *Vita Marci* der HA sonst direkt benutzt) entstellt sein.

[31] Erbschaftssteuer: HA Aurel. 11,8. Fiskalprozesse und Anzeigen: 11,1 f.

[32] Anwesenheit im Senat: HA Aurel. 10,7–9. Grunderwerbspflicht: 11,8.

[33] Prozesse an den Senat: HA Aurel. 10,1; vgl. 12,5; in Frage käme etwa der Streit um das Testament der Kaiserverwandten (Mindia) Matidia (der Jüngeren; PIR^2 M 368; R.-Ch. 533) – vgl. Fronto, ad Ant. imp. 2,1 f. p. 95 f. vdH^2; „ich werde die Angst nicht los, dass ihm die Philosophie etwas Abwegiges angeraten hat“: ad am. 1,17,1 p. 180,5. Einzelrichter: HA Aurel. 10,2^2. Vgl. Scheithauer 1987, 80–87 zur Darstellung von Marcus' Ständepolitik in der HA. Gemeinde-*curatores*: HA Aurel. 10,2^3.

[34] Senatoren vor Gericht: HA Aurel. 10,6. Beihilfen: 10,4. Neuaufnahmen: 10,3; „Niemanden ...“: 10,5. Vetrasinus: 12,3. Fürsprecher (*suffragatores*): 29,9.

[35] Schlechter Praetor: HA Aurel. 12,4. „Er stellte ...“: 11,9.

6. Das große Sterben

[1] Iunius Maximus: IvEph 811 (zweisprachige Basis seiner Ehrenstatue in Ephesos; vgl. Nollé 2003, 471 f.); Fronto ad am. 1,6,p. 175,18–176,4 vdH^2 (an Avidius Cassius); die weitgehend verlorenen Briefe ad am. 1,23 und 25 gingen an Maximus. Der Tribun stand Pate für die Filmhelden Livius in *Der Untergang des Römischen Reiches* (1964) und Maximus im Remake *Gladiator* (2000).

[2] „durch Hunger ...“: Cass. Dio 71,2,4.

[3] Relief aus Ephesos, vom sogenannten „Parthermonument“: Auf ca. 161–166 datiert zuletzt durch Nollé 2003, 479 (ca. 166); für Anfang 169 Strobel 1994, 1326 Anm. 71 mit Literatur. Nicht überzeugend die Frühdatierung auf die Jahre nach 138 durch Liverani 1997. Zum Victoriakult Nollé 2003, der a. a. O. 472–480 die Reliefs als Überreste eines Victoriaaltars anspricht. Münzen: Szaivert 1986, 194–200; Strobel 1994, 1324–1327. Frontos Probekapitel: die *Principia historiae*, p. 202–214, adressiert vermutlich an Marcus. Zur Entstehung Strobel 1994, 1327–1334. Frontos Sterbedatum: bald nach 166? Birley 1972, 468–473.

[4] Kosten der Rückkehr: vgl. IvEph 672, die Ehrung des Sophisten T. Flavius Damianus, der den durch Ephesos ziehenden Soldaten über dreizehn Monate hinweg zusammen 201 200 Medimnen Getreide (ca. 7000 Tonnen) stiftete. Kein dortiger Besuch des Kaisers; Schiffe der Flotte von Misenum in Seleukeia am 24.5. (FIRA[2] III 132): Halfmann 1986, 211f. Unwillige Rückkehr Lucius': HA Ver. 7,9. Cassius: Cass. Dio 72,3,1[2] (vgl. Tac. ann. 15,25,3).

[5] *pater patriae*, „da sich …": HA Aurel. 12,7. Triumph für Marcus, Bürgerkrone: 12,8 vgl. HA Ver. 7,9; 8,5.

[6] Caesaren-Antrag: HA Aurel. 12,8; Datum: HA Comm. 11,13; zur Bedeutung Herz 2003, 52. Kinder beim Triumph: HA Aurel. 12,10. Spiele: 12,11; Akten im Circus: 15,1. Zwischenfall: 12,12.

[7] Schauspieler: HA Ver. 8,7f.; 10f.; vgl. Leppin 1992, 275 (Paris III); 208–210 (L. Aurelius Apolaustus V; zu ihm auch Pflaum 1976, 182f.). Der Pantomime L. Aurelius Pylades (IV) könnte Lucius' Freigelassener sein (a. a. O. 286f.); vgl. auch a. a. O. 294f. Haussklaven: HA Ver. 7,5. Freigelassene: 9,3–6. Villa, Marcus' Besuch: 8,8f.

[8] Prunkgelage: HA Ver. 5,1–7; Randalierer Lucius: 4,6; vgl. Suet. Nero 26,1–27,2; Palast-*popina*: HA Ver. 4,5. Schlaf: 4,9. Grüne *factio*, Volucer: 6,1–6; 10,9; vgl. Suet. Cal. 55,2f. (und Barnes 1967, 69f. zur Häufung literarischer Parallelen). Zur älteren Kritik am demonstrativen Luxus (*tryphē*) hellenistischen Typs vgl. Vössing 2004, 244–253; ders. 535f. mit 536[3] zu überlebenden *tryphē*-Topoi in der Kaiserkritik. *Vita Veri* und Elemente der Tyrannentopik: Scheithauer 1987, 59–64.

[9] Zuständigkeit: die Zweiteilung des Palastsekretariats (*ab epistulis*) um 166 (vgl. Townend 1961, v. a. 377f. 380) könnte auf Erfahrungen während der Kriegszeit zurückgehen, aber der *ab ep. Graecis* begleitete Lucius 168 nicht nach Norden. „die Kaiserwürde": Eutr. 8,12,1; „ein Mann …", nicht bürgernah (*civilis*): Eutr. 8,10,4. Lucius bedrängt Fronto: Fronto, ad Ver. imp. 1,9.

[10] Antoninus zwingt nicht in Gesellschaft: M. Aur. 1,16,8. Ideal mäßiger Distanz zum einzelnen *amicus*: 1,16,10.

[11] Markomannenkrieg „kunstvoll" (*arte*) verschleppt: HA Aurel. 12,13.

[12] Prägnante Skizze der Entwicklungen an Rhein und Donau: Garzetti 1974, 481–484. Unterwerfungsangebot an Antoninus: Appian. praef. 26f. Gefahr durch „überlegene Barbaren": HA Aurel. 14,1.

[13] Episode der 6000: Cass. Dio 72(71),3,1a. Interpretation nach G. Dobesch, Obii (Obioi). RGA 21 (2002), 489–498 unter Betonung der Hinhaltetaktik Roms (HA Aurel. 12,13: *bellum … arte suspensum*); dort Literaturübersicht zu den so vieldiskutierten wie schlecht überlieferten Vorgängen. Nach Dios Notiz verschwinden die Langobarden bis zum Ende des 5. Jh. völlig aus den Schriftquellen: R. Nedoma et al., Langobarden. RGA 18 (2001), 50–93; dort W. Pohl, „Historisches", 62.

[14] Legionsaufstellung 165: durch M. Claudius Fronto (ILS 1097f.) und ein bis drei andere Consulare; Überblick bei Alföldy 1977, 179 mit Anm. 167. Kriegsteilnahme der *legio XV Apollinaris* aus Cappadocia angedeutet durch AE 1998, 1087 (vgl. schon SEG III 525 von einem thrakischen Rekruten der Legion).

[15] Pest und Legende: HA Ver. 8,1–4. Ausbreitung: Amm. 23,6,24. Dazu Winkle 1997, 434f.; 838f.

[16] Pest in Rom, Leichenkarren: HA Aurel. 13,3; 2000 Tote täglich: Cass. Dio 83,14,3. „und verzehrte …": HA Aurel. 13,5. Grabgesetze: 13,4; bezahlte Begräbnisse: 13,6. „eine ungünstige Mischung …": M. Aur. 9,2,4.

[17] *luxuria*: HA Ver. 9,7. Hunger, Marcus im Senat, „beide …": HA Aurel. 12,14.

[18] Kriegsfurcht, „von überall": HA Aurel. 13,1. *Lectisternium*, verschobener Aufbruch: 13,2; vgl. Liv. 22,9,7–10,10. 55,1–57,12. Scharlatan: HA Aurel. 13,6.

[19] *mater castrorum*, „bei sich …": HA Aurel. 26,8. *iuridici*: 11,6. *praetentura*: Birley 1979, 485f. datierte die Errichtung noch *vor* den Markomanneneinfall 170 (?). Ihr einziger bekannter Kommandeur war der Consular Q. Antistius Adventus, *cos. suff.* etwa 167.

[20] Mortalität der Pocken: Winkle 1997, 832. Armee besonders betroffen: Eutr. 8,12; Hieron. chron. ad a. 172 p. 206 Helm (danach ausschmückend Oros. 8,15,5f.). Rekrutierungsbedarf: vgl. Scheidel 1995, 246: vermutlich ca. 248–280 Rekruten pro Legion in jedem normalen Jahr, denen ca. 120–152 Entlassene gegenüberstanden.

[21] Opferzahl: Gilliam 1961 verwarf die meisten mutmaßlichen Quellen und vermutete 1–2 % zwischen ca. 166 und 180, entsprechend ca. 500000 bis einer Million Toten; realistischer erscheinen die ca. 10 % (ca. 6000000), lokal 20 % von Frier 2000, 815. Absurd die von Otto Seeck genannten über 50 % (als wörtliche Interpretation von Eutr. 8,12); die Sozialstruktur des Reiches wäre weit früher kollabiert. Todesraten: die ‚echte' Pest tötet zwischen 25 % und (als Lungenpest, der „Schwarze Tod") 75 % der Erkrankten; Fleckfieber gefährdet vor allem Ältere (über 50 % Tote unter Infizierten über 40 Jahren: Winkle 1997, 618); die Aggressivität aller Erreger schwankt. Die Infektionsrate der Gesamtbevölkerung (sicher unter 100 %) ist unbekannt. Vgl. Duncan-Jones 1996.

[22] „beide Kaiser …": HA Aurel. 14,1. Erfolge: 14,2. 4; Quaden: 14,3. Victorinus: 14,5; der Nachfolger als *praefectus praetorio*, Bassaeus Rufus, war zu einem Zeitpunkt zwischen März und 29.8.168 noch nicht informiert und in Ägypten im Amt (Fitz 1966, 338).

[23] Konflikt Marcus – Verus; „man müsse …": HA Aurel. 14,5. Lucius' angebliche Jagden: HA Ver. 9,8. Galens Ankunft und Sorgen: Schlange-Schöningen 2003, 173f. mit Anm. 1.

[24] Zugang nach Italien und Illyrien: HA Aurel. 15,6; Festungsbau: Fitz 1966, 339–342. Bitte Lucius' um Rückkehr: HA Aurel. 15,7; von Fitz 1966, 337f. mit dem Tod des Furius Victorinus erklärt. „Flucht" der Kaiser, Sterben in Aquileia: Galen. de libr. propr. 2 = 19,18 K.; dazu Schlange-Schöningen 2003, 174 mit Anm. 4f.

[25] Aquileia: HA Ver. 9,10. Lucius' Tod unterwegs: HA Aurel. 14,8; V 9,11. Concordia: Eutr. 8,10,3; Epit. de Caes. 16,5; Posidippus: HA Aurel. 15,6.

[26] „Nach Verus' Tod …": HA Aurel. 16,3 vgl. Eutr. 8,11,1. Lucius der Frondeur: Cass. Dio 71,3,1; beiläufig (und überzeugt) Philostr. VS 2,1 p. 560. Giftgerüchte „aus Neid …" (Aur. Victor, Caes. 16,6): Marcus: HA Aurel. 15,5; HA Ver. 11,2f.; Aur. Victor, Caes. 16,6–9 (mit entrüstetem Dementi); Faustina und Fabia: HA Ver. 10,1–5.

Alleinherrschaft

7. Die zweite Lehrzeit

1 Zeitsprung zu Commodus 177: HA Aurel. 16,1. Kriegsname nach 12,13; 21,8 u.ö.

2 „Die Verehrung …": HA Aurel. 21,6; vgl. 24,8.

3 Ehren für Lucius: HA Aurel. 15,3f.; 20,1.

4 Rede mit Untertönen: HA Aurel. 20,2–4. „mich durch …": M. Aur. 1,17,6.

5 „Ehren und Apanagen (*salaria*)": HA Aurel. 15,3 vgl. 20,5. Trauerzeit, Ti. Claudius Pompeianus' Abstammung: 20,6. Widerstand der Augustae: 20,7. Heirat ca. September/Oktober 169: für Fitz 349. 351 Indiz, dass der Angriff auf Norditalien um diese Zeit erfolgte und Lucilla der Lohn für Pompeianus' Erfolg war. „nicht von …": Hdn. 1,2,2.

6 Auktion: Eutr. 8,13,2 (daher HA Aurel. 17,4f.; 21,9; vgl. Epit. de Caes. 16,9f.; Zon. 12,1 p.79,15–20 D.).

7 Münzprogramm: vgl. Fitz 1966, 352f. Marcus und Galen: Galen. de libr. propr. 2 = 19,18f. K.; v.a. zum Ort Schlange-Schöningen 2003, 175–177; Statusgewinn: a.a.O. 193. Präsenz-„Pflicht" der Kaiser bei größeren Konflikten seit Marcus: Millar 1982, 13.

8 Verus Caesar, Tod und begrenzte Trauer: HA Aurel. 21,3–5. Kinder: vgl. M. Aur. 8,49,3; 10,34,3; 10,35,4; 11,33f. Rat zu Denkübungen, die Familie sei tot: Epict. enchir. 3 vgl. 11.14. „lächerlich": M. Aur. 8,37,1. „Ein anderer …": 9,40,9f.

9 Vibia Aurelia Sabina: R.-Ch. 622f. Nr. 800.

10 Tertullus: HA Aurel. 29,1. Tutilius: nach Pflaum 1970, 223 der *cos. suff.* 183 L. Tutilius Pontianus Gentianus; vgl. a.a.O. 224 zu den vier consularen Orfiti der Zeit, davon drei Calpurnii/Cornelii Scipiones. Verfestigte Standes- und Sexualmoral: vgl. Schlange-Schöningen 2003, 168–170 zum Fall der (anscheinend aussichtslos) in einen Pantomimen verliebten „Frau des Iustus" bei Galen, de praecogn. 6,2–14 = 14, 631–634 K. Zum Rückgang der Scheidungen und literarischen Dokumenten einer gestiegenen Wertschätzungen für stabile Ehen Raepsaet-Charlier 1982, v.a. 168–170; Sexual- und Ehemoral: Treggiari 1991, 262–319.

11 „dass meine Frau …": M. Aur. 1,17,18. Totschlag nach Ehebruch: Dig. 48,5,39,8.

12 Einsatz nur nach Nützlichkeit: vgl. S. 121. Treue in der Untreue, „Sieh nicht …": Epict. enchir. 30; vgl. Diss. 4,5,7. Die Erklärung von Africa 1961, 97 und v.a. 102 Anm. 78, Marcus habe seine Eifersucht mit Opium betäubt, ist unnötig bizarr.

13 „nur einen …": Eutr. 8,12,2 (danach HA Aurel. 17,2; vgl. 21,6). Die Konfusion der Daten und Ereignisse lässt kontinuierliche Erzählungen nur als kalkuliertes Risiko zu; geglückte Versuche (mit teils widersprüchlichen Resultaten) sind Garzetti 1974, 484–499; Birley [2]1987, 148–151; 157–181. Plagen: Epit. de Caes. 16,3.

14 Überblick der Kriegsschäden: J. Tejral, „Archäologisches", in: Kehne/Tejral 2001, 317. Raetien: Dietz 1995, 151–156.

[15] Carnuntum, drei Jahre: Eutr. 8,13,1 (danach Euseb.-Hieron. chron. ad a. 177 p. 207 Helm). Agricola: Birley [2]1987, 151. 161; Claudius Frontos Kommando: ILS 1098. Überholt Pflaum 1970, 215–217 mit Plädoyer für Einsatz Agricolas als *comes* in Lucius' Partherkrieg. Zu Dakien vgl. Piso 1993, 82–130; Fronto: a. a. O. 99f.

[16] Datierung auf 170 nach Birley [2]1988; gestützt durch Scheidel 1990. Angriff über die Donau: Lukian, Alex. 48; Cass. Dio 71,3,5. Tod des Statthalters: vgl. Fitz 1966, 360 (für ihn C. Iulius Commodus Orfitianus); ein früherer Legionslegat, C. Vettius Sabinianus, wurde hastig an die Spitze der mitbetroffenen *Legio XIV Gemina* gesetzt (a. a. O. 361–363). Die moderne Datierung der – anschließenden? – Invasion nach Italien (Amm. 29,6,1) schwankt hauptsächlich zwischen 167 und 171. Zu einer Neulesung der Stelle mit Nennung der *cura Arimini* des M. Macrinius Avitus (ILS 1107) und Datum 167 vgl. Rosen 1994a; a. a. O. 90f. mit Überblick der vertretenen Daten. Für (Mai bis Juli) 169 besonders Fitz 1966; für 170 Birley [2]1987. Pompeianus, Pertinax in Italien: Cass. Dio 72,3,2. Pompeianus *legatus* beider Pannonien.

[17] Kostoboken in Achaia: HA Aurel. 22,1; Paus. 10,34,5 (Angriff auf das phokische Elateia); ILS 1327. L. Iulius Vehilius Gratus Iulianus: ILS 1327; vgl. Pflaum, CP I 456–464 Nr. 180. Vermutet wurde, dass AE 1998, 1113, eine in der Ostukraine gefundene Inschrift aus Nordostdakien, im Zuge eines (dieses?) Kostobokenüberfalls verschleppt wurde. Von Scheidel 1990 auf 171 datiert.

[18] „Alle Völker …", Britannien: HA Aurel. 22,1. Sequaner: 22,10. Mauren in Spanien: 21,1; Lusitanien: 22,11. Cassius, Bukolen: 21,2; „auch ein …": 22,1. Armenien: s. u. S. 135; von Strobel 1994, 132454 ins Jahr 172 datiert. Eine Einordnung des nur fragmentiert belegten Vorgangs in den Partherkrieg bleibt möglich.

[19] Maureninvasion: Rachet 1970, 203–210; Bénabou 1976, 146–150. Truppenaushebungen in der Baetica vermutete González 1984. Vehilius Gratus: ILS 1327.

[20] Aufgebot: Garzetti 1974, 489f.; ergänzend v. a. Le Bohec 2000. Auffüllen der Legionen: HA Aurel. 21,8. Improvisierte Truppen: 21,6f.; vgl. die aus Termessos in Kleinasien entsandten „Mitkämpfer" (IGR III 449). Vehilius Gratus: ILS 1327; s. o. S. 109.

[21] Abgebrochene Ansprachen, Fasten bei Tag: Cass. Dio 72,6,3; „Magen und Brust": 72,6,4. Zur häufigen Hypothermie des Körpers bei Essstörungen vgl. Fosson/de Bruyn/Thomas 1993, 33; auch Durchblutungsstörungen, die das Frieren noch verstärken, sind häufig: a. a. O. 49.

[22] Drängen der *amici*: HA Aurel. 22,8. „Das darfst du …": M. Aur. 11,18,18.

[23] Kritisches zu Ulpius Marcellus: Cass. Dio 73,8,3–6. Sport, „unter den …", „sodass sie …": Galen, de san. tuend. 6,5,12 = 6, 406 K. Reaktion Dümmerer: M. Aur. 5,18. „Kümmere dich nicht …": 6,2.

[24] „Auslöschung": HA Aurel. 17,3 vgl. Eutr. 8,13,1; Angriff beim Donauübergang, Beute: HA Aurel. 21,10. Für 171: Kehne 2001, 297. „sehr viele …": HA Aurel. 22,2. *aequitas*; „unendlich vielen": 24,3.

[25] „Großer Sieg", Forderung, Marcus' Ablehnung: Cass. Dio 72,3,3f. Vers: Amm. 25,4,17; vgl. das berühmte Dictum in der Fassung von Plut. Pyrrhus 21,9. Löwenzauber: Lukian, Alex. 48.

[26] Marcus in Pannonien: Cass. Dio 72,11,1. Friede mit den Quaden: 72,11,2f.; Kotiner: 72,12,3. Paternus' Gentilname erscheint alternativ in der Schreibweise *Tarrunten(i)us*.

[27] Tarbos, Battarios: Cass. Dio 72,11,1; dazu Wolfram 2004, 785. Asdingen und Lakringen: Cass. Dio 72,11,6; 12,1f. Beachtung „des Irdischen": M. Aur. 7,48.

[28] Marcus' Repliken: HA Aurel. 22,6 (doch vgl. S. 111). HA-Bericht über Verwaltung und Recht: Aurel. 9,7–12,6. Alexander: Philostr. VS 2,5 p. 571. Geminus, Agaclytus: HA Aurel. 15,2; Ver. 9,3. Cosmus: ILS 1476; CIL VI 455; IX 2438; im Amt belegt ca. 169–172. Zu den *a rationibus* aus dem Ritterstand vgl. die Tabelle von Pflaum, CP III 1019; zu ergänzen durch CP IV 110. Der *katholikós* Euphrates: Galen. de antidot. 1,1 = 14,4 K., im Amt gegen 170, droht mit Cosmus zu kollidieren, was Zweifel an der Übersetzung *a rationibus* gemäß Liddell-Scott weckt; eventuell steht das Adjektiv für *rationalis (Augusti)*, die Kollektivbezeichnung der führenden Beamten dieses Sekretariats. Euphrates könnte dann das neukreierte Amt des Stellvertreters (*procurator summarum rationum*) bekleidet haben: Pflaum, CP I 395 datierte den ersten bekannten Ritter in dieser Funktion, Lucius Verus' freigelassenen (!) *nutritor* und lebenslangen Begleiter L. Aurelius Nicomedes, auf ca. 166–169 (CP III 1019: „ca. 170"; vgl. Pflaum 1976, 178f.), den nächsten erst um 190 (III 1020).

[29] Tod des älteren Vindex, Statuen: Cass. Dio 72,3,5. *Germanicus*: 72,3,5. Commodus, Datum: HA Comm. 11,14.

[30] „Ich glaube …": Epit. de Caes. 16,4. „aber ich …": Cass. Dio 72,36,3. „und besserte …": HA Aurel. 20,5.

8. Am falschen Platz das Richtige tun

[1] „Von Anfang an …": Eutr. 8,11,1 (danach HA Aurel. 16,5; vgl. Epit. de Caes. 16,7). „Alle fürchteten …", „und er …": HA Avid. 3,6f., wohl fiktiv nach Aur. Victor, Caes. 16,9f. Zur religiösen Überhöhung Marcus' durch den HA-Autor mit Anleihen bei den Evangelien vgl. Kap. 13 S. 171 mit Anm. 5. „die strittigen": Aur. Victor, Caes.16,9. Philosophenkönigtum: HA Aurel. 27,7 nach Platon, rep. 5,473 c–d; „solcher …": HA Aurel. 15,3; Platon: 19,12.

[2] „verstellt …aus einem Guss (*simplex*) …": HA Aurel. 29,6; vgl. HA Hadr. 14,11; Epit. de Caes. 14, 6. Zu Lucius und Antoninus vgl. S. 70. „er alles …"; „wahrhaftig …": Cass. Dio 72,34,4f.; „als alle …": 72,34,2.

[3] Der Feigenvergleich M. Aur. 11,33 ist aus Epiktet entliehen (Diss. 3,24,87), der auch die in 11,34 durchgeführte Übung vorschreibt, sich beim Umarmen seiner Kinder vorzustellen, morgen würden sie sterben (3,24,88).

[4] Christliche ‚Anschlussfähigkeit' prüft u. a. Farquharson 1944 (nach wie vor der maßgebliche Kommentar). Zur Gedankenwelt vgl. die ausgezeichnete Darstellung von Hadot 1992.

[5] Dreiwortformeln: M. Aur. 3,16,4; 8,5,2; 8,51,3; 10,8,5. „das Werk …": 9,29,8; „sei gemeinnütziger …": 7,52. „Bescheiden" (*aídēmōn*) schätzt auch Epiktet als Selbstideal; vgl. etwa Diss. 2,8,27.

[6] „Morgens …“: M. Aur. 2,1,1; das Vorwegnehmen unerfreulicher Situationen empfiehlt Epict. enchir. 4. „Wann endlich …“: M. Aur. 10,1,1.

[7] Ans Sterben immer denken: Epict. Diss. 3,24,103. Baldiger Tod: besonders in M. Aur. 4,3; 10,35; vgl. auch 2,2; 2,4–6; 2,14.17; 3,1.3.10; 4,6.15.17.26.37.430.47 f. 48.50; 5,24.33; 6,47.49.56; 7,22; 8,2.4.25.31.36; 9,33.37; 10,11.14.31; 11,6; 12,1.20.32.35. Tod als ‚Gestaltung, Umgestaltung‘: markant 10,17; 12,23; dazu 2,3.12.17; 4,5.14.36. 42.44.46; 5,4.13.23.30; 6,4.15.17; 7,1.18 f.23.25.32.40.46.50; 8,6.18.20.50; 9,3.17.19.21. 28.32.35; 10,18; 11,17.19.35; 12,20.24.26.36. Stirb dankbar: v. a. 6,28.46 und 10,36; weiter 2,3; 3,3.5.7; 4,48; 5,10; 6,47; 7,35; 9,3.11; 12,1.31.35. Leben wie schon tot: 7,56; stets bereit: 12,7. Gutes rasch tun: 2,4; 8,22 (vgl. Epict. Diss. 4,12,20 f.); an sich: M. Aur. 11,7; 12,1. Nur an die Gegenwart und das momentan Nötige denken, Zukunft gelassen erwarten: 7,8.29; 8,36; 9,41; 12,1.3; vgl. J. W.v. Goethe, *Wilhelm Meisters Wanderjahre*, „Betrachtungen im Sinne der Wanderer“ Nr. 3 = E. Trunz (Hrsg.), *Romane und Novellen III. Werke Bd. 8* (Hamburger Ausgabe), München [11]1982, 283. Sterben schadet nicht: M. Aur. 2,11 f.; 3,8; 4,5; 6,2. Leben und Sterben nichtig: 9,25. Alles immer das Gleiche: M. Aur. 6,32.46; 7,1.49; 9,14.28.35; 10,27.31; 12,24.

[8] Vorsehung in allem (oder Atomlehre): beispielhaft M. Aur. 10,7; 12,23. Allsympathie (bei Epiktet eher Randthema: Diss. 3,24,10 f.), Kosmos als Polis: M. Aur. 2,16; 4,3 f.24.29.40; 5,21.30; 6,38.44 usw. Ergebung ins Schicksal, mit allem zufrieden sein: v. a. 4,23. Nichts fruchtlos: 9,10; 10,6. Murren ist Frevel: 2,16; Sklavenvergleich: 10,25; bestialisch: 10,28 vgl. 9,39. Jedem geschieht das Passende, Gute: 3,4; 10,20 f. 33. Alles Geschehende normal: 7,1. Schönes am Hässlichen: 3,2; 6,36.

[9] „Hüte dich …“: M. Aur. 6,30,1; zur *civilitas* Rosen 1996. „Halte dich …“: M. Aur. 6,30,2. „Nie im Leben … aufgefressen werden (*ascholeĩsthai*) …“: 8,51,1 f. Pflicht geht vor Überleben: 6,2; 7,44.46. „Pflichtgefühl“, „Tatkraft“, „staatsbürgerliches Empfinden …“, „Frische“, „Auf der einsamen Höhe …“: Pohlenz [2]1959, I 289.

[10] „Das Leben …“: M. Aur. 2,17,3. „Du hast einen Posten …“: Epict. Diss. 3,24,36 f. „nach Ruhe …“: 4,4,1. Vergeblich Handelnde: z. B. M. Aur. 8,25; abschreckende Beispiele: 12,27.

[11] „die Vergehen …“; „Denn er sagte …“: Cass. Dio 72,34,4. „Vergeude …“: M. Aur. 3,4,1. „naturgemäß“; „Aber ich …“: M. Aur. 3,11,4 f.; vgl. 11,9.13. „Was dem Staat …“: 5,22,1. Nutzaspekt: 3,4; 5,22. Gewähren lassen: 7,31. Persönliche Schlechtigkeit: 5,35. Opfer der Umstände: 11,18,9.

[12] Verwandte Menschheit: M. Aur. 2,1.13.16; 3,4.9.11 usw. Auch bei Gegenwehr: 9,9. „Unmenschen“: 7,65. Sich nicht ärgern, auch über die Schlechten: v. a. 9,42. Starke Sanftmut: 11,18. Nichts nachtragen: 7,29.38; 9,20. Keine Vergeltung: 6,6 vgl. 8,8; Epict. Diss. 2,10,24–29; für Straflosigkeit vgl. etwa Epict. Diss. 1,18,5.11 f. Sie (klaglos) belehren: M. Aur. 5,28; 6,14.50 usw.; auch strafend: 5,36. Tyranneigefahr: 9,29. Ärger im Weg dabei: 6,27. Infektiöses Weltbild: 4,11. Bedauernswerte Unwissenheit = Behinderung: 2,13; 3,11; 7,26; 11,18. Gute sind immun: 2,1; willensfrei: 8,56; privilegiert: 2,11. Abfalltheorie: 8,27. Streit ist Anschauungsmaterial: 7,58. Undank selbstverschuldet: 9,42. Gutes ‚gehört‘ verleumdet: 11,32. Äußere Isolation

ein Unrecht: 8,34; unnötig: 4,3; vgl. besonders 7,28. Pervers, Folgeschäden: 11,8. Ethik als Maßstab der Qualität: 8,14.

[13] Eigene Winzigkeit: M. Aur. 2,4.9; 4,3; 5,24; (6,36;) 8,21 usw. Lob minderwertiger Seelen zählt nicht: 3,5.(6.)16; 4,(19.) 20; 5,3; 6,1.16; 7,62; 8,53 usw. Heuchelei: 11,14. Ruhm vergeht: besonders 4,33; 8,25; vgl. Rosen 1991, 326–330. Seinesgleichen zählt: M. Aur. 3,4.16. Sich um sich selbst kümmern: 7,67. Die anderen reden lassen: 8,51–53; 10,13.15; sein, nicht scheinen: 11,13.15. Telauges: 7,66; zur Figur K. v. Fritz, RE V A 1 (1934), 194f. s.v.

[14] Panaitios zum Wert des Körpers und der Triebe: Pohlenz [2]1959, I 199; 206; vgl. 226 zu Poseidonios' verwandter Position; 236 zum Machttrieb. Poseidonios' Allsympathie: a. a. O. 217; Wirkung auf Marcus: 294f. Der innere Censor: Sen. de ira 3,36; Epiktet: Pohlenz [2]1959, 334. „Entspannt …": M. Aur. 4,26,6. „Alles ist …": 8,19.

[15] „Also …": M. Aur. 3,5,4 vgl. 7,12; „ein Bettler …": 4,29,2. Hilfe und Belehrung annehmen: 4,12; 6,21; 7,7; 8,16. Beispiele lehren: 11,29. Wo Klugheit fehlt: 7,5. „Sie wissen nicht …": 3,15. Delegieren von Aufgaben, Hilfe anderer: 7,5,2.

[16] „Ein Theaterstück …": M. Aur. 10,9,1. „Sich nicht ekeln …": 5,9,1; Hindernisse bald vergessen: 8,32; keine Addition von Übeln: 8,36; schon Erreichtes bedenken: 5,31 (vgl. Epict. Diss. 2,18,15–18); kleine Fortschritte: M. Aur. 9,29; der Vernunft folgen macht alles (wieder) gut: 4,13.16.51; 10,12. Nichts Unmögliches wird verlangt: 8,32. „einer von den Schlechten …": 7,70,2; „und wenn …": 11,18; vgl. 10,30; 12,16. „Wirst du …" 10,1,1–3.

[17] Die Seele kontrollieren: M. Aur. 12,19. Körperverachtung: v. a. 6,13; auch 2,2; 3,3; 4,(39.)48.(50); 5,5; 8,21.36; (9,1;) 12,2. Alle Materie ist Fäulnis: 9,36; „Erdenschmutz": 7,47. Vernunft den Trieben zu überlassen schändet: 2,2; 11,19; Wahnsinn: 11,38 (Zitat aus Epiktet). Negativbeispiele: 12,27; Epikur: 12,34 (sogar zitiert in 9,41). Triebunterdrückung ist natürlich: 8,41. Seele macht Verdruss: 2,6; 3,15; 5,33. Nicht reagieren: 2,12; 3,16; 7,55; 8,8.28; 9,1; 12,1. „Eiterbeule", „Geschwür", Fehlerkatalog: 2,16; dazu 3,6f. Keine Reue: 8,10. Lüge: 2,17; 3,7; 9,1 (inklusive leerem Anstand: 3,16), vgl. 12,1.15.29; Verstellung: 12,27; Lust: 2,17; 3,6. Erster und zweiter Grad der Vollkommenheit: 9,2.

[18] Göttlichkeit der Vernunft: M. Aur. 2,13; 3,13.16; 4,12. Kathartische Wirkung: 3,4. Der Natur folgen: 5,3f.9.14; 6,16; 11,13. Außenwelt ist egal: 7,2; vgl. 10,38; 11,1. Zu allem Nötigen (der Pflichterfüllung) fähig: 4,1; 5,18; 6,19.33; 7,67; 8,32; 11,1. Erhaben über Sinnesreize: 4,3.8.37. Unbezwingbar: 8,48. Kann den Körper festigen: 7,60. Jede Kleinigkeit zieht hinab: 3,6. Leidvolle Unvernunft: 9,26. Gedankentraining aus Selbstliebe: 3,14; 4,3; 6,14.16; am äußeren Objekt 3,11; an Ideen: 8,13; am Wesen des Kosmos: 9,32; 10,9.11.31; 12,10. Konzentration auf die Forderung des Tages: 3,12. Ursachenforschung: 7,30. Motivsuche, Verhaltensprüfung: 10,37; 11,18. Werte entdecken: 6,3. Überlistung des Äußeren: 4,1; 5,20. Verworrene Wege: 6,17; 8,60. Differenzieren: 3,15. Gedankenklarheit: 4,22. Nutzloses ignorieren. 4,24.32; 5,12. Erziehung zum Wesentlichen: 6,16. Informationen sammeln: 7,48; 8,11.

[19] Leidenschaftslos leben: M. Aur. 2,5. Leben aus neuer Sicht der Dinge: 7,2. Sich eine Wohltat erweisen: 8,42. Gewissen schafft Ruhe: 4,3. Gut leben ist einfach: 2,5. Den passenden Augenblick nutzen: 7,68. Lob der Tätigkeit: 8,12. Denken = Tun:

11,1; nur das Handeln zählt: 12,33. Niemand hindert daran: 2,10; 5,34; 6,59; 10,1.32f. Keine Unruhe: 8,5. Nie spontan handeln: 2,7.16f.; 3,5.9; 4,2; 7,4; 12,20. Nichts bereuen müssen: 8,2.

20 Ziel Gemeinwohl: M. Aur. 7,72; 8,7; 9,23.31; 10,6; 11,4.21; 12,20. Gutes ist Selbstzweck: 4,25; 6,7; 7,14.74; 9,42; nichts als die Pflicht tun: 12,17; keinen Lohn und Dank fordern: 4,30; 5,6. Selbstverhör: 5,11 vgl. 4,28; Epict. Diss. 3,10,2f.; Gefahrenliste: M. Aur. 10,24. Pflichtcharakter: 9,23; Glücksgarantie: 12,29.

21 Epiktets Gütereinteilung (vgl. etwa Diss. Epict. 1,1,7; 1,22,1–16) und Lehre der falschen Urteile: Pohlenz [2]1959, I 330–333; zu Marc Aurel vgl. 344. Rezeption der Tugendlehre bei Marcus: M. Aur. 2,15; 3,16; 4,3.7.39; 5,19.26.33.36 usw. Gleichgültig ist, was Gute wie Böse trifft: 4,39.49; 5,10.15; 6,34. Hässlichkeit alles Nicht-Tugendhaften: 11,2. Der *dogmata*-Satz: Epict. enchir. 5. Nichts – oder nur Leidenschaft – kann ein Urteil erzwingen: M. Aur. 6,48.52; 7,14.16.68; 8,29.40.47.49; 11,16; 12,22.25. Die Seele davon abhalten: 7,16. Zerstreuende Wirkung der Dinge: 2,7. Verwendung nach Wert: 7,29; 8,43. Wünschen ausnahmsweise erlaubt: 4,1. Respekt für Besitz: 7,27; 8,33. Bedürfnislos sein: 11,24.

22 Der Wille ist souverän: M. Aur. 5,2.10; 11,9.36 (Zitat aus Epiktet); 12,8f.11.17. Freiwillig der Lust erliegen: 2,10; 3,16. Unvollkommenheit unentschuldbar: 5,5. Nichts unversucht lassen: 12,6.

23 „Sich fragen …“: M. Aur. 9,13,1. „Für ein …“: 5,6,6. „es ist …“: 7,67,1. „Auch lobt …“: Epict. Diss. 4,1,60.

24 Glücksbegriff: M. Aur. 8,1. Kein Glück im anderen: 2,6; vgl. 3,5 („man muss also gerade/aufrecht *sein*, nicht begradigt *werden*.“). „Wenn du …“: Epict. Diss. 1,29,4. Zwang zur Selbstbewertung: M. Aur. 12,4. Denken der anderen egal: 2,8.13; 3,3.16 usw.; widersprüchlicher Ruf nach Empathie: 6,53. Pflicht, den Nächsten zu erforschen: 9,23. Entstellende Wirkung der Selbstisolation: 10,8. Mittelmaß des Kontakts zu anderen: 11,12. „In jedermanns …“: 8,61; Gegensatz (im anderen ist nur zu sehen, wie gleichgültig dessen Denken ist): 9,34. „Bedenke doch …“: 9,3,6–8.

25 „Die Anfechtungen …“: Pohlenz [2]1959, I 345; „wurde ihm …“: a.a.O. 346. Hierarchie der Naturbedürfnisse: M. Aur. 6,35; 10,2,1–3. Das Versprechen einzulösen, ein Mensch zu sein, ist Überforderung: Epict. Diss. 2,9, v.a.22. Exkulpation, „die sanfte …“, „kraft der …“, „dann nicht versuchen …“: M. Aur. 5,26,2, zur „sanften“ bzw. „groben“ Triebregung vgl. die Forderung in 10,8, darüber unbedingt erhaben zu sein. Kennzeichen des Menschseins: M. Aur. 7,55. Eigene Fehlbarkeit, „und wenn …“: M. Aur. 1,17,11. Bleibende Folgen des Scheiterns: Epict. Diss. 2,18,11.

26 Zum Fortleben der Seele: M. Aur. 3,3; 4,21; 5,13.33; 8,37; 12,5. Poseidonios' Seelenlehre: Pohlenz [2]1959, I 229f.; vgl. M. Aur. 4,21. Seneca im Zwiespalt, dessen Krankheiten: a.a.O. 322f. Für den Tod als naturgemäße Heimkehr ohne Fortleben auch Epiktet: a.a.O. I 340. Berufung auf Epikur: M. Aur. 8,58. „Auslöschen“ oder „Versetzung“: 5,33,5. Unveränderliche Natur: 10,7.

27 Sicherheit der Existenz von Göttern: M. Aur. 12,28. Zeigen sich auch Dummen: 9,27. Hypothetische Nichtexistenz: 6,55; 7,31; 9,40; „aber es gibt sie …“: 2,11,3. Vertrauen und Gehorsam: 3,3.5.9.16; 4,31.34; 5,27 usw. Sein Schicksal lieben:

7,57. „auch das heimliche ...“: 9,28,2. Letztendliches Wohlwollen: 6,44. Keine konkrete Gunst erbitten, nur eigene Tatkraft: 9,40.

28 „Klein ist ...“: M. Aur. 9,15,1. „Entweder ...“: 9,22. Politischer Gebrauch: vgl. S. 146; zur Selbstmorddrohung als Mittel Essgestörter, ihre innere Kontrollinstanz gegen Machtverlust zu verteidigen, Magagna 1993, 205. „Das aber freiwillig ...“: 10,3,2. Kein Trotz, kein Pathos: 11,3; zur Semantik und dem möglichen Eindruck frühmontanistischer ‚Selbstauslieferer‘ auf Marcus vgl. Birley 2006, 117f. Vgl. Epict. Diss. 2,2; 2,15,4–12 gegen einen Tod, nur um zu zeigen, dass man sterben kann; 4,7,6: die „Galiläer“ haben ihre Todesverachtung „aus Gewohnheit (*éthos*)“ statt aus Vernunft, wie es nötig wäre.

9. Zeichen und Wunder

1 „mein bisschen Körper (*sōmátion*) ...“: M. Aur. 1,17,2. „nichts außer ...“, „weil er ...“: Cass. Dio 72,6,4. Zusammenfassung zu Marcus’ Theriakkonsum: Vössing 2004, 408–410.

2 Galen zur Neueinstellung: Galen. 14, p. 4 Kühn. Spuren eines ‚Wettbewerbs‘ um die Aufgabe: Schlange-Schöningen 2003, 194.

3 Opiumsucht: Africa 1961; dagegen mit Recht Hadot 1984, v. a. 41–50 zur Missdeutung Marcus’ als eines antiken De Quincey. Galens Rezept führt (mit hohem Unsicherheitsfaktor) auf eine Tagesdosis Mohnsaft von etwa 0,03 g im Hauptpräparat, der *Galene*, die 3,4 % Mohnsaft enthielt (Hadot 1984, 38 Anm. 49). Rohopium enthält etwa 10 % Morphin und 1–2 % Codein neben weiteren Alkaloiden; nach längerem Opiumkonsum erhöht sich die tödliche Dosis von ca. 0,2 g Morphin auf bis zu 1,5 g, die wirksame Mindestmenge dementsprechend. Mehrfacheinnahme: Hadot 1984, 38f. zu Galen. *de antidotis* 2,9 = 14, p. 155 K.; seine Zahlen zum *Mithridaticum* ergeben 1,2% Mohnsaft als Gewichtsanteil, doch die Tagesdosis ist unbekannt. „der Größe einer ...“: Galen. *ad Pisonem de theriaca* 2 = 14, p. 216 K. Modebildung, „verbreitet“ unter den Severern: a. a. O. p. 217; *de antidotis* 1,4 = 14, p. 24 K. Von einer zeitweiligen „physischen Wirkung“, „körperlichen Folgen einer Opiumeinnahme“, dann „offenkundigen Entzugserscheinungen“ und einer „vorübergehenden körperlichen Abhängigkeit“ spricht Schlange-Schöningen 2003, 199–201. 204. Behutsamer Vössing 2004, 408 Anm. 7: dass man nie an eine Aufgabe des Theriakkonsums dachte, lege nahe, dass Marcus das Gefühl hatte, „ohne es nicht leben zu können“; vgl. Hadot 1984, 38 zu Galen. *de antidotis* 1,13 p. 64. Unter den verschiedenen Suchtformen sollten (psychische wie physische) Gewöhnungseffekte und vollentwickelte physische Abhängigkeit nicht verwechselt werden. Auf die neue hohe Mohndosis zu Beginn des Therapiezyklus reagierte Marcus sogar mit Schläfrigkeit, also Vergiftungserscheinungen, und gewöhnte sich anscheinend nicht an sie, bis die ‚Radikalkur‘ ohne Mohn versucht wurde. – Zimtrinde zeitweise schwer zu beschaffen: Schlange-Schöningen 2003, 197f., auch zur ‚Konjunktur‘ des Theriak.

[4] Interesse an Antoninus' Verdauung: M. Aur. 6,30,1; vgl. S. 59. Durchfallerkrankungen bis zur Spätantike, v.a. als Lagerseuche: Winkle 1997, 341–357 („Ruhr und Typhus"). Mühsames Erwachen: M. Aur. 8,12; „die Grenze ...": 5,1,4 (vgl. 6,2); „weder lieber ...": 5,1,7. Schmerz, „also soll der ...": 8,28,1. Kein unerträglicher Schmerz (Epikur): 7,33.64; vgl. 8,36; 10,2.

[5] „Du bist ...": M. Aur. 2,2,4; keine Zeit für Bücher auch laut 2,3; 3,14. „Denke ...": 2,5,1; jeder Tag wie der letzte: 2,5,2.

[6] „Führ dich nicht ...": M. Aur. 3,14. Glück ist Leben ohne Phantasien: 7,17; 29. Bücher aufgeben: Epict. Diss. 4,4,4.33. Marcus' historische Ambitionen: vgl. Fronto, ad M. Caes. 4,3 (etwa vom Jahr 139). Wunsch nach Abgeschiedenheit, „das alles ...": M. Aur. 4,3,2.

[7] „Und ich ...": M. Aur. 4,30.

[8] Römische Präsenz, Krieg gegen die Zivilbevölkerung: J. Tejral, „Archäologie", in: Kehne/Tejral 2001, 316–321; ders., Mušov. RGA 20 (2002), 425–433. Auffällig ist die ideale Lage von Mušov im Zentrum des mährischen Fundgebietes römischer Importgüter; vgl. Pitts 1989, 56f. Bild 1–3.

[9] Ansiedlung von Germanen, Vorfall in Ravenna: Cass. Dio 72,11,4f.

[10] Quadische Vertragsverletzungen: Cass. Dio 72,13,2f. Marcus' Reaktion: 72,13,4. Viminacium: Ol. 363f. Nr. 181f., gefunden in Delphi.

[11] Maurenfriede: Rachet 1970, 203f.; 209f. zu AE 1953,78; Ausnahme: Bénabou 1976, 151 zu CIL VIII 21567. Bukolen, Avidius Cassius: Cass. Dio 72,4,1; Baldini 1978.

[12] Tiridates: Cass. Dio 71,2,3; 72,14,2; Suda s.v. *Martios*. Vgl. S. 110.

[13] Kopfgeld: Cass. Dio 72,14,1.

[14] Statuen: HA MA 22,7; skeptisch Pekáry 1970, 157, doch vgl. die dortigen Funde ILS 1094 + 1100 (M. Pontius Laelianus); 1098 (M. Claudius Fronto); 1112 (T. Pomponius Proculus Vitrasius Pollio, zwei Statuen dekretiert); 1326 (M. Bassaeus Rufus; drei Statuen). Auch Überlebende wurden offenkundig geehrt. Zu Marcus' Utilitarismus vgl. S. 121. Marcus und das Ende des *civilis princeps*: Wallace-Hadrill 1982, 46.48.

[15] Bassaeus Rufus: Cass. Dio 72,5,2f. M. Valerius Maximianus: AE 1956, 124; dazu Pflaum, CP I 476–494 Nr. 181 *bis*. Vgl. B. Günnewig, Naristen. RGA 20 (2002), 550–554.

[16] Pompeianus, Statthalter und Konsul 167: Alföldy 1977, 184f.

[17] Pertinax: PIR² H 73; W. Eck, DNP 9 (2000), 650–653 s.v. Pertinax. Karriere: HA Pert. 1,1–4,7; Cass. Dio 74,3,1; vgl. AE 1963,52; dazu Kolbe 1962; Alföldy 1974; Devijver 1988. Hypothese zur Ablösung in Dacia: Balla 1971. Kommentare: Cass. Dio 72,22,1. Fortlaufende Geschäfte: HA Pert. 3,3f. Divinisierung: 14,10; Cass. Dio 75,4,1–5,5.

[18] Victorinus: Cass. Dio 73,11,3f. Quintilii: Alföldy 1977, 260–262; Oliver 1970, 66–70. Didius Iulianus: HA Did. 1,4–2,3.; der Chattenkrieg könnte auch in seine Zeit als Legionslegat fallen: Alföldy 1967, 38f. Auktion: HA Did. 2,6–3,3; Cass. Dio 74,11,2–6. Severus' Karriere bis 180: HA Sev. 2,2–3,4; dazu Birley 1970, 67–72; 1971, 81–95. Ehebruchsvorwurf: HA Sev. 2,1; vgl. HA Aurel. 23,8.

[19] Alter späterer Kaiser: Kienast [2]1996, 183; 188; 190; 192. Skeptisch zu Marcus' Beförderungen Syme 1987, 687. „scharfen …": M. Aur. 8,25,2. Hinweis auf seinen Antisophismus: Jones 2004, 266.

[20] Commodus' Grausamkeit: HA Comm. 1,9, doch vgl. zum Motiv Cass. Dio 73,6,2. Lehrer: HA Comm. 1,6; dazu Pflaum 1972, 200f. Heilung: Galen. de praecogn. 12,1–10 = 14,661–664 K.

[21] Eisschlacht: Cass. Dio 72,7,1–5. Friedensgesuch, „er wollte …: 69,13,2; bezweifelt von Hampl 1960, 34f. Genozid 175 aufgegeben: Cass. Dio 72,16,1. „den Tod …": M. Aur. 8,31,3. Markomannenfriede: vgl. Cass. Dio 72,8,1; 15,1.

[22] „Regenwunder": Cass. Dio 72,8,1–3; 10,1–4. Pertinax führt: so Eus.-Hieron. chron. ad a. 173/74 p. 206f. Helm. „Mitleid": Cass. Dio 72,10,4; *imperator*: 72,10,5; Ariogaisus: 72,14,2. Zur langen Debatte um das Wunder vgl. Klein 1991; Cracco Ruggini 1982, 18f.; 59–61.

[23] Arnuphis, Mercur: Cass. Dio 72,8,4. Christliche Gegenrede: 72,9,1–6; vgl. Tert. apol. 5 (cf. ad Scap. 4); Eus. h.e. 5,5,1–7. „Gottesgeschenk", Brief: Cass. Dio 72,10,5.

[24] Krankheit: Petr. Patr., Exc. Vat. 118.

[25] Keine Eile: HA Aurel. 24,2. Lange Prozesse: Cass. Dio 72,6,1f.; vgl. Ulpian, Dig. 37,14,17pr. mit Honoré 1981, 13f. Maßnahmen gegen Verschleppung: Dig. 42,1,35; exzessive Appellation: 49,2,1,4 (vgl. Millar 1992, 545 zu Dig. 49,1,1,2). Selbst rabbinische Quellen zeigen Marcus bei Nachtsitzungen; vgl. Schwartz 1964, 146f.

[26] „manchmal …", „er meinte …": Cass. Dio 72,6,2.

[27] „er brachte …": HA Aurel. 23,8. Falsche Philosophen: 23,9 (Zitate); Cass. Dio 72,35,2. Modell Antoninus: M. Aur. 1,16,18. Tadel an Finanzpolitik und Verteidigung: Cass. Dio 72,32,3. Antoninus: M. Aur. 1,16,14.

[28] *mater castrorum* 174: vgl. Dio 72,10,5; gestützt von Herz 1978, 1175; Kuhoff 1993, 251 mit Anm. 28 gegen Knibbe 1983 (für 172). Vgl. Boatwright 2003.

[29] Commodus in den Priesterschaften: HA Comm. 1,10; (mit Datum) 12,1. *profectio* zu Marcus: 12,2. *toga virilis*: HA Aurel. 22,12; (mit Datum) Comm. 2,2; 12,3; Cass. Dio 72,22,2. Nachricht durch Martius Verus: Cass. Dio 72,23,3.

Innere und äußere Bedrohung

10. Was die Zukunft kostet

[1] Antike Erklärungen: HA Aurel. 24,6f.; Avid. 7,1–3; „die Hoffnung …": HA Aurel. 24,6; Cass. Dio 72,22,3. Fiktive Entlastung Faustinas durch Pseudo-Briefe HA Avid. 9,7–9; 10,1–11,1.

[2] Einlaufendes Gerücht, Verweis auf Pannonien: Cass. Dio 72,23,1.

[3] Frieden: HA Aurel. 24,5; 25,1. Markomannen: Cass. Dio 72,15,1; Quaden: vgl. 72,16,1. Jazygen: 72,16,1f.

[4] Verschwiegene Details: Cass. Dio 72,17,1; von Stanton 1969, 585 als Panik, also „un-Stoic", missdeutet; zum Hintergrund Instinsky 1972 gegen die Trennung von

Vertrag und Usurpation durch Hampl 1960. Quaden gegen Jazygen ausgespielt: Cass. Dio 72,18,1.

5 „Besonders aber …“: M. Aur. 9,42,10f. Marcus' Haltung: HA Aurel. 24,8; vgl. die fiktive *adlocutio* an die Armee in diesem Geist bei Cass. Dio 72,24,1–26,4. „Undank“, keine Schmähreden: Cass. Dio 72,27,1. Maximianus „zur Vergeltung …“ (*ad vindictam orientalis motus*): AE 1956, 124; anders Dio 72,27,1a. Kommentar von Pflaum, CP I, 488 Nr. 180 *bis*. Vorgänge in Rom: HA Aurel. 24,9; 25,2 (Avid. 7,6); die Aussparung der kaiserlichen Bürokratie dürfte eine Schutzbehauptung zugunsten Marcus' sein: vgl. Millar 1992, 171 Anm. 62. Entsendung von *vexillationes* nach Rom: AE 1920, 45 = ILAfr 281.

6 „das ganze Gebiet …“: Cass. Dio 72,23,1. Maecianus und Präfekt in Ägypten: HA Aurel. 25,4 (Avid. 7,4). Alexandria begeistert: HA Aurel. 26,3 vgl. 1; Antiochia spöttisch: 25,8 vgl. 11; 26,1. Cassius-Brief an Alexandria: Ol. 388–390 Nr. 185, ein wiederverwendeter Papyrus. Herodes: Philostr. VS 2,1 p. 563 (*emánēs*, wörtlich: „du bist verrückt geworden“).

7 Der Mord: Cass. Dio 72,27,2. Cassius' Kopf: HA Aurel. 25,2f; Cass. Dio 72,27,3; 28,1. „So wurde …“: 72,27,3. Alexandria: HA Aurel. 25,4; Cass. Dio 73,27,3[2] (der Sohn dort anonym). Avidius Maecianus: PIR[2] A 1406.

8 Fiktiver Spott über den *dialogista* Marcus (wohl als verräterisch plumpes Fremdwort gedacht): HA Avid. 3,5; Klage um dessen mangelnden Sinn für ‚Realpolitik‘, die „viele Schwerter, viele Drohreden braucht, um den Staat in den guten alten Zustand zurückzuversetzen“: 14,5f.

9 Commodus als Begleiter: HA Comm. 2,3. Aufbruchszeit: Halfmann 1986, 215.

10 Martius Verus im Krisengebiet: Cass. Dio 72,29,2. Briefe verbrannt: 72,28, 4–29,2. Manilius: 73,7,4; vgl. Kap. 13.

11 Keine Hinrichtungen: Cass. Dio 72,27,3; Centurionen: HA Aurel. 25,7 (Avid. 8,8). Angeklagte Senatoren: Cass. Dio 72,28,2; Schonungsappelle an den Senat: HA Aurel. 25,5f. (Avid. 8,6f.); Todesdrohung: Cass. Dio 72,30,2; Zeitpunkt: 72,30,1. Deportierte: HA Aurel. 25,7. („Flavius“) Calvisius: Cass. Dio 72,28,3.

12 Verbannungen, belassenes Vermögen: HA Aurel. 26,11f. (Avid. 9,2–4); vgl. Fündling 2006, 854–856. Avidius Heliodorus: PIR[2] A 1404. Ti. Claudius Dryantianus Antoninus und seine Vorfahren: PIR[2] C 859; Pflaum 1970, 221f; eventuell mit L. Volusius Maecianus verschwägert (Pflaum 1976a, 196). Empfindlichkeit gegen Habgier-Vorwurf: HA Aurel. 29,5. Rache des Commodus (angeblich Tod durch Verbrennen): HA Avid. 13,7. „Depitianus“: Cod. Iust. 9,8,6 pr.

13 Städte: HA Aurel. 25,8. Kyrrhos: 25,12; Alexandria: 26,1 vgl. 3. Antiochia gemieden: 25,11; Strafen: 25,8; später Besuch: 26,1 (Avid. 9,1). Cass. Dio 71,1,3.

14 Fürstentreffen, Antiochia: HA Aurel. 26,1; Ägypten: 26,3; übrige Provinzen: 26,2. Juden: Amm. 22,5,5; vgl. Cass. Dio 71,25,1. Tochter: HA Aurel. 26,3. Keine autochthonen Statthalter: Cass. Dio 72,31,1.

15 Athen, „schuldlos“ in Eleusis: HA Aurel. 27,1, vgl. Cass. Dio 72,31,3. Spenden: Clinton 1989, 1530–1532; vgl. Clinton 1989a, 63–68; Willers 1996. Hadrian von Tyros: Philostr. VS 2,10 p. 588f. Lehrstühle: Cass. Dio 72,31,3. Sturm: HA Aurel. 27,2. Toga in Italien: 27,3.

[16] Faustinas Krankheit und Tod: HA Aurel. 26,4; Cass. Dio 72,29,1. Marcus' Trauer: 72,30,1.

[17] „Leichtlebigkeit" (*petulantia*): Aur. Victor, Caes. 16,2. Liebhaberliste: HA Aurel. 29,1; Matrosen: 19,7 (wegen deren Nacktheit: Aur. Victor, Caes. 16,2); Pantomimen: Aurel. 23,7. Commodus: 19,1–9. Christoph Martin Wielands *II. Göttergespräch* von 1791, ein Zank zwischen Faustina und Augustus' Gattin Livia, endet nach einem genüsslich boshaften Wortwechsel mit einem Friedensschluss der skrupellosen, politisch klugen Giftmischerin Livia mit einer naiven, eventuell aber naivlüsternen Faustina, in der Züge Marie Antoinettes aufscheinen dürften. Vgl. Chr. M. Wieland, *Erzählende Prosa und andere Schriften* (hrsg. F. Beißner). München 1965, 646–657; Zitat 657; Renan 1867.

[18] Ehren für Faustina: HA Aurel. 26,5–9. *puellae* vgl. Pius 8,1. Statuen, Altar, Ehre „im Theater" (wohl auch im Amphitheater): Cass. Dio 72,31,1 f. Einen Altar für Jungvermählte erhielten schon Antoninus und Faustina die Ältere: CIL XIV 5326.

[19] Fabia, Konkubine: HA Aurel. 29,10.

[20] Brundisium: HA Aurel. 27,3. Triumph: 27,4. Commodus im Triumph: Eutr. 8,13,1 (= HA Aurel. 17,3); im Zirkus: HA Aurel. 16,2 (zu Marcus' Geleit Kolb 1987, 28–51). Triumphbogen: ILS 373, eine unvollständige Abschrift des Frühmittelalters.

[21] Szene vor dem Volk, Geldgeschenk (*congiarium*): Cass. Dio 72,32,1. Spiele, Löwen: Eutr. 8,14,1 (= HA Aurel. 17,7, dort angeblich hundert auf einmal). Datum: Herz 2005, 55. Doppeltriumph: vgl. Herz 1978, 1175 (erster Termin am 27. 11., zweiter am 23. 12.?). Unblutige Kämpfe, Löwenszene: Cass. Dio 72,29,3 f.

[22] Commodus Konsul: HA Aurel. 22,12; *dies imperii* 27.11.: Herz 2003, 55. *congiarium*: HA Aurel. 22,12; 27,8 (dort auf 178 datiert). Lavinium: 27,4.

[23] „dreimal …": Galen. de praecogn. 11,5 = 14,659 K. Schlange-Schöningen 2003, 184 Anm. 11 vermutete einen Zusammenhang mit dem Theriak, doch Opiate bremsen im Gegenteil die Darmperistaltik. Vgl. a. a. O. 191 f. Anm. 75 zum Titel ‚Oberarzt' (*archiatrós*); 190–193 zur Honorarfrage. „Wir haben …": Galen. a. a. O. 11,8 = 14, 660 K.

[24] Schuldenerlass: Cass. Dio 72,32,2; Eus.-Hieron. chron. ad a. 178 p. 207 f. Helm.

[25] Commodus als Mitkaiser: HA Aurel. 27,5 (nur zur *tribunicia potestas*); *imperator* und Datum: Comm. 2,5. Hochzeit: Aurel. 27,8. Bruttius Praesens: PIR^2 B 165; vgl. AE 1976, 695.

11. Die verteidigte Welt

[1] Die *congiarium*-Berechtigten umfassten mindestens die auf 150 000 beschränkte *plebs frumentaria*, die Gratisgetreide erhielt (vgl. Fündling 2006, 478); die Spende betrug damit minimal 120 Millionen HS. Einsparungen, Verzicht auf Einkünfte: CIL II 6278 = ILS 5163; Kommentar des Senators: CIL III 7106 = ILS 9340. Geschätzter Gesamtetat: Hopkins 1980, 119. Solide Finanzen unter Marcus: Pekáry 1959, 448–451; Commodus: a. a. O. 451–454. Sinkender Feingehalt 179: Howgego 1995, 116 Abb. 2; Hortung für absehbare Sonderausgaben ein Motiv: Duncan-Jones 1994, 104 f.; 238 f. Zollreform: Eck 1997 a, 136–138 mit grundlegender Literatur.

[2] Militärdiplome: Eck 2003, 61; 81–83.

[3] Gladiatoren: HA Aurel. 23,5 vgl. 11,4; reiche Spielgeber (editores): 23,4; „damit ...“: 23,6. Brief: 23,7. Schauspieler: 11,4. „ein milder ...“: Hdn. 1,2,4 (nach Cassius Dio?). „einige strengere Gesetze“: Eus.-Hieron. chron. ad a.178 p. 208 Helm.

[4] Rechtstätigkeit unter Marcus etwa auf Vorgängerniveau: Stanton 1969, 574; Fortentwicklung: a. a. O. 575 mit Anm. 30. Überblick (ohne Einzelnachweise: Garzetti 1974, 516–522. Anerkennung Späterer: Honoré 1981, 12f. Papirius Iustus: D. Liebs, HLL 4 (1997), 112f. § 415.5.Laut Bauman 1977, 57–61 die Quelle für HA Aurel. 9,7–11,10. *SC Orfitianum*: Inst. 3,4 pr.; HA Aurel. 11,8. Anfrage aus Africa: Cod. Iust. 3,31,1.

[5] Freiheit „at all costs“: Stanton 1969, 572. Deutung als praktizierter Stoizismus durch Noyen 1955; Korrektur durch Horsmann 1986. Vgl. Rosen 1993 zur Tradition des Disputs.

[6] Marcus hilft den Städten: HA Aurel. 23,3. Karthago, Ephesus, Nikomedia: Aur. Victor, Caes. 16,12; Smyrna: Cass. Dio 72,32,3; zehn Jahre Steuerfreiheit: Eus.-Hieron. chron. ad. a. 179 p. 208 Helm. Aristeides: Philostr. VS 2,9 p. 582f. Sorgen um die Stadtfinanzen: vgl. Mitchell 1990, 190; zu Milet s. u.

[7] Marcus und Lucius als *IIviri*: AE 1971, 367. Zum Phänomen vgl. die Liste in Horster 2004, 350–355.

[8] Marcus und Athen: Geagan 1979, 402–405. Herodes-Prozess: VS 2,1 p. 559–561; vgl. künftig Pomeroy 2007. Selbstverbannung, Brief: Philostr. VS 2,1 p. 562f.

[9] Brief an Athen: Ol. 366–388 Nr. 184. „Und wenn ...“: Frg. E, Z. 60f.; „in Anbetracht ...“: Z. 61; „sehr dringend ...“: Z. 62. „Was könnte ...“: E, Z. 91–94. Marcus und Commodus zur Gerusia: Ol. 401–413 Nr. 193–203. Oliver 1970, 72–91 sah hinter dem Zustrom Freigelassener und anderen Entscheidungen traditionsfeindliche Initiativen von Lucius Verus, denen sich Marcus nach Kräften widersetzt habe. Zum Panhellenion vgl. Fündling 2006, 632–634.

[10] Korrespondenzwesen: einschlägig v. a. Millar 1992; Eck 1997 a, 109–118. Brief an Milet, Pauschalbeschluss: AE 1977, 801 = Ol. 398–401 Nr. 192 mit Kommentar. Kumulative Beschlüsse: vgl. Eck 1997 a, 63–65; positiver Oliver/Palmer 1955.

[11] Besetzung des *consilium* von 177: Seston/Euzennat 1971, 484–487; Eck 1997 a, 7f.; vgl. Liebs 1976. Cappadocia: Eck 1997 a, 39f. zu AE 1954, 138. ‚Ausstoß‘ an Consuln: a. a. O. 57. Zur Umstrukturierung v. a. des Kaiserkults Rüpke 2005, III 1591–1594.

[12] Titel für *equites*, Betonung der *III/IV militiae* und ihre Aussagekraft: Alföldy 1981; Eck 1997 a, 102, 190f. Strafprivileg: a. a. O. 198–202 zu Cod. Iust. 9,41,11.

[13] Ritter in der Verwaltung: Eck 1997 a, 67–106. Keine Berufsbürokratie: Brunt 1983, 47–52. Versuch, senatorische Besoldungen abzuschätzen: Alföldy 1981, 185–189. Etwas über 160 ‚aktive‘ Senatoren kurz vor 180: Eck 1997 a, 51; um 135 Prokuraturen unter Commodus: a. a. O. 86. Saepinum: CIL IX 2438.

[14] Schwiegersöhne: Garzetti 1974, 510; vgl. Kap. 4 Anm. 25; vgl. Kap. 13. Geldgeschenke: 23,2. „lebte er ...“; Tempel der „Freigebigkeit“: Cass. Dio 72,34,3.

[15] Ruhe in Africa: vgl. Le Bohec 1989, 381. Pheradi maius: AE 2003, 1933. *Tabula Banasitana*: Seston/Euzennat 1971; Rechtsaspekte: Sherwin-White 1973.

[16] Titelstreit: Magie 1950, 636; Nachweise 1496 Anm. 18. Bauten: überholte Liste für Kleinasien bei Magie 1950, 657; 1527 Anm. 62.; für den Westen vgl. nun Horster 2001, in deren Material Marcus und dessen Mitkaiser eher selten auftauchen.

[17] Lugdunum: Eus. h. e. 5,1,3–4,3; irrig datiert bei Eus.-Hieron. chron. ad. a. 167 p. 205 Helm. Zum Hergang Keresztes 1967; ders. 1968, v. a. zu den von Meliton beklagten, in der Forschung vieldiskutierten „neuen Dekreten" aus Rom.

[18] Verfolgungen in Asien: Eus. h.e. 4,15,1–48; Polykarp starb vermutlich schon 156, nicht wie vielfach angenommen 167 oder 177; vgl. Birley 2006, 111 mit Anm. 58 zur Debatte. Meliton: Eus.-Hieron. chron. ad. a. 170 p. 206 Helm; Eus. h.e. 4,13.8. Chronologie, Häufung apologetischer Schriften: Keresztes 1968.

[19] Häretikerliste: Eus.-Hieron. chron. ad a. 171/72 p. 206 Helm; Montanisten: vgl. zuletzt Birley 2006, 110–118. Valentinus: chron. ad a. 143 p. 202 H.; „Oberhäretiker": chron. ad a. 140 p. 204 H. Metrodoros: Eus. h.e. 4,15,46. Apokalyptische Strömungen: Rosen 1993 a.

[20] Gellius: Holford-Strevens 2003. Lukian: Anderson 1994. „politische Klugheit", „philosophische …": Maier 1985, 305.

12. Über die eigene Kraft

[1] Maurenkrieg von 177: Rachet 1970, 210–212; Bénabou 1976, 152–154 zu ILS 1354–1354 a; Maximianus: Pflaum, CP II 585–590 Nr. 221.

[2] Quintilii, „Skythen": Cass. Dio 72,33,1. Vindex durch Pertinax ersetzt (und gefallen?): Alföldy 1977, 371–375 zu HA Pert. 2,10; ILS 1107 (Vindex' Grabinschrift).

[3] Fetialritual: Cass. Dio 72,33,3. Reinigungseid vor dem Aufbruch: HA Aurel. 29,4. Bitte um Finanzhilfe: Cass. Dio 72,33,2.

[4] Ausschweifungen: HA Comm. 2,7–9; Marcus' *mollities*: 2,7. Zu späteren Untaten 3,6 f.; 5,4. 11; 10,7–9. „Schon als Kind" Naschsucht und Masturbation: 10,1. Kampfstatistik: 12,11. *profectio*: 12,6.

[5] Aufenthaltsort: Halfmann 1986, 215 f.: Marcus' Präsenz in Viminacium ist zwischen 175 und 180 epigrafisch gesichert, doch für unbekannte Zeit. Infrage kommen besonders Sirmium und Carnuntum. Nicht von Herzen stöhnen: Epict. Diss. 1,18,19. Gefahr im Sumpf: Cass. Dio 73,4,3.

[6] Wachdienst des Kaisers (*statio principis*): vgl. Platon, Gorg. 512 d–e bei M. Aur. 7,45. Martius Verus: Johne 1979, 474.

[7] Rufus: ILS 1326; Statuen: CIL VI 1599. Paternus: Cass. Dio 72,33,3. Vehilius: ILS 1327 in der Ergänzung von Pflaum, CP I 463 Nr. 180. Pompeianus und seine Gegner: Gostar 1969 zu ILS 1108.

[8] Jazygen-Diplomatie: Cass. Dio 72,18,1; 19,1 f. Laut HA Aurel. 27,10 wären Markomannen, Hermunduren, Quaden und (welche?) Sarmaten die Feinde gewesen. Zu den römischen Basen vgl. S. 132 f.; Kehne/Tejral 2001, 316–321.

[9] Regensburg: Lippold 1979; Dietz 1995, 156 f. Schlacht, Ausrufung: Cass. Dio

72,33,3–4. Dazu ILS 9122? Quaden: Birley [2]1987, 208. Valerius in Trenčin (= Leugaricio?): AE 1956,124; CIL III 13439 (aufgestellt vom „Heer, das in Laugaricio sitzt, 2855 [bis 2859] Soldaten …").

[10] Sperrforts: Cass. Dio 72,20,1. Quadischer Ausbruchsversuch: 72,20,2; dazu Castritius 2005, 156.

[11] „Ein Spinnchen …": M. Aur. 10,10.

[12] Posener Rede Himmlers: IMT, Bd. XXIX, S. 145 (1919-PS), zitiert nach: W. Hofer (Hrsg.), *Der Nationalsozialismus. Dokumente 1933–1945.* Frankfurt a. M. 1982 (u. ö.), 114 Nr. 62b.

[13] „so viele Male …": M. Aur. 3,3,3. „Anführers …": 3,4,2. Leben als Krieg: vgl. 2,17,3. „Wenn du einmal …": 8,34,1.

[14] „Auch das ist …": M. Aur. 8,1,1 f. Philosophie unter allen „Umständen (*hypóthesis*)" zugänglich: 11,7. Sich nie „Philosoph" nennen: Epict. enchir. 46,1.

[15] Marcomannia, Sarmatia 175: HA Aurel. 24,5. Stämme und Provinzpläne vor 180: 27,10. Cass. Dio: 72,33,4[2] vgl. 72,20,2; Übersetzung „besiegt" für *ekecheírōto* von Alföldy 1971, 404. Irrelevant Herodians Behauptung von Plänen „bis zum Ozean"(Hdn. 7,2,9).

[16] Gegen einen Provinzplan v. a. Alföldy 1971, 397–406 (mit wichtiger Zusammenfassung der älteren Diskussion; Nachtrag in Alföldy 1989, 65 f.); für die Annexionspläne Birley 1979, 486–494.

[17] Augustus: Cass. Dio 50,4,5.

[18] Gotisches Siedlungsgebiet: Th. Andersson et al., Goten. RGA 12 (1998), 402–443; dort V. Bierbrauer, „Archäologisches", 412–415 (zur „1. Landnahme" bis 220/30).

[19] „Der Beendigung …": HA Aurel. 24,9.

Tod und Verklärung

13. „Geh heiter"

[1] Tod, Reife und Jugend, „War das …": M. Aur. 9,21; vgl. S. 23.

[2] Epiktets Freiheit und Marcus' *hilaría*: Pohlenz [2]1959, I 352. „Aber ich …": M. Aur. 12,36,3; „Nun geh heiter …": 12,36,5; Vorbild ist die Schauspielmetaphorik von Epict. enchir. 17.

[3] „Niemand ist …": M. Aur. 11,36,1–4.6; vgl. Epict. Diss. 1,1,22.

[4] Krankheit, Tod durch Ärzte: Cass. Dio 72,33,4[2].

[5] Sterbebericht: HA Aurel. 28,1–9; nach einer Woche ohne Wasser hätte Marcus, krank oder gesund, natürlich längst tot sein müssen. Ausgearbeitete Rede auf dem Sterbebett bei Hdn. 1,4,1–6, angeblich am vorletzten Tag.

[6] Sterbeszene: Cass. Dio 72,34,1. Auf- und untergehende Sonne: vgl. Plut. Pomp. 14,3; vielleicht in Dios verlorenen Büchern 33–35. Zu Hdn. 1,4 vgl. Alföldy 1973; Rolle Marcus' und der Eröffnungskapitel für Herodians Gesamtwerk: Zimmermann 1999, 17–41.

[7] Ortsangaben: Aur. Victor, Caes. 16,14; Epit. de Caes. 16,12. Todestag: Cass. Dio 33,4. Für Bononia (Banoštar) an der Donau Bannert 1977 zu Tert. apol. 25,5 (Tod *apud Sirmium*).

[8] „wäre er ...": HA Aurel. 18,1. Inszenierter Konflikt von Kaiser und *consilium*: Alföldy 1971, 391–397; personelle Kontinuität: a. a. O. 411–413. Quaden: Aur. Victor, Caes. 17,2. Spiele nach Commodus' Rückkehr sind nicht bezeugt. Herz 2003, 56 Anm. 32 erwähnt zwei eintägige Feste *ob Victorias Sarmaticas* bzw. *Marcomannicas* am 27. und 30. Juli mit unbekanntem Hintergrund. Eine Tradition aus Commodus' Zeit (nach dem Sieg von 182?) erscheint ebenso denkbar wie eine Reaktion auf Zwischenerfolge des ersten Krieges unter Marcus.

[9] Möglichkeit eines Doppelkommandos: Dietz 1989, v. a. 433–442. „Auch er ...": Eutr. 8,15.

[10] Markomannen, Quaden: Cass. Dio 73,2,1–4; zur politischen Struktur Wolfram 2004, 785 f. Buren und „andere": Cass. Dio 73,3,1–3. Zur *expeditio Burica* (so CIL III 5397) vgl. P. Kehne, in: Kehne/Tejral 2001, 314.

[11] Römische Handelsgüter im Markomannengebiet: P. Kehne/J. Tejral, Markomannen. RGA 19 (2001), 290–308; dort J. Tejral, „Archäologisches", 305. Zur *expeditio felicissima tertia Germanica* (ILS 1574) vgl. P. Tasler, Commodus. RGA 5 (1984), 68–78; dort 76 f. mit Literatur; anders P. Kehne in: Kehne/Tejral 2001, 309; 314. Caracalla und die Quaden: Cass. Dio 78,20,3; Fortdauer der Klientel: Hofeneder/Kolnik 2003, 634. Markomannen und Quaden in der Spätantike: L. Rübekeil et al., Sweben. RGA 30 (2005), 184–212; dort H. Castritius, 193–195. Sarmaten, Daker: HA Comm. 6,1; 13,5; Cass. Dio 72,8,1. Geldzahlungen vor Commodus' Tod: Cass. Dio 73 (72),61,1; umstritten Hdn. 1,6,8 f. vgl. HA Comm. 3,5.

[12] „die alten ...": HA Comm. 3,1. Einfluss böser Ratgeber v. a. bei Hdn. 1,6,1–8; 1,8,2. Marcus wollte Commodus töten: HA Aurel. 28,10. Pompeianus mahnt: Hdn. 1,6,5–7, vgl. 1,8,4. Besser Pompeianus als Erbe: so schon Iulian. Caes. 9 p. 312a-b. Für die (juristische oder faktische?) Möglichkeit, einen leiblichen Sohn zu übergehen, Stanton 1969, 583 f. Keil 1938 zum problematischen Sozialstatus aller Schwiegersöhne außer M. Peducaeus Plautius Quintillus (PIR² P 474).

[13] „Feigheit": Cass. Dio 73(72), 1,1 f. Kraft, „im Übrigen ...": HA Comm. 13,1. Zur Gladiatorensymbolik vgl. nun Hekster 2002.

[14] Manilius: Cass. Dio 73,7,4; vgl. HA Avid. 13,7 (suspekt). Marcus-Säule: zu Auslegung, Eckdaten und Errichtung vor 193 Morris 1952; vgl. v. a. ILS 5920 mit Indizien für im August/September 193 laufende oder eben beendete Arbeiten.

[15] Opferliste: Cass. Dio 73 (72),4,5–5,4; Victorinus: 73,11,1 f. Fundania: HA Comm. 5,8; 7,7; PIR² A 713; R.-Ch. 76 f. Nr. 60; Pflaum 1972, 223. Quadratus: Syme 1968, 686–690. Petronii: Pflaum 1972, 219 f. Quintilii: Pflaum 1972, 205–207. Vehilius Gratus: Cass. Dio 73,14,1; Comm. 7,4; 11,3. Galen: Schlange-Schöningen 2003, 212–221. Eclectus dient Commodus: Cass. Dio 73,4,6. Pompeianus und Glabrio 193: 74,3,2–4; zur ihrer Rolle 192/93 Champlin 1979. Falls Pompeianus' Augenleiden echt war, ging es vielleicht auf Alter oder die endemische Bindehautentzündung, vielleicht auch auf Pocken (die „Pest"?) zurück; vgl. Winkle 1997, 434 f.; 840. Die „Versteigerung": Cass. Dio 74,11,3–6.

[16] „Es bekümmere ...“: HA Aurel. 27,11„der den ...“: Eutr. 8,14,2; „einer, der ...“: HA Aurel. 18,2. Tiefe Trauer: Aur. Victor, Caes. 16,14; weinender Senat: Epit. de Caes. 16,13. Lob und Trauer: Hdn. 1,4,8. Geliebt wie Verwandter: HA Aurel. 18,1; Statuen: 18,5f.; Traumvisionen: 18,7.

[17] Senat und Volk gemeinsam: HA Aurel. 18,3. *Flamen*, *sodales*, Tempel: 18,8; vgl. Hammond 1959, 207. Statue in der Curia: Cass. Dio 72,34,1; Faustina vgl. S. 149.

[18] Münzen Nigers: Alföldy 1976. Caracalla studiert Philosophie: Cass. Dio 78,11,2f. Unter ihm tötete sich Marcus' Tochter Cornificia (78,16,6a); ihre Schwester Vibia Aurelia Sabina musste unter Commodus, der ihren ersten Mann Antistius Burrus (PIR[2] A 757) beseitigte, den Sohn von Lucius Verus' Freigelassenem Agaclytus heiraten (R.-Ch. 622f. Nr. 800; CIL XV 7402). Lucillas Sohn L. Aurellius (sic) Commodus Pompeianus, *cos. ord.* 209, kam nach 212 ebenfalls um (PIR[2] C 974; Seston 1966, 212f.; W. Eck, DNP 3 (1997), 20 s.v. Claudius II 53). Nach 218 machte Elagabal eine Nachfahrin von Marcus' Tochter Faustina und Claudius Severus zur Witwe und heiratete sie dann: Cass. Dio 80 (79), 5,4f.

[19] Heiliger Name: HA Alex. 7,6; zum *nomen Antoninorum* in der HA vgl. nur Scheithauer 1987, 65–68; die HA spendiert den nächsten senatsfreundlichen Kaisern, den drei Gordiani, zusätzlich eine Abstammung von Marc Aurel: Syme 1971, 13; 101; 169f. „Vernichtete ...“: M. Aur. 9,21,3. „wird schnell ...“: 4,33,1f.

14. Die Lichtgestalt

[1] Dios Geburt und Philosophenaversion: Millar 1964, 13; Zeugenbefragung: a.a.O. 36 (zur Quellenfrage. Die von Letta 1979, 141 vermutete Lektüre von Dokumenten zum Avidius-Aufstand 175 in den *acta senatus* geht aus Dios Wortlaut nicht hervor; die Ansprache 71, 24,1–26,4 ist eindeutig von Dio zweckgemäß fabriziert und eingelegt.) Kaiser und Senat: Bleicken 1962, v.a. 454f.; 465–467.

[2] Zwei Bücher Maximus' zu Marcus: vgl. HA Avid. 6,7; 9,5 (Buch II zum Jahr 175 zitiert; suspekt). Maximus zur Ruhmfrage: Rosen 1991, ausgehend von HA Aurel. 20,5 und weiteren Stellen. Rekonstruierbarkeit und Quellenwert: positiv Birley 1997; skeptisch Paschoud 1999. Zum Quellenstreit um die frühen HA-Viten Fündling 2006, 89–96; 102–118 (Maximus); 120–127 (anonymer Biograph, der sog. *Ignotus*, postuliert von Barnes 1967; Syme 1968a).

[3] Zu spätantiken Kommentaren von Marcus' beiden ‚Schwachstellen' Chastagnol 1994, 91–95.

[4] Marcus bei Eutrop: Eutr. 8,10,1–14,2; „den man ...“: 8,11,1; Traian: Eutr. 8,2,1–5,3. „All ...“: Aur. Victor, Caes. 16,2; „Er stand ...“: Epit. de Caes. 16,2. Julian, „Marcus Antoninus ...“: Eutr. 10,16,3; vgl. Lacombrade 1962; Amm. 25,4,17; dazu Stertz 1980, 504f. K. Rosen, *Julian. Kaiser, Gott und Christenhasser.* Stuttgart 2006, v.a. 320f.

[5] Marcus' *sanctitas vitae*: HA Aurel. 1,1 u.ö.; vgl. Rosen 1998. Zur Darstellung des *bonus princeps* Marcus, v.a. im Kontrast zu Commodus, vgl. Scheithauer 1987, 28–48; 66; 73–127. Zu Marcus' *mollities* und übergroßer *patientia* (etwa Aurel. 29,3; Comm. 2,7) a.a.O. 46–48; 73f.; Rosen 1994b.

[6] Zur Unkenntnis der *Selbstbetrachtungen* Rosen 2002. Im *Lexikon des Mittelalters* fehlt Marcus unter den Artikeln zur Rezeptionsgeschichte. Friedrich: Th. Schieder, *Friedrich der Große. Ein Königtum der Widersprüche.* Berlin 1986, 123f.; 208; 287; 376.

[7] H. Schmidt, *Menschen und Mächte.* Berlin 1987, 10. „Die anderen …": F. Dürrenmatt, *Romulus der Große. Eine ungeschichtliche historische Komödie in vier Akten. Neufassung 1980.* Zürich 1985, 18 vgl. 99; 127 (Erstfassung).

[8] Marcus und die Republik, Vatermörder Commodus: etabliert wohl durch Anthony Manns Film *The Fall of the Roman Empire* (*Der Untergang des Römischen Reiches*, 1964), der Alec Guinness als halb schon außerweltlichen Marcus porträtierte und mit einer symbolischen Entrückung der gleichgesinnten, republikanischen Kaisererben (in die Moderne?) schloss, während sich die Römer ihren Lastern überlassen und die Soldateska das Reich versteigert. Ridley Scotts *Gladiator* von 2000 übernahm die Republikfiktion sowie die ungebrochene Sympathiefigur Marcus, von Richard Harris forciert gebrechlich dargestellt. Als Schlüsselelemente kehren sie auch in den Historienromanen mit Krimielementen von R. Burns, *Roman Nights.* New York 1991 (dt.: *Römische Ausschweifungen.* Frankfurt 1991) und G. Haefs, *Roma. Der erste Tod des Marc Aurel.* München/Zürich 1994, wieder. Pessimistisches bis feindseliges Marcusbild: T. Korber, *Der Medicus des Kaisers.* Zürich 2001, ein antiker ‚Arztroman' mit dem Helden Galen.

Literaturverzeichnis

Mit Ausnahme der im Abkürzungsverzeichnis aufgelösten richten sich alle Abkürzungen nach dem Gebrauch von *L'année philologique*.

T. W. Africa, The Opium Addiction of Marcus Aurelius. Journal of the History of Ideas 1961, 97–102 (dt. = Marc Aurels Opiumsucht, in: Klein 1979, 133–143).

G. Alföldy, *Die Legionslegaten der römischen Rheinarmeen.* (Epigraphische Studien 3), Köln/Graz 1967.

Ders., Der Friedensschluß des Kaisers Commodus mit den Germanen. Historia 20 (1971), 84–109 (mit Nachträgen wieder abgedruckt in: Klein 1979, 389–428; davon seitengleiche Reproduktion mit Ergänzungen in: Alföldy 1989, 25–68).

Ders., Herodian über den Tod Mark Aurels. Latomus 32 (1973), 345–353 (ergänzt in: Alföldy 1989, 14–24).

Ders., P. Helvius Pertinax und M. Valerius Maximianus. Situla 14/15 (1974/75), 199–215 (mit Nachträgen: ders., *Römische Heeresgeschichte. Beiträge 1962–1985.* Amsterdam 1987, 326–348).

Ders., Das neue *saeculum* des Pescennius Niger, in: BHAC 1972/1974 (Antiquitas 1.12), Bonn 1976, 1–10.

Ders., *Konsulat und Senatorenstand unter den Antoninen. Prosopographische Untersuchungen zur senatorischen Führungsschicht.* (Antiquitas 1.27), Bonn 1977.

Ders., Die Stellung der Ritter in der Führungsschicht des Imperium Romanum. Chiron 11 (1981), 169–215.

Ders., *Die Krise des Römischen Reiches. Geschichte, Geschichtsschreibung und Geschichtsbetrachtung. Ausgewählte Beiträge*. Stuttgart 1989.

W. Ameling, *Herodes Atticus*. (2 Bde.) Hildesheim/Zürich/New York 1983.

Ders., Die Kinder des Marc Aurel und die Bildnistypen der Faustina Minor. ZPE 90 (1992), 147–167.

G. Anderson, Lucian: Tradition versus Reality. ANRW II 34.2 (1994), 1422–1447.

A. Baldini, La rivolta bucolica e l'usurpazione di Avidio Cassio. Aspetti del principato di Marco Aurelio. Latomus 37 (1978), 634–678.

B. Baldwin, The *Vita Avidii*. Klio 58 (1976), 101–119.

L. Balla, Factio in Pertinacem? ACD 7 (1971), 73–76.

H. Bannert, Der Tod des Kaisers Marcus, in: *Latinität und alte Kirche. Festschrift für R. Hanslik zum 70. Geburtstag.* (Wiener Studien Beiheft 8), Wien/Köln/Graz 1977, 9–19 (= Klein 1979, 459–472).

T. D. Barnes, Hadrian and Lucius Verus. JRS 57 (1967), 65–79.

J. Béranger, L'*imperium* proconsulaire et la puissance tribunicienne dans l'Histoire Auguste, in: BHAC 1977/1978 (Antiquitas 4.14). Bonn 1980, 1–15.

E. Birley, Some Names in the Historia Augusta, in: BHAC1979/1981, 67–98.

A. R. Birley, Two Names in the Historia Augusta. Historia 15 (1966), 249–253.

Ders., Some Teachers of M. Aurelius, in: BHAC 1966/1967 (Antiquitas 4.4), Bonn 1968, 39–42.

A. R. Birley, Some Notes on HA Severus, 1–4, in: BHAC 1968/1969 (Antiquitas 4.7), Bonn 1970, 59–77.

Ders., *Septimius Severus. The African Emperor.* London 1971 [²1988].

Ders., A Nickname for Commodus and the Date of Fronto's Death. Chiron 2 (1972), 463–473.

Ders., Foreign and Frontier Policy in the Reign of Marcus Aurelius; dt.: Die Außen- und Grenzpolitik unter der Regierung Marc Aurels, in: Klein 1979, 473–502.

Ders., *Marcus Aurelius. A Biography.* London ²1987.

Ders., *Locus virtutibus patefactus? Zum Beförderungssystem in der Hohen Kaiserzeit.* (Rheinisch-Westfälische Akademie der Wissenschaften, Vorträge G 318), Opladen 1992.

Ders., Indirect Means of Tracing Marius Maximus, in: G. Bonamente/G. Paci (Hrsg.), *Historiae Augustae Colloquium Maceratense.* (Historiae Augustae colloquia n.s. 3), Bari 1995, 57–74.

Ders., Marius Maximus: the Consular Biographer. ANRW II 34.3 (1997), 2678–2757. [Birley 1997]

Ders., *Hadrian. The Restless Emperor.* London/New York 1997 [Birley 1997 a]. (Dt., gekürzt und aktualisiert: *Hadrian. Der rastlose Kaiser.* Mainz 2006.)

Ders., Voluntary Martyrs in the Early Church: Heroes or Heretics? CrSt 27 (2006), 99–127.

J. Bleicken, Der politische Standpunkt Dios gegenüber der Monarchie. Die Rede des Maecenas Buch 52, 14–40. Hermes 90 (1962), 444–467.

Ders., Der Preis des Aelius Aristides auf das römische Weltreich (or. 26 K.). (Nachr. Ak. Wiss. Göttingen 1966, Phil.-Hist. Kl., Heft 7), Göttingen 1966, 225–277.

M. T. Boatwright, Faustina the Younger, Mater Castrorum, in: R. Frei-Stolba et al. (Hrsg.), *Les femmes antiques entre sphère privée et sphère publique. Actes du Diplôme d'Études Avancées, Universités de Lausanne et Neuchâtel,* Bern 2003, 249–268.

A. Bourguière/Ch. Klapisch-Zuber et all. (Hrsg.), *Geschichte der Familie. Altertum.* Frankfurt a. M. 1996. (orig. *Histoire de la famille: Antiquité.* Paris 1986).

G. W. Bowersock, Senators from the Near East, in: S. Panciera (Hrsg.), *Epigrafia e ordine senatorio II.* (Tituli 6), Roma 1982, 651–668.

D. J. Breeze/B. Dobson, *Hadrian's Wall.* London ⁴2000.

P. A. Brunt, Marcus Aurelius in his *Meditations.* JRS 64 (1974), 1–20.

J. J. Brumberg, *Fasting Girls: the History of Anorexia Nervosa.* Cambridge, Mass. 1988 (dt.: *Todeshunger. Die Geschichte der Anorexia Nervosa vom Mittelalter bis heute.* Weinheim 1994).

P. A. Brunt, Princeps and Equites. JRS 73 (1983), 42–75.

R. Bryant-Waugh, Epidemiology, in: Lask/Bryant-Waugh 1993, 55–68.

R. Bryant-Waugh/Z. Kaminski, Eating Disorders in Children: An Overview, in: Lask/Bryant-Waugh 1993, 17–29.

A. Caballos Rufino, *Los senadores hispanorromanos y la romanización de Hispania (Siglos I al III p.C.)* (2 Bde.), Ecija 1990.
J. P. Callu, Verus avant Verus, in: HAC 1 (1990), 101–122.
H. Castritius, Semnonen, in: RGA 28 (2005), 152–158.
E. J. Champlin, Notes on the Heirs of Commodus. AJPh 100 (1979), 288–306.
Ders., *Fronto and Antonine Rome*. Cambridge, Mass./London 1980.
H. Chantraine, „Doppelbestattungen" römischer Kaiser. Historia 29 (1980), 71–85.
A. Chastagnol, Études sur la *Vita Cari*, in: HAC 2 (1991), 89–107.
F. Chausson, Variétés généalogiques. I. Numa Pompilius ancêtre de Marc-Aurèle, in: HAC 8 (2000), 109–147.
Ders., Regards sur la famille de l'empereur Lucius Vérus, in: F. Chausson/É. Wolff (Hrsg.), *Consuetudinis amor. Fragments d'histoire romaine (IIe-VIe siècles) offerts à J.-P. Callu.* Roma 2003, 103–161.
Ders., Variétés généalogiques III: La généalogie d'Antonin le Pieux, in: G. Bonamente/M. Mayer (Hrsg.), *Historiae Augustae Colloquium Barcinonense.* (Historiae Augustae colloquia n.s. 9), Bari 2005, 107–155.
M. Christol, Iuridicus per Aemiliam Liguriam. ZPE 151 (2005), 215–222.
K. Clinton, The Eleusinian Mysteries: Roman Initiates and Benefactors, Second Century B. C. to A. D. 267. ANRW II 18.2 (1989), 1499–1539.
Ders., Hadrian's Contribution to the Renaissance of Eleusis, in: S. Walker/A. Cameron (Hrsg.), *The Greek Renaissance in the Roman Empire. (Papers from the Tenth British Museum Classical Colloquium, London 1986),* London 1989, 56–68.
L. Cracco Ruggini, Imperatori romani e uomini divini (I–VI secolo d.C.), in: P. Brown/L. Cracco Ruggini/M. Mazza, *Governanti e intellettuali, popolo di Roma e popolo di Dio (I–VI secolo).* (Passatopresente 2), Torino 1982, 9–91.
H. Devijver, Les *militiae* équestres de P. Helvius Pertinax. ZPE 75 (1988), 207–214.
G. Di Vita-Èvrard, Le testament dit „de Dasumius": testateur et bénéficiaires, in: C. Castillo (Hrsg.), *Epigrafía Jurídica Romana. (Actas del coloquio internacional A.I.E.G.L. Pamplona, 9–11 de abril de 1987.)* Pamplona 1989, 159–174.
K. Dietz, Obergermanien und Rätien unter Mark Aurel. Chiron 19 (1989), 407–447.
Ders., Die Blütezeit des römischen Bayern, in: W. Czysz/K. Dietz et al. (Hrsg.), *Die Römer in Bayern.* Stuttgart 1995, 100–176.
O. A. W. Dilke, The Literary Output of the Roman Emperors. G&R 4 (1957), 78–97.
R. P. Duncan-Jones, *Money and Government in the Roman Empire.* Cambridge 1994.
Ders., The Impact of the Antonine Plague. JRA 9 (1996), 108–136.
W. Eck, Die italischen *legati Augusti pro praetore* unter Hadrian und Antoninus Pius, in: HAC 1 (1990), 183–195.
Ders., *Die Verwaltung des römischen Reiches in der hohen Kaiserzeit. Ausgewählte und erweiterte Beiträge, Bd. 2.* Basel/Berlin 1997.
Ders., Der Kaiser, die Führungsschichten und die Administration des Reiches (von Vespasian bis zum Ende der antoninischen Dynastie), in: Eck 1997, 3–145.

W. Eck, Der Kaiser als Herr des Heeres. Militärdiplome und die kaiserliche Reichsregierung, in: J. J. Wilkes (Hrsg.), *Essays in Honour of Margaret Roxan.* London 2003, 55–87.

A. S. L. Farquharson, *The Meditations of the Emperor Marcus Aurelius.* (2 Bde.), Oxford 1944.

J. R. Fears, The Cult of Virtues and Roman Imperial Ideology, in: ANRW II 17.2 (1981), 827–948.

J. Fitz, Der markomannisch-quadische Angriff gegen Aquileia und Opitergium. Historia 15 (1966), 336–367.

J. Fitz, Die Verwaltung von Pannonia Inferior zur Zeit des Partherkrieges. Klio 62 (1980), 405–410.

A. Fosson/R. de Bruyn/S. Thomas, Physical Aspects, in: Lask/Bryant-Waugh 1993, 31–53.

B. W. Frier, Demography, in: A. K. Bowman/P. Garnsey/D. Rathbone (Hrsg.), *The Cambridge Ancient History. Second Edition. Volume XI: The High Empire A.D. 70–192.* Cambridge 2000, 787–816.

J. Fündling, *Kommentar zur Vita Hadriani der Historia Augusta.* (Antiquitas 4.3.4) (2 Bde.), Bonn 2006.

A. Garzetti, *From Tiberius to the Antonines. A History of the Roman Empire AD 14–192.* London 1974. [Stark verbesserte Übersetzung von: ders., *L'Impero da Tiberio agli Antonini.* Roma 1960.]

D. J. Geagan, Roman Athens: Some Aspects of Life and Culture. I. 86 B.C. –A.D. 267. ANRW II 7.1 (1979), 371–437.

J. F. Gilliam, The Plague under Marcus Aurelius. AJPh 82 (1961), 225–251. (dt.: Die Pest unter Marc Aurel, in: Klein 1979, 144–175.)

L. Glendinning/M. Phillips, Nursing Management, in: Lask/Bryant-Waugh 1993, 137–155.

J. González, Cohors V Baetica. Habis 25 (1994), 179–188.

N. Gostar, La mission de Tiberius Claudius Pompeianus aux bouches du Danube, in: *Hommages à Marcel Renard II.* (Coll. Latomus 102), Bruxelles 1969, 290–301.

P. Grimal, Ce que Marc-Aurèle doit à Fronton. REL 68 (1990), 151–159.

P. Hadot, Marc Aurèle était-il opiomane, in: E. Lucchesi/H. D. Saffrey (Hrsg.), *Mémorial A.-J. Festugière. Antiquité païenne et chrétienne. Vingt-cinq études …* (Cahiers d'orientalisme 10.) Genève 1984, 33–50.

Ders., *La citadelle intérieure. Introduction aux pensées de Marc Aurèle.* Paris 1992. (dt.: *Die innere Burg. Anleitung zu einer Lektüre Marc Aurels.* Frankfurt a.M. 1996.)

H. Halfmann, *Die Senatoren aus dem östlichen Teil des Imperium Romanum bis zum Ende des 2. Jahrhunderts n. Chr.* (Hypomnemata 58), Göttingen 1979.

Ders., *Itinera principum. Geschichte und Typologie der Kaiserreisen im Römischen Reich.* (HABES 2), Stuttgart 1986.

M. Hammond, The Transmission of the Powers of the Roman Emperor from the Death of Nero in A.D. 68 to that of Alexander Severus in A. D. 235. MAAR 24 (1956), 61–133.

Ders., *The Antonine Monarchy.* (PMAAR 19), Rome 1959.

F. Hampl, Kaiser Marc Aurel und die Völker jenseits der Donaugrenze. Eine quellenkritische Studie, in: *Festschrift Richard Heuberger*. Innsbruck 1960, 33–40.

B. K. Harvey, Two Bases of Marcus Aurelius Caesar and the Roman Imperial Succession. Historia 53 (2004), 46–60.

O. Hekster, *Commodus. An Emperor at the Crossroads.* Amsterdam 2002.

P. Herz, Kaiserfeste der Prinzipatszeit. ANRW II 16.2 (1978), 1135–1200.

Ders., Neue Forschungen zum Festkalender der römischen Kaiserzeit, in: H. Cancik/K. Hitzl (Hrsg.), *Die Praxis der Herrscherverehrung in Rom und seinen Provinzen.* Tübingen 2003, 47–67.

A. Hofeneder/T. Kolnik, Quaden. RGA 23 (2003), 624–640.

P. Holder, Two Military Diplomas from the Reign of Antoninus Pius. ZPE 156 (2006), 255–264.

L. Holford-Strevens, *Aulus Gellius. An Antonine Scholar and his Achievement.* Oxford ^{2}2003.

T. Honoré, *Emperors and Lawyers.* London 1981.

K. Hopkins, Taxes and Trade in the Roman Empire (200 BC–AD 400). JRS 70 (1980), 101–125.

G. Horsmann, Die *divi fratres* und die *redemptio servi suis nummis*. (Zu den Motiven der epistula ad Urbium Maximum, Dig. 40,1,4), Historia 35 (1986), 308–321.

M. Horster, *Bauinschriften römischer Kaiser. Untersuchungen zu Inschriftenpraxis und Bautätigkeit in Städten des westlichen Imperium Romanum in der Zeit des Prinzipats.* (Historia ES 157), Stuttgart 2001.

Dies., Substitutes for Emperors and Members of the Imperial Families as Local Magistrates, in: L. de Ligt/E. A. Hemelrijk/H. W. Singor (Hgg.), *Roman Rule and Civic Life: Local and Regional Perspectives.* (Proceedings of the Fourth Workshop of the International Network Impact of Empire (Roman Empire, c.200 B.C. – A.D. 476). Leiden, June 25–28, 2003.) Amsterdam 2004, 331–355.

Ch. Howgego, *Ancient History from Coins.* London/New York 1995.

H. U. Instinsky, Cassius Dio, Mark Aurel und die Jazygen. Chiron 2 (1972), 475–482.

K.-P. Johne, Die Publii Martii – eine prosopographische Studie. Klio 61 (1979), 469–475.

C. P. Jones, Aelius Aristides, εἰς βασιλέα. JRS 62 (1972), 134–152.

Ders., Epigraphica. ZPE 139 (2002), 108–116.

Ders., Culture in the Careers of Eastern Senators, in: W. Eck/M. Heil (Hrsg.), *Senatores populi Romani. Realität und mediale Präsentation einer Führungsschicht.* (Kolloquium der Prosopographia Imperii Romani vom 11.–13. Juni 2004.) (HABES 40), Stuttgart 2004, 263–270.

P. Kehne, „Historisches", in: ders./J. Tejral, Markomannen. RGA 19 (2001), 290–308.

P. Kehne/J. Tejral, Markomannenkrieg. RGA 19 (2001), 308–321.

J. Keil, Kaiser Marcus und die Thronfolge. Klio 31 (1938), 1–8 (= Klein 1979, 58–66).

P. Keresztes, The Massacre at Lugdunum in 177 A.D. Historia 16 (1967), 75–86 (dt.: Das Christenmassaker von Lugdunum im Jahre 177, in: Klein 1979, 261–278).

P. Keresztes, Marcus Aurelius a Persecutor? HThR 61 (1968), 321–341 (dt.: War Marc Aurel ein Christenverfolger?, in: Klein 1979, 279–303).

W. Kierdorf, *Funus* und *consecratio*. Zur Terminologie und Ablauf der römischen Kaiserapotheose. Chiron 16 (1986), 43–69.

R. Klein (Hrsg.), *Marc Aurel.* (Wege der Forschung 550), Darmstadt 1979.

Ders., Das Regenwunder im Quadenland. Vita des Marc Aurel 24,4 im Vergleich mit heidnischen und christlichen Quellen, in: BHAC 1986/1989 (Antiquitas 4.21), Bonn 1991, 117–138.

D. Knibbe, I(uppiter) O(ptimus) M(aximus) K(arnuntibus). Kaiser Marcus, Faustina, Commodus und der 11. Juni 172 n. Chr. ÖJh 54 (1983), 133–142.

E. Köstermann, Statio principis. Philologus 87 (1932), 358–368; 430–444.

F. Kolb, *Untersuchungen zur Historia Augusta.* (Antiquitas 4.20), Bonn 1987.

H.-G. Kolbe, Der Pertinaxstein aus Brühl bei Köln. BJ 162 (1962), 407–420.

J. Krier, Zum Brief des Marcus Aurelius Caesar an den dionysischen Kultverein von Smyrna. Chiron 10 (1980), 449–456.

W. Kuhoff, Zur Titulatur der römischen Kaiserinnen während der Prinzipatszeit. Klio 75 (1993), 244–256.

Ch. Lacombrade, L'empereur Julien émule de Marc-Aurèle. Pallas 14 (1967), 9–22.

P. Lambrechts, L'Empereur Lucius Verus. Essai de réhabilitation. AC 3 (1934), 173–201 (übs.: Der Kaiser Lucius Verus. Versuch einer Rehabilitierung, in: Klein 1979, 25–57.)

B. Lask/R. Bryant-Waugh, *Childhood Onset Anorexia Nervosa and Related Eating Disorders.* Hove (East Sussex) 1993.

B. Lask/A. Fosson, Physical Treatments, in: Lask/Bryant-Waugh 1993, 157–161.

Y. Le Bohec, *La Troisième Légion Auguste.* Paris 1989.

Ders. (Hrsg.), *Les légions de Rome sous le Haut-Empire.* (Coll. du Centre d'Études Romaines et Gallo-Romaines n.s. 20.) Lyon 2000.

J. van der Leest, Hadrian, Lucius Verus, and the Arco di Portogallo. Phoenix 49 (1995), 319–330.

C. Letta, La composizione dell'opera di Cassio Dione: cronologia e sfondo storico-politico, in: *Ricerche di storiografia greca di età romana.* (Ricerche di storiografia antica 1), Pisa 1979, 117–189.

D. Liebs, Nachrichten aus Banasa über Taruttienus Paternus und Cervidius Scaevola. ZRG 93 (1976), 291–297.

A. Lippold, Regensburg 179 n. Chr. – die Gründung des Lagers der Legio III Italica, in: D. Albrecht (Hrsg.), *Zwei Jahrtausende Regensburg. Vortragsreihe der Universität Regensburg zum Stadtjubiläum.* Regensburg 1979, 21–35.

P. Liverani, Il monumento antonino di Efeso. Rivista dell'Istituto Nazionale d' Archeologia e Storia dell' Arte 19–20 (1996/97), 153–174.

Ders., Il cosiddetto monumento partico di Lucio Vero. Problemi di interpretazione e di cronologia, in: H. Friesinger/F. Krinzinger (Hgg.), *100 Jahre österreichische*

Forschungen in Ephesos. (Akten des Symposion Wien 1995), Wien 1999, 639–645.

M. MacDonald, Bewildered, Blamed and Broken-Hearted: Parents' Views of Anorexia Nervosa, in: Lask/Bryant-Waugh 1993, 1–16.

J. Magagna, Individual Psychodynamic Psychotherapy, in: Lask/Bryant-Waugh 1993, 191–209.

D. Magie, *Roman rule in Asia Minor to the end of the third century after Christ*. (2 Bde.), Princeton, N. J. 1950.

B. Maier, *Philosophie und römisches Kaisertum. Studien zu ihren wechselseitigen Beziehungen in der Zeit von Caesar bis Marc Aurel.* (Dissertationen der Universität Wien 172), Wien 1985.

Ch. Marek, *Stadt, Ära und Territorium in Pontus-Bithynia und Nord-Galatia.* Tübingen 1993.

F. Millar, *A Study of Cassius Dio.* Oxford 1964.

Ders., Emperors, Frontiers and Foreign Relations, 31 BC – AD 378. Britannia 13 (1982), 1–23.

Ders., *The Emperor in the Roman World (31 BC – AD 337).* London 1977; 21992.

St. Mitchell, Festivals, Games, and Civic Life in Roman Asia Minor. JRS 80 (1990), 183–193.

G. Molisani, Il governo della Licia-Panfilia nell'età di Marco Aurelio. RF 105 (1977), 166–178.

J. Morris, The Dating of the Column of Marcus Aurelius. Journal of the Warburg and Courtauld Institutes 15 (1952), 33–47 (übs.: Die Datierung der Marcus-Säule, in: Klein 1979, 67–104.)

J. Nollé, Ein ephesischer Kult der ‚Victoria Romanorum' und das sogenannte Parthermonument. Chiron 33 (2003), 459–484.

P. Noyen, Marcus Aurelius: The Greatest Practitian of Stoicism. AC 24 (1955), 372–383 (dt. Marc Aurel: Der größte Praktiker der Stoa, in: Klein 1979, 105–118.)

J. H. Oliver, *Marcus Aurelius: Aspects of Civic and Cultural Policy in the East.* (Hesperia Suppl. 13.) Princeton, N. J. 1970.

Ders., Roman Emperors and Athenian Ephebes. Historia 26 (1977), 89–94.

Ders., Marcus Aurelius and the Philosophical Schools at Athens. AJPh 102 (1981), 213–225 (= ders., *The Civic Tradition and Roman Athens.* Baltimore/London 1981, 85–96.)

J. H. Oliver/R. E. A. Palmer, Minutes of an Act of the Roman Senate. Hesperia 24 (1955), 320–349.

F. Paschoud, Propos sceptiques et iconoclastes sur Marius Maximus, in: ders. (Hrsg.), *Historiae Augustae Colloquium Genevense.* (Historiae Augustae colloquia n.s. 7), Bari 1999, 241–254.

Th. Pekáry, Studien zur römischen Währungs- und Finanzgeschichte von 161 bis 235 n. Chr. Historia 8 (1959), 443–489.

Ders., Statuen in der Historia Augusta, in: BHAC 1968/69 (Antiquitas 4.7). Bonn 1970, 151–172.

H.-G. Pflaum, La carrière de C. Aufidius Victorinus, condisciple de Marc-Aurèle. CRAI 1956, 189–200.

H.-G. Pflaum, Tendances politiques et administratives au IIe siècle de notre ère. REL 42 (1964), 112–121 [Pflaum 1964].

Ders., Le règlement successoral d' Hadrien, in: BHAC 1963 (Antiquitas 4.2). Bonn 1964, 95–122. [Pflaum 1964a]

Ders., La valeur de la source inspiratrice de la Vita Pii à la lumière des personnalités nommément citées, in: BHAC 1964/65 (Antiquitas 4.3), Bonn 1966, 143–152.

Ders., La valeur de la source inspiratrice de la vita Hadriani et de la vita Marci Antonini à la lumière des personnalités contemporaines nommément citées, in: BHAC 1968/69 (Antiquitas 4.7), Bonn 1970, 173–232.

Ders., La valeur de l'information historique de la Vita Commodi à la lumière des personnages nommément cités par le biographe, in: BHAC 1970 (Antiquitas 4.10), Bonn 1972, 199–247.

Ders., Les personnages nommément cités par la Vita Veri de l'H.A., in: BHAC 1972/1974 (Antiquitas 4.12), Bonn 1976, 173–187. [Pflaum 1976]

Ders., Les personnages nommément cités par les Vitae Aelii et Avidii Cassii de l'H.A., in: a.a.O. 189–199. [Pflaum 1976a]

L. Piso, *Fasti Provinciae Daciae I. Die senatorischen Amtsträger.* (Antiquitas 1.43), Bonn 1993.

L. F. Pitts, Relations Between Rome and the German ‚Kings' on the Middle Danube in the First to Fourth Centuries A. D. JRS 79 (1989), 45–58.

M. Pohlenz, *Die Stoa. Geschichte einer geistigen Bewegung.* (2 Bde.), Göttingen ²1959.

S. B. Pomeroy, *The Murder of Regilla. A Case of Domestic Violence in Antiquity.* Cambridge, Mass. 2007.

M. Rachet, *Rome et les Berbères.* (Coll. Latomus 110), Bruxelles 1970.

M.-Th. Raepsaet-Charlier, Ordre sénatorial et divorce sous le Haut-Empire: un chapitre de l'histoire des mentalités. ACD 17–18 (1982/83), 161–173.

B. Rémy, *Antonin le Pieux 138–161. Le siècle d'or de Rome.* Paris 2005.

E. Renan, Examen de quelques faits relatifs à l'impératrice Faustine, femme de Marc-Aurèle. CRAI 1867, 203–215.

U. Riemer, *Die römische Germanienpolitik von Caesar bis Commodus.* Darmstadt 2006.

K. Rosen, Marc Aurels *fama*, Marius Maximus und die Historia Augusta, in: *Speculum Antiquitatis Graeco-Romanae. Studia Ioanni Burian Sexagenario Oblata.* Prag 1991, 323–333.

Ders., Die angebliche Samtherrschaft von Marc Aurel und Lucius Verus. Ein Beitrag der *Historia Augusta* zum Staatsrecht der römischen Kaiserzeit, in: HAC 1 (1990), 271–285.

Ders., Herrschaftstheorie und Herrschaftspraxis bei Marc Aurel. Eine antike Kontroverse, in: *Dialog Schule und Wissenschaft. Klassische Sprachen und Literaturen* 27 (München 1993), 94–105. [Rosen 1993]

Ders., Marc Aurel und die christliche Apokalyptik im zweiten Jahrhundert (Historia Augusta, Vita Marci 13,6), in: U. Vogel-Weidemann/J. Scholtemeijer (Hrsg.), *Charistion C. P. T. Naudé.* Pretoria 1993, 73–86. [Rosen 1993 a]

Ders., Marc Aurel und Fronto. Eine Freundschaft zwischen Macht und Kultur, in: K. Rosen (Hrsg.), *Macht und Kultur im Rom der Kaiserzeit.* Bonn 1994, 122–135. [Rosen 1994]

Ders., Der Einfall der Markomannen und Quaden in Italien 167 n. Chr. und der Abwehrkampf des C. Macrinius Avitus (Amm. Marc. 29,6,1), in: B. u. P. Scardigli (Hrsg.), *Germani in Italia.* Roma 1994, 87–104. [Rosen 1994 a]

Ders., Das Schlußkapitel der Marc Aurel-Vita und der Konflikt zwischen Gesinnung und Verantwortung, in: HAC 2 (1991), 189–196. [Rosen 1994 b]

Ders., Marc Aurel und das Ideal des *civilis princeps*, in: *Stimuli. Exegese und ihre Hermeneutik in Antike und Christentum. Festschrift für Ernst Dassmann.* (JbAC, Erg.-Bd. 23.), Münster 1996, 154–160.

Ders., *Marc Aurel.* Reinbek 1997.

Ders., *Sanctus Marcus Aurelius*, in: G. Bonamente/F. Heim/J.-P. Callu (Hrsg.), *Historiae Augustae Colloquium Argentoratense.* (Historiae Augustae colloquia n.s. 6), Bari 1998, 285–296.

Ders., Marc Aurels Selbstbetrachtungen und die *Historia Augusta*, in: HAC 8 (2000), 421–425.

A. Rousselle, *Porneia. On Desire and the Body in Antiquity.* London 1988. (orig. *Porneia.* Paris 1983)

dies., Die Familie im Römischen Reich: Zeichen und Gebärden, in: Burguière/Klapisch-Zuber 1996, 327–378.

J. Rüpke (Bd. 2:/A. Glock), *Fasti sacerdotum. Die Mitglieder der Priesterschaften und das sakrale Funktionspersonal römischer, griechischer, orientalischer und jüdisch-christlicher Kulte in der Stadt Rom von 300 v. Chr. bis 499 n. Chr.* (Potsdamer Altertumswissenschaftliche Beiträge 12) (3 Bde.), Stuttgart 2005.

W. Scheidel, Der Germaneneinfall in Oberitalien und die Emissionsabfolge der kaiserlichen Reichsprägung. Chiron 20 (1990), 1–18.

Ders., Rekruten und Überlebende: Die demographische Struktur der römischen Legionäre in der Prinzipatszeit. Klio 77 (1995), 232–254.

A. Scheithauer, *Kaiserbild und literarisches Programm. Untersuchungen zur Tendenz der Historia Augusta.* (Studien zur klassischen Philologie 32), Frankfurt a. M./Bern/New York 1987.

H. Schlange-Schöningen, *Die römische Gesellschaft bei Galen. Biographie und Sozialgeschichte.* (Untersuchungen zur antiken Geschichte 65), Berlin/New York 2003.

S. Schmidt, Mark Aurel und Spectacula. Stadion 10 (1984), 21–43.

J. Schwartz, Avidius Cassius et les sources de l'Histoire Auguste (à propos d'une légende rabbinique). BHAC 1963 (Antiquitas 4.2), Bonn 1964, 135–164.

S. Segenni, Antonino Pio e le città dell'Italia. (Riflessioni su *HA., v.Pii*, 8,4), Athenaeum 89 (2001), 355–405.

W. Seston, Sur les traces de Marius Maximus. I. Marius Maximus et les consuls de 209, in: BHAC 1964/65 (Antiquitas 4.3), Bonn 1966, 211–219.

W. Seston/M. Euzennat, Un dossier de la chancellerie romaine: La *Tabula Banasitana*. Étude de diplomatique. CRAI 1971, 468–490.

A. N. Sherwin-White, The ‚Tabula' of Banasa and the ‚Constitutio Antoniniana'. JRS 63 (1973), 86–98 (dt.: Die ‚tabula' von Banasa und die ‚Constitutio Antoniniana', in: Klein 1979, 429–458.)

R. R. R. Smith, Cultural Choice and Political Identity in Honorific Portrait Statues in the Greek East in the Second Century A.D. JRS 88 (1998), 56–93.

G. R. Stanton, Marcus Aurelius, Emperor and Philosopher. Historia 18 (1969), 570–587 (dt.: Marc Aurel, Kaiser und Philosoph, in: Klein 1979, 359–388.)

Ders., Marcus Aurelius, Lucius Verus, and Commodus: 1962–1974. ANRW II 2 (1975), 478–549.

S. Stertz, Ammianus Marcellinus' Attitude toward Earlier Emperors, in: C. Deroux (Hrsg.), *Studies in Latin Literature and Roman History II.* (Coll. Latomus 168), Bruxelles 1980, 487–514.

J. Straub, *Heidnische Geschichtsapologetik in der christlichen Spätantike. Untersuchungen über Zeit und Tendenz der Historia Augusta.* (Antiquitas 4.1), Bonn 1963.

K. Strobel, Zeitgeschichte unter den Antoninen: Die Historiker des Partherkrieges des Lucius Verus. ANRW II 34.2 (1994), 1315–1360.

K. F. Stroheker, Die Außenpolitik des Antoninus Pius nach der Historia Augusta, in: BHAC 1964/65 (Antiquitas 4.3), 241–256.

R. Syme, Antonine Relatives: Ceionii and Vettuleni. Athenaeum 35 (1957), 306–315 [= *Roman Papers* I (1979), 325–332].

Ders., *Tacitus.* (2 Bde.) Oxford 1958.

Ders., The Ummidii. Historia 17 (1968), 72–105 [= *Roman Papers* II (1979), 659–693]. [Syme 1968]

R. Syme, *Ignotus*, the Good Biographer, in: BHAC 1966/1967 (Antiquitas 4.4), Bonn 1968, 131–153 [= Syme 1971, 30–53]. [Syme 1968 a]

Ders., *Emperors and Biography. Studies in the Historia Augusta.* Oxford 1971.

Ders., The Proconsuls of Asia under Antoninus Pius. ZPE 51 (1983), 271–290 [= *Roman Papers* IV (1988), 325–346].

Ders., Antonine Government and Governing Class [= *Roman Papers* V (1988), 668–688]. [Syme 1987]

Ders., Avidius Cassius: His Rank, Age, and Quality, in: BHAC 1984/1985. (Antiquitas 4.19.) Bonn 1987, 207–222 [= *Roman Papers* V, 689–701]. [Syme 1987 a]

Ders., A Political Group, in: *Roman Papers* VII (1991), 568–587.

W. Szaivert, *Die Münzprägung der Kaiser Marcus Aurelius, Lucius Verus und Commodus (161/192).* (MIR 18), Wien 1986.

A. Tate, Schooling, in: Lask/Bryant-Waugh 1993, 233–248.

Y. Thomas, Rom: Väter als Bürger in einer Stadt der Väter (2. Jahrhundert v. Chr. bis 2. Jahrhundert n. Chr.), in: Burguière/Klapisch-Zuber 1996, 277–326.

G. B. Townend, The Post of *ab epistulis* in the Second Century. Historia 10 (1961), 375–381.

S. Treggiari, *Roman Marriages.* Iusti Coniuges *from the Time of Cicero to the Time of Ulpian.* Oxford 1991.

D. W. T. Vessey, Aulus Gellius and the Cult of the Past. ANRW II 34.2 (1994), 1863–1917.

K. Vössing, *Mensa regia. Das Bankett beim hellenistischen König und beim römischen Kaiser.* (BzA 193), München/Leipzig 2004.

K. Wachtel, L. Lamia Silvanus, Suffektkonsul im Jahre 145 n. Chr. Klio 74 (1992), 246–249.

A. Wallace-Hadrill, The Emperor and his Virtues. Historia 30 (1981), 298–323.

Ders., Civilis Princeps: Between Citizen and King. JRS 72 (1982), 32–48.

P. Weiß, Ein Diplom des Antoninus Pius für Moesia inferior vom Dez. 145/Dez. 146. Zum Truppenbestand der Provinz nach der Okkupation Dakiens. ZPE 124 (1999), 279–286.

D. Willers, Der Vorplatz des Heiligtums von Eleusis – Überlegungen zur Neugestaltung im 2. Jahrhundert n. Chr., in: M. Flashar/H.-J. Gehrke/E. Heinrichs (Hrsg.), *Retrospektive. Konzepte von Vergangenheit in der griechisch-römischen Antike.* München 1996, 179–225.

St. Winkle, *Geißeln der Menschheit. Eine Kulturgeschichte der Seuchen.* Düsseldorf/Zürich 1997.

H. Wolfram, Markomannen und Quaden nach dem „Großen Krieg". Spurensuche nach einer Verfassung, in: H. Heftner/K. Tomaschitz (Hrsg.), *Ad fontes! Festschrift für G. Dobesch zum fünfundsechzigsten Geburtstag am 15. September 2004, dargebracht von Kollegen, Schülern und Freunden.* Wien 2004, 783–790.

B. Wren/B. Lask, Aetiology, in: Lask/Bryant-Waugh 1993, 69–89.

M. Zimmermann, *Kaiser und Ereignis. Studien zum Geschichtswerk Herodians.* (Vestigia 52.) München 1999.

Zeittafel

	117–138 Hadrian
121	26. April: Marcus Annius Verus in Rom geboren.
127/28	Frühe Ehrenerweise durch den Kaiser.
vor 128?	Tod des Vaters Annius Verus als Praetor.
um 132	Hinwendung zur Philosophie.
136	März: Marcus wird mündig; weitere Auszeichnungen durch Hadrian.
138	Januar (?): Hadrian verkündet seine zweite Nachfolgeordnung.
	25. Februar: Marcus und der spätere Lucius Verus werden durch den neuen Erben Hadrians, Marcus' Onkel Antoninus adoptiert.
	10. Juli: Tod Hadrians.
	138–161 Antoninus Pius
138 (?)	Marcus wird mit Antoninus' letzter Tochter Faustina (d.J.) verlobt.
	5. Dezember: Er wird Quaestor und damit Senator.
139	Ernennung zum Caesar („Aurelius Caesar"); flankierende Ehren
140	Consulat
145	Zweiter Consulat; Mai: Heirat mit Faustina.
147	30. November: Marcus erstes Kind (von ca. 11) geboren. Verleihung neuer Kompetenzen durch den Senat.
nach 155	Tod der Mutter Domitia Lucilla.
161	Marcus' dritter Consulat gemeinsam mit Lucius.
	161–169 Marc Aurel und Lucius Verus
161	7. März: Antoninus stirbt. Marcus tritt die Herrschaft an („Imperator Caesar Marcus Aurelius Antoninus Augustus") und setzt die Erhebung seines Adoptivbruders Lucius zum Augustus durch. Verlobung des umbenannten Lucius Verus mit Marcus' Tochter Lucilla.
	31. August: Geburt des späteren Kaisers Commodus.
	Ausbruch des Partherkrieges.
162	Frühjahr: Lucius bricht nach Osten auf.
164	Rückeroberung Armeniens; Lucius heiratet Lucilla (oder 163?)
165	Einnahme Mesopotamiens, Vorstoß nach Medien.
166	Friede mit dem Partherreich; Rom annektiert mehrere Vorposten. Erste Anzeichen der „Pest" im römischen Heer.
	12. Oktober: Parthertriumph beider Kaiser; Commodus und Annius Verus werden Caesares.
166/67?	Germanischer Einbruch (Langobarden und Obier) über die Donau.
167	Ausbreitung der „Pest" mit den heimkehrenden Truppen.
168	Frühjahr: Aufbruch beider Augusti zum Germanenkrieg. Abwehrmaßnahmen in den Julischen Alpen, Winter (und „Pest") in Aquileia.
169	Januar?: Lucius stirbt auf der Rückreise in Altinum. Marcus überführt ihn nach Rom.

	169–177 Marc Aurel
169	Spätherbst: Tod des Sohnes Verus Caesar. Marcus kehrt an die Donaufront zurück, wohl mit Carnuntum als wichtigstem Hauptquartier.
170?	Frühjahr (?): Markomannen und Quaden vernichten die römische Armee in Pannonia superior und stoßen bis Oberitalien vor. Abwehr durch Claudius Pompeianus und Helvius Pertinax.
171?	Schwere Niederlage Roms in Dakien, Tod des Claudius Fronto. Plünderer auf dem Balkan.
171–173	Maurische Invasion in Südspanien.
171? 172?	Rom erobert Pannonien zurück. Friedensangebot der Quaden. Niederlage und Tod des Macrinius Vindex.
172?	Offensive ins Markomannengebiet (Mähren). Bukolenaufstand in Ägypten, Thronwirren in Armenien. Winter: Doppelsieg über die Jazygen.
172	15. Oktober: Siegestitel *Germanicus*, Marcus' Heimkehr wird erwartet.
173	Rückkehr der Quaden in den Krieg; Friede mit den Markomannen.
173/174?	Feldzüge ins Quadengebiet; Rettung einer römischen Armee durch das „Regenwunder". Marcus erkrankt? Faustina *mater castrorum.*
175	Frühjahr: Nach der Usurpation des Avidius Cassius schließt Marcus hastig Frieden mit Quaden und Jazygen. Juli: Avidius Cassius wird ermordet. Herbst: Marcus bricht nach Osten auf, bereist Syrien und Ägypten. Begrenzte Strafmaßnahmen.
176	Tod Faustinas auf der Rückreise durch Syrien. Marcus bereist Kleinasien und Griechenland. Heimkehr nach Rom am Jahresende. Neue Kämpfe an der Donau? 27. November (?): Beginn der „Sarmatischen Spiele". 23. Dezember: Germanentriumph.
177	Juni (?): Erhebung des Commodus zum Augustus. Christenverfolgung in Lyon. Maureneinfall in Spanien.
	177–180 Marc Aurel und Commodus
178	Sommer: Commodus heiratet Bruttia Crispina. 3. August: Aufbruch der Augusti zur *Expeditio Germanica II.* Kämpfe an der mittleren und unteren Donau.
179/180	Offensiven ins Markomannen- und Quadenland; römische Truppen überwintern dort.
180	17. März: Marcus stirbt nach (längerer?) Krankheit nahe Sirmium.
	180–192 Commodus
	193 Pertinax; Bürgerkrieg des „Fünfkaiserjahres"
	193–211 Septimius Severus

Stammbaum

Marc Aurel und seine Verwandten (vereinfacht)

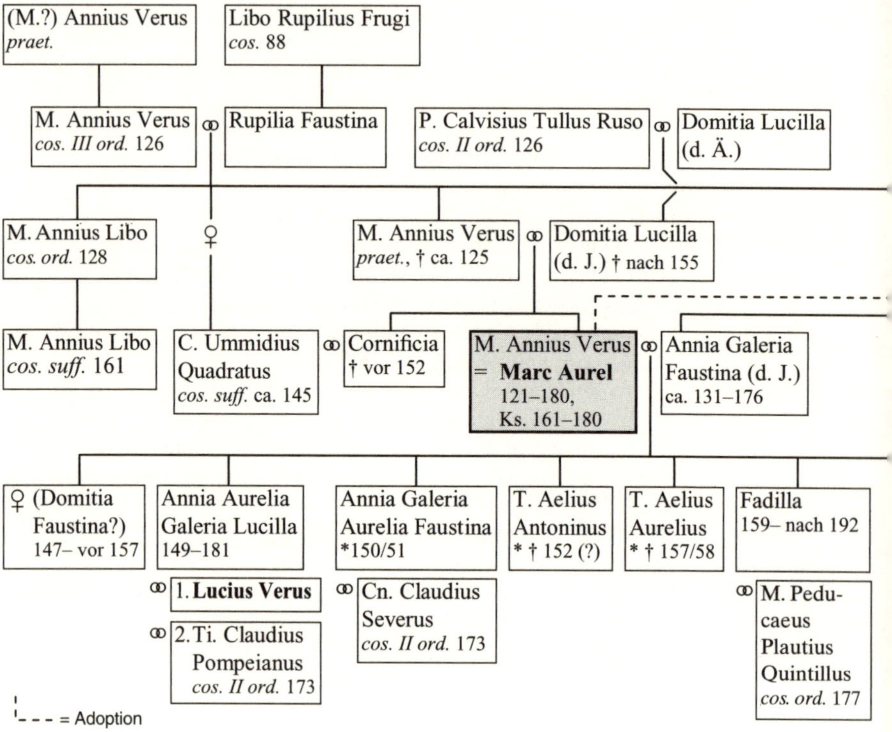

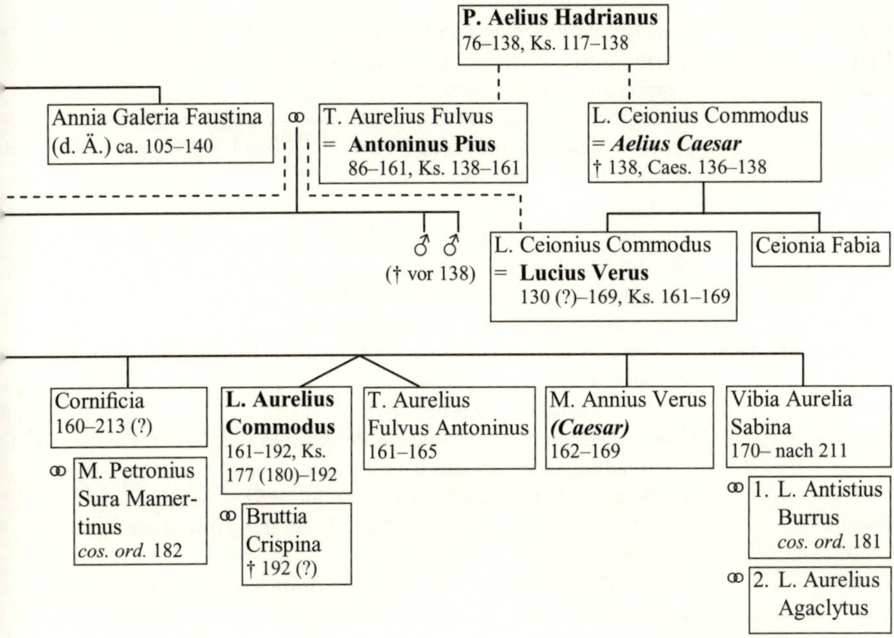
P. Aelius Hadrianus
76–138, Ks. 117–138
Annia Galeria Faustina
(d. Ä.) ca. 105–140
T. Aurelius Fulvus
= Antoninus Pius
86–161, Ks. 138–161
L. Ceionius Commodus
= Aelius Caesar
† 138, Caes. 136–138
♂ ♂
(† vor 138)
L. Ceionius Commodus
= Lucius Verus
130 (?)–169, Ks. 161–169
Ceionia Fabia
Cornificia
160–213 (?)
M. Petronius
Sura Mamer-
tinus
cos. ord. 182
L. Aurelius
Commodus
161–192, Ks.
177 (180)–192
Bruttia
Crispina
† 192 (?)
T. Aurelius
Fulvus Antoninus
161–165
M. Annius Verus
(Caesar)
162–169
Vibia Aurelia
Sabina
170– nach 211
1. L. Antistius
Burrus
cos. ord. 181
2. L. Aurelius
Agaclytus

Abkürzungsverzeichnis

AE	*L'année épigraphique*
Amm.	Ammianus Marcellinus, *Res gestae* (*Römische Geschichte*)
Aristid. or. 26 K.	Aelius Aristides, *Preisrede auf Rom*
Aur. Victor, Caes.	Aurelius Victor, *Liber de Caesaribus* (eigtl. *Historiae abbreviatae*)
BHAC	*Bonner Historia-Augusta-Colloquium*
Cass. Dio	Cassius Dio Cocceianus, *Römische Geschichte*
CIL	*Corpus inscriptionum Latinarum*, Berlin 1863 ff.
Cod. Iust.	*Corpus iuris civilis*, *Codex Iustinianus*
Dig.	*Corpus iuris civilis*, *Digesten*
DNP	H. Cancik/H. Schneider (Hrsg.), *Der neue Pauly. Enzyklopädie der Antike. Altertum.* (12 Bde. in 13 Teilbänden.) Stuttgart/Weimar 1996–2002.
Epict.	Epiktet
Diss.	*Dissertationes* („Gespräche“, gelegentlich unter dem Namen des Aufzeichners Arrian zitiert)
enchir.	*Encheiridion* („Handbüchlein der Moral“)
Epit. de Caes.	*Epitome de Caesaribus*
Eus.-Hieron. chron.	Eusebius, *Chronik* (in der erweiterten lat. Bearbeitung des Hieronymus)
Eutr.	Eutrop, *Breviarium ab urbe condita*
FIRA^2 III	*Fontes Iuris Romani Anteiustiniani in usum scholarum. Pars III: Negotia*, ed. V. Arangio-Ruiz. Firenze ^{2}1943.
FO^2	L. Vidman (Hrsg.), *Fasti Ostienses*. Praha ^{2}1982.
Fronto	zitiert nach der Ausgabe von M. P. J. van den Hout, Leipzig (^{2})1988
Galen	zusätzlich zitiert nach der Gesamtedition von C. G. Kühn, Leipzig 1821–1833.
HA	*Historia Augusta* (früher auch: „Scriptores historiae Augustae“)
Alex.	*Alexander Severus*
Aurel.	*Vita Marci Antonini Philosophi*
Avid.	*Avidius Cassius*
Comm.	*Commodus Antoninus*
Did.	*Didius Iulianus*
Hadr.	*Vita Hadriani*
Pert.	*Pertinax*
Pius	*Antoninus Pius*
Sev.	*Severus*
Ver.	*Verus*

HAC	
1 (1990)	G. Bonamente/N. Duval (Hrsg.), *Historiae Augustae Colloquium Parisinum.* (Historiae Augustae colloquia n.s. 1.) Macerata 1991.
2 (1991)	G. Bonamente/F. Paschoud (Hrsg.), *Historiae Augustae Colloquium Genevense.* (Historiae Augustae colloquia n.s. 2.) Bari 1994.
8 (2000)	G. Bonamente/F. Paschoud (Hrsg.), *Historiae Augustae Colloquium Perusinum.* (Historiae Augustae colloquia n.s. 8.) Bari 2002.
Hdn.	Herodian, *Geschichte nach der Kaiserherrschaft des Marcus*
HLL 4	R. Herzog/P. L. Schmidt (Hrsg.), *Handbuch der lateinischen Literatur der Antike* (Handbuch der Altertumswissenschaften VIII). Bd. 4: K. Sallmann (Hrsg.), *Die Literatur des Umbruchs. Von der römischen zur christlichen Literatur 117–283 n. Chr.* München 1997.
IGR	R. Cagnat/J. Toutain/P. Jouguet (Hrsg.), *Inscriptiones Graecae ad res Romanas pertinentes.* Paris 1906–1927.
ILS	H. Dessau (Hrsg.), *Inscriptiones Latinae selectae.* (3 Bde.) Berlin 1892–1916.
Inst.	*Corpus iuris civilis*, *Institutionen*
Iulian. Caes.	Julian („Apostata"), *Caesares*
IvEph	H. Wankel/R. Merkelbach (Hrsg.), *Die Inschriften von Ephesos.* Bonn 1979 ff.
Liv.	T. Livius, *Ab urbe condita* (*Römische Geschichte*)
M. Aur.	Marc Aurel, *Selbstbetrachtungen*
Ol.	J. H. Oliver (Hrsg.), *Greek Constitutions of Early Roman Emperors from Inscriptions and Papyri.* Philadelphia 1989.
Pan. Lat.	*Panegyrici Latini*
Paus.	Pausanias, *Beschreibung Griechenlands*
Petr. Patr., Exc. Vat.	Petrus Patricius (in den *Excerpta Vaticana*)
Pflaum, CP	H.-G. Pflaum, *Les carrieres procuratoriennes équestres sous le Haut-Empire romain.* Paris 1960–61 (Bd. I–III; Tafeln); 1982 (Supplement [=IV]).
Philostr. VS	Philostratus, *Sophistenviten*
PIR²	*Prosopographia imperii Romani saec. I. II. III.* [Editio altera.] Berlin 1933 ff.
R.-Ch.	M.-Th. Raepsaet-Charlier, *Prosopographie des femmes de l'ordre sènatorial (Ier-IIème siècles).* (2 Bde.) Louvain 1987.
RE	G. Wissowa u. a. (Hrsg.), *Paulys Realencyclopädie der classischen Altertumswissenschaft.* Stuttgart (/München) 1893–1978.
RGA	*Reallexikon der germanischen Altertumskunde.* Berlin/New York 1973 ff.

RMD IV		M. M. Roxan/P. Holder, *Roman Military Diplomas IV.* (BICS Suppl. 82.) London 2003.
SEG		*Supplementum epigraphicum Graecum*
Sen.		Seneca (der Jüngere)
	brev. vit.	*De brevitate vitae*
	clem.	*De clementia*
	ep.	*Epistulae morales ad Lucilium*
SIG^3		W. Dittenberger (Hrsg.), *Sylloge inscriptionum Graecarum.* (4 Bde.) Leipzig ^{3}1915–1924.

Abbildungsnachweis

Abb. 1: akg-images/Nimatallah
Abb. 2, 6: akg-images
Abb. 3, 15: akg-images/Erich Lessing
Abb. 4: picture-alliance/akg-images
Abb. 5: Fotosammlung des Archäologischen Seminars Frankfurt am Main
Abb. 7: akg-images/Pirozzi
Abb. 8: Hirmer Fotoarchiv München
Abb. 9: akg-images/Rabatti-Domingie
Abb. 10: © Araldo de Luca/Corbis
Abb. 11, 13: The Bridgeman Art Library Nationality
Abb 12: © Bettmann/Corbis
Abb. 14: picture-alliance/dpa
Abb. 16: Archiv WBG

Register